I libri di Bruno Vespa

Bruno Vespa

# RAI,
# LA GRANDE GUERRA
*1962-2002:*
*quarant'anni di battaglie a Viale Mazzini*

**MONDADORI**

Dello stesso autore
nella collezione I libri di Bruno Vespa

*Telecamera con vista*
*Il cambio*
*Il duello*
*La svolta*
*La sfida*
*La corsa*
*Il superpresidente*
*Dieci anni che hanno sconvolto l'Italia*
*Scontro finale. Chi vincerà l'ultimo duello*
*Scontro finale. Ultimo atto*
*La scossa*

http://www.brunovespa.net

http://www.mondadori.com/libri

ISBN 88-04-50932-5

© 2002 RAI, Radiotelevisione italiana, Roma
Arnoldo Mondadori Editore S.p.A., Milano
1 edizione maggio 2002

# Indice

# Rai, la grande guerra

*A mia moglie e ai miei figli,*
*che della mia vita in Rai*
*hanno condiviso*
*i momenti lieti e quelli tristi,*
*pagando a caro prezzo*
*qualche vantaggio*

# «Perché non provi a raccontare la storia della Rai?»

«Perché non provi a raccontare la storia della Rai? In fondo, sono i tuoi primi quarant'anni...» Per la prima volta, è stato il mio editore a suggerirmi l'argomento di un libro. Da incosciente, ho accettato.

Parlare di se stessi è sempre arbitrario, parlare dei propri colleghi può rivelarsi addirittura letale. Ma poiché facciamo il mestiere più visibile del mondo, è giusto che il pubblico – al quale rispondiamo del nostro lavoro e al quale devo la mia fortuna – sappia dove e come nascono i programmi che gli tengono compagnia nel corso della giornata.

Quando preparo i libri che, ormai da un decennio, raccontano la lunga transizione italiana verso la Seconda Repubblica, incontro decine e decine di persone per raccoglierne la testimonianza, per incrociarla con quella dei loro alleati o antagonisti, per avvicinarmi il più possibile alla «verità dei fatti», lasciando pochissimo spazio alle valutazioni personali. Questa volta ho fatto una scelta diversa. Ho sentito soltanto quattro persone, che hanno avuto un ruolo decisivo nelle scelte di cui si tratta nel primo capitolo. Per il resto mi sono affidato esclusivamente ai miei ricordi e a quanto è stato scritto sugli ultimi quarant'anni di Rai.

È questo, dunque, un libro molto soggettivo, con i vantaggi di franchezza e i limiti di obiettività che tale scelta comporta. Il taglio del racconto è tutto nel titolo: *Rai, la grande guerra*. Nella storia della mia amatissima azienda non c'è stato, infatti, un solo momento di quiete. E non poteva che essere così. La Rai è stata controllata prima dal governo e poi dal Parlamento. In entrambi i casi, le maggioranze politiche hanno avuto un ruolo decisivo nella nomina degli amministratori e dei dirigenti più importanti, e le minoranze le hanno sempre accusate di prevaricazione.

In mezzo, noi: dirigenti, giornalisti, programmisti, tecnici, che hanno fatto della Rai una delle migliori aziende televisive del mondo. Canne al vento, che sono riuscite per volontà della Provvidenza a mantenere primato e autorevolezza in un mercato sempre più spietato. Canne al vento, che talvolta hanno pagato con la vita il loro impegno e la loro passione, come Ilaria Alpi, Dario D'Angelo, Miran Hrovatin, Marco Luchetta, Alessandro Ota, Maurizio Palmisano. Ma anche Villy De Luca e Massimo Valentini, stroncati dallo stress nei loro uffici.

La storia della Rai è un pezzo decisivo della storia d'Italia. Dagli studi di via Teulada e di Saxa Rubra è andato in onda il racconto dei momenti più esaltanti e drammatici della nostra vita e, al tempo stesso, è stata rappresentata giorno dopo giorno l'evoluzione del nostro costume.

Nessuno di noi sa quale futuro aspetta l'azienda di viale Mazzini, in un mondo globalizzato e con un processo di privatizzazioni ormai inarrestabile. Ma non vorrei che i nostri figli dovessero dire che la televisione dei loro padri era migliore: una televisione piena di difetti, in cui, però, chi ha voluto ha potuto lavorare in piena indipendenza.

Abbiamo avuto editori di riferimento, certo. Li hanno avuti anche i sepolcri imbiancati che ogni tanto gridano allo scandalo. Ma non abbiamo mai avuto un padrone. E non è poco.

*Roma, maggio 2002*

# I

## La Rai del Cavaliere

*«Complimenti, Carlo»*

«Complimenti, Carlo.» «Grazie. Vedrai, faremo una grande Rai.» Alle 21.30 di mercoledì 13 febbraio 2002 un amico chiamò Carlo Rossella, direttore di «Panorama», per congratularsi: era appena stato nominato presidente della Rai. Quell'amico violò la ferrea raccomandazione, fatta negli anni a se stesso, di non credere a nessuna anticipazione che riguardasse la Rai finché l'agenzia Ansa non avesse battuto la notizia del comunicato ufficiale. Aveva visto troppi direttori conquistare e perdere una scrivania nel giro di dieci minuti. La materia è così scivolosa che allo stesso presidente del Consiglio in carica, Silvio Berlusconi, è capitato di felicitarsi con persone che non sarebbero state mai nominate.

Ma alle 21.30 di mercoledì 13 febbraio Rossella era stato nominato davvero. L'informazione era arrivata da chi aveva appena visto concordare la cinquina tra Marcello Pera e Pier Ferdinando Casini, presidenti rispettivamente del Senato e della Camera. Poiché il privilegiatissimo testimone si trovava nella stanza di Casini, che si era opposto fino all'ultimo alla nomina di

Rossella, l'anticipazione finiva per avere la patente dell'ufficialità.

«Complimenti, Carlo.» La notizia era arrivata anche ai grandi giornali e Rossella, al quale non si può certo rimproverare di essere un uomo imprudente, stava rilasciando due interviste alla «Repubblica» e alla «Stampa» su come pensava di guidare la Rai, un'azienda che conosce dall'interno per aver brillantemente diretto il Tg1 dall'autunno del 1994 alla primavera del 1996, per passare poi alla direzione della «Stampa» e, quindi, di «Panorama». Nominando Rossella, i presidenti delle Camere avevano raccolto un'indicazione personale di Berlusconi.

Due giorni dopo, nella conferenza stampa di commiato, il presidente uscente Roberto Zaccaria disse solennemente: «Fissare un calendario di incontri politici per le nomine del consiglio d'amministrazione della Rai non ha precedenti nella storia della Repubblica italiana». Zaccaria in effetti, come vedremo nei prossimi capitoli, fu portato a suo tempo dalla cicogna.

Non fidandosi troppo del simpatico uccello migratore dal becco rossastro, questa volta Francesco Rutelli aveva scritto una bella lettera ai presidenti delle Camere indicando, a scanso di equivoci, il nome (secco) di Luigi Zanda in rappresentanza della Margherita. E Piero Fassino, al quale è impossibile svitare dalla testa un'idea che giudica buona, telefonava più volte al giorno a Pera e a Casini ricordando che il nome (secco) indicato dai Democratici di sinistra era quello di Carmine Donzelli.

Zanda è un brillante imprenditore culturale, che in gioventù è stato portavoce di Francesco Cossiga al ministero dell'Interno. Negli ultimi anni, dopo un'esperienza a Venezia per i grandi interventi in laguna, è stato presidente dell'Agenzia del Giubileo e ora guida la società che gestisce le Scuderie Papali del Quirinale e il palazzo delle Esposizioni di Roma. Donzelli, dopo aver lavorato in Einaudi e in Marsilio, da dieci anni è il patron dell'omonima casa editrice, che ha un catalogo di seicento titoli, per lo più assai raffinati.

Per la Lega era stato nominato Ettore Albertoni, giurista e storico, docente universitario di storia delle dottrine politiche e autore brillante e prolifico. Bossi l'aveva voluto assessore alla Cultura della regione Lombardia dopo la prematura scomparsa di Marzio Tremaglia, uomo di punta del restyling ideologico di Alleanza nazionale.

Il quinto consigliere era un vecchio amico di Casini, Piervincenzo Porcacchia, che trent'anni fa aveva lavorato con il leader doroteo Mariano Rumor, poi aveva fatto una lunga carriera in Rai, arrivando alla direzione del Gr2 e lasciandosi benvolere per il suo temperamento bonario ed equilibrato.

*«Ti richiamo tra un'ora» disse Pera*

Mentre Rossella e i suoi quattro nuovi compagni d'avventura venivano nominati, il ministro delle Comunicazioni Maurizio Gasparri s'affrettava a raggiunger casa, nel centro di Roma, dove l'aspettava per la cena il fratello appena arrivato dalla Sardegna. Prima di sedersi a tavola, il ministro ricevette due chiamate sul cellulare di «pronto intervento» utilizzato senza discrezione da noi giornalisti. Provenivano dalla «Repubblica» e dall'agenzia di stampa Adn Kronos. «Ministro, stanno facendo le nomine della Rai.» Gasparri restò spiazzato. «Anche se sono di competenza dei presidenti delle Camere» rispose «immagino che ne dovrei essere al corrente. E invece non so niente.» Le due telefonate diventarono quattro, poi sei.

Gasparri chiamò allora il suo portavoce Filippo Pepe e scoprì che, nonostante l'ora tarda, la sala stampa di Montecitorio era aperta. Una distrazione del presidente Casini? Una mera coincidenza? Gasparri s'allarmò. Ordinò a Pepe di presidiare Montecitorio: «Se vedi scendere Roberto Rao [*il portavoce di Casini*], bloccalo prima che incontri i giornalisti. Così almeno sapremo che diavolo sta succedendo». Poi telefonò al presidente del Senato. Pera fu sbrigativo: «Ti richiamo tra un'ora». Il ministro capì che i giornalisti avevano ragione: le nomine erano in corso.

Gasparri decise quindi di chiamare Gianfranco Fini a casa, al quartiere Trieste. Nonostante la vecchia familiarità, questa circostanza deve intendersi come eccezionale. Ben prima che Stefano Rodotà si facesse garante della nostra privacy, il leader di An aveva eretto una vera e propria muraglia intorno alla sua. Gasparri, che pure è solito telefonargli non meno di tre volte al giorno, sa che la sera Fini stacca sul serio. (Al contrario di Berlusconi, che fa fissare dalla fedele segretaria Marinella gli ultimi appuntamenti a notte fonda: «Il dottore l'aspetta alle 23.45».)

Quella sera il vicepresidente del Consiglio se ne stava rilassato in poltrona davanti al televisore, che trasmetteva l'incontro di calcio Italia-Usa. Aveva trascorso parte del pomeriggio nella sede della Provincia, dove si era svolto un convegno sull'articolo 18 dello Statuto dei lavoratori promosso dal presidente Moffa. Dalle 17 il suo portavoce Salvatore Sottile lo avvertiva, con la cadenza del segnale orario, che qualcosa stava bollendo nella pentola dei presidenti delle Camere. «Non ci credo» aveva risposto Fini. Ma in serata le chiamate di Sottile si erano fatte più insistenti.

Il vicepremier aveva appena riagganciato la cornetta dopo l'ennesima telefonata con il suo portavoce («Ti richiamo tra poco» aveva risposto all'ultimo allarme) quando arrivò la chiamata di Gasparri. Il trillo procurò a Fini lo stesso fastidio che, nella celebre vignetta di Forattini degli anni Settanta, provava Enrico Berlinguer – anch'egli seduto in poltrona – nell'udire le grida di un corteo di metalmeccanici. «Scusa, Gianfranco,» gli disse Gasparri «ma stanno facendo le nomine alla Rai...» Come a volte gli accade, Fini fu colto da un accesso di ira gelida, percepibile soltanto da chi lo conosce molto bene. Sospese a malincuore la visione della partita e telefonò a Casini, nello stesso preciso momento in cui il centralino riservato del governo – la mitica «batteria del Viminale» – lo stava chiamando per conto del presidente della Camera. Il rapporto tra i due va molto al di là dell'alleanza politica e della solidarietà generazionale, e sconfina in una solida amicizia. Per questo entrambi erano imbarazzati.

*«Pier, che fai in ufficio a quest'ora?»*

«Pier, che fai in ufficio a quest'ora?» chiese Fini sapendo che anche Casini tiene moltissimo a vivere le sue serate in privato. «Stiamo facendo le nomine Rai» rispose candidamente il presidente della Camera. «Io non ne so niente» obiettò freddamente il vicepremier «e mi darai atto che non è possibile che legga sui giornali i nomi dei nuovi consiglieri. Per favore, blocca tutto.» «Gianfranco,» replicò l'altro «qui c'è stato un grosso malinteso. In ogni caso, se le cose stanno così, stai tranquillo: fermiamo tutto.»

Per un'ora il centralino riservato del governo smistò una serie di frenetiche chiamate sui telefoni delle più alte personalità dello Stato e dell'esecutivo. Casini avvertì Gianni Letta e poi chiamò Gasparri: «Maurizio, mi dispiace moltissimo di questo malinteso. Tu conosci bene i miei rapporti con Gianfranco. Ti pare che avrei potuto fargli un torto del genere?». «Benissimo, ma se non ci fossimo accorti che la sala stampa della Camera era rimasta aperta...» «State tranquilli» lo rassicurò Casini. «Io domani parto perché ho un impegno in Grecia, ne riparliamo la prossima settimana.»

Erano le 22.15 quando Gasparri chiamò Marcello Pera. Dal rumore di posate e stoviglie, capì che stava cenando (era infatti a tavola con la moglie e due collaboratori nel suo appartamento di palazzo Giustiniani) e lo trovò molto amareggiato. Dopo aver concordato le nomine con Casini, il presidente del Senato non immaginava che la comunicazione ufficiale sarebbe avvenuta la sera stessa.

Il segretario generale di palazzo Madama, Damiano Nocilla, lo aveva avvertito che il suo collega della Camera, Ugo Zampetti, aveva lasciato aperti gli uffici. «Presidente, facciamo la stessa cosa?» gli aveva chiesto. E lui gli aveva risposto: «Veda lei», ed era salito nell'appartamento percorrendo i cinquanta metri dell'antico sotterraneo che collega palazzo Madama a palazzo Giustiniani. Appena entrato, il presidente del Senato era stato raggiunto da una telefonata di Berlusconi, che gli aveva annunciato furibondo: «È saltato tutto». Pera era rimasto di sale. Aveva provato a chiamare Casini, ma il presidente della Camera era «irraggiungibile», come usano dire i centralinisti della «batteria» quando il chiamato non può o non vuole rispondere.

Provenendo dalla cattedra universitaria di filosofia della scienza, il presidente del Senato non s'è mai abituato alle sottigliezze e alle scaltrezze della politica. Vi assiste, le subisce, ma gli sono estranee, anche se ripete sempre più spesso agli amici di essersi rassegnato al fatto che il suo collega della Camera è anche un leader politico. «Bella figura abbiamo fatto» si lamentò con Gasparri. «Marcello, forse un minimo di collegamento non avrebbe guastato» obiettò il ministro, il quale raggiunse poi Ignazio La Russa che stava cenando da Settimio, al Pantheon, con Gianni Alemanno.

Gasparri e La Russa sono i Dioscuri di Alleanza nazionale: pur essendo figli di padri diversi, come Castore e Polluce, vivono in simbiosi politica. E non si capisce mai chi stia nell'Ade e chi nell'Olimpo, come non lo capì Pindaro, tanto che affidò i suoi dubbi alla decima Nemea. I due, cercando di mettere insieme le tessere del mosaico, si chiesero perché alle 20.30 di quella stessa sera, quando il capogruppo di An alla Camera, La Russa, era andato a trovare Casini, quest'ultimo lo aveva ricevuto sulla porta senza farlo entrare nello studio. Una semplice coincidenza? O stava parlando con qualcuno che La Russa non doveva incontrare? O teneva aperte sul tavolo carte che nessuno doveva vedere? Mentre erano a tavola, i Dioscuri di An sentirono anche Silvio Berlusconi. La Vergine degli Angeli (*La forza del destino*, atto II, finale II) non avrebbe risposto con maggiore candore: «C'è stato certamente un malinteso. D'altra parte, Casini insisteva per fare le nomine…». Nell'animo del presidente del Consiglio maturò tuttavia la convinzione che il presidente della Camera avesse tirato il sasso nascondendo la mano. E non gliela perdonò, né fu colto dai rimorsi di Otello dopo l'assassinio dell'innocente Desdemona. Anche perché – a torto o a ragione – all'innocenza di Casini egli non credette mai.

### «No a Urbani? Allora Sandro Fontana»

Le nomine Rai erano una grande scommessa per il centrodestra. I presidenti delle Camere volevano concordare con i partiti personalità autorevoli, non completamente digiune di comunicazione e che dessero le necessarie garanzie politiche. In tutta la storia della Rai quest'ultimo punto è stato sempre tenuto in grandissima considerazione. Ma questa volta la scelta era più delicata. Da un lato non si poteva far esplodere la questione del conflitto d'interessi designando persone troppo vicine a Berlusconi, dall'altro occorreva tutelarsi perché su un punto il Cavaliere, Fini, Bossi e anche Casini, Follini e Buttiglione concordavano: la rottura delle regole verificatasi durante la campagna elettorale del 2001 a vantaggio del centrosinistra dimostrava che alla Rai la lotta contro il nuovo governo sarebbe stata durissima.

La Rai ha, per sua natura, un'anima largamente ostile al centrodestra, poiché il mondo intellettuale italiano e quello dei media sono in stragrande maggioranza schierati a sinistra. I continui ribaltamenti del fronte politico hanno prodotto nell'azienda radiotelevisiva sedimentazioni diverse e variabili, ma il «nocciolo duro» è ancora sostanzialmente costituito da cattolici di sinistra ed ex comunisti. Storicamente, i democristiani moderati hanno sempre contato pochissimo, mentre i socialisti hanno avuto qualche delirio d'onnipotenza ma, dopo Tangentopoli, sono di fatto scomparsi, trovando rifugio chi nei Ds chi in Forza Italia.

Silvio Berlusconi aveva in testa da oltre un anno il nome del candidato presidente: Giuliano Urbani. Quest'ultimo lo ammise ripetute volte in privato e lo confermò pubblicamente il 15 febbraio 2002, all'indomani del congelamento delle nomine, in un'intervista rilasciata a Paolo Conti per il «Corriere della Sera»: «In passato mi sono preparato a essere un possibile presidente. Ho lavorato a un progetto quasi rivoluzionario. La Rai si è omologata alla Tv commerciale? Io ho lavorato per sganciarla da quel confronto e per legittimare il servizio pubblico. Vedo nella Tv pubblica uno strumento di formazione di una politica costruttiva».

Quando il Cavaliere mi disse che avrebbe mandato Urbani ai Beni culturali, gli chiesi se avesse rinunciato a proporlo per la Rai. «Non me lo lasciano passare» rispose. «Dicono che è stato tra i fondatori di Forza Italia.» Chi conosce l'indipendenza intellettuale di Urbani sa che sono altri i «camerieri» di Berlusconi, ma era vero che né Ciampi né Casini vedevano di buon occhio quella candidatura. Ciononostante, ciclicamente, il presidente del Consiglio avrebbe ripetuto fino all'ultimo: «Perché non Urbani?».

Un altro nome che Berlusconi avrebbe visto con favore era quello di Sandro Fontana, professore universitario e storico, già dirigente democristiano della corrente di Carlo Donat-Cattin, fuggito con Casini nel Ccd alla vigilia delle elezioni del 1994, prima che gli uomini della sinistra interna minassero gli ultimi ponti. Ma ogni volta che sentivano il suo nome, Casini e Follini s'imbestialivano: «Berlusconi deve smetterla di scegliersi i candidati nei partiti altrui». E Fontana ha fatto il giro degli amici per lamentarsi che il veto su di lui fosse stato posto proprio dal suo partito.

*Il carosello dei presidenti*

All'interno di Alleanza nazionale si faceva ogni tanto, per il ruolo di consigliere, il nome di Paolo Francia, responsabile del delicato settore che sovrintende ai diritti sportivi della Rai. Ma Fini teneva coperta la sua prestigiosa carta segreta: Antonio Baldassarre, giurista di Foligno, giudice costituzionale dal 1986 al 1995 e presidente della Corte nell'ultimo semestre del suo mandato. Baldassarre vi era arrivato su designazione del Pci (era amico di Pietro Ingrao), ma negli anni la sua posizione politica originale si era stemperata in atteggiamenti di grande equilibrio e, via via, sempre più moderati. «Volete una soluzione di garanzia?» diceva il leader di An agli amici. «Chi meglio di un ex presidente della Consulta?»

Baldassarre godeva in effetti della considerazione generale, ma sul suo nome all'inizio era stato difficile trovare un accordo. Berlusconi insisteva infatti su un professionista che fosse stimato da tutti, e che lui conoscesse bene: Clemente Mimun, per esempio. Ma erano anni che il direttore del Tg2 aspettava di poter giocare la grande carta del Tg1 ed era molto allarmato dalla prospettiva di dover fare il presidente. Oppure Carlo Rossella. È vero che dirige il più autorevole periodico della Mondadori, di cui il Cavaliere è proprietario, ma è anche vero che da direttore prima del Tg1 e poi della «Stampa» si era fatto stimare anche a sinistra. A Marcello Pera sarebbe piaciuto come presidente Vincenzo Caianiello, ex presidente della Corte costituzionale (scomparso poi all'inizio di maggio). Casini disegnava scenari più complessi. «Perché non scegliere un uomo indipendente ma vicino alla sinistra come Giuseppe De Rita?» disse un giorno agli amici.

Ma ogni ipotesi del genere (anche con altri candidati lontani dal centrodestra) si arenò perché nella Casa delle Libertà alcuni sostenevano che, in questo caso, tutti gli altri quattro consiglieri avrebbero dovuto avere la designazione della maggioranza. E né Rutelli né Fassino avrebbero mai accettato una soluzione del genere.

Altro nome di riserva fu quello di Fabio Roversi Monaco, per sedici anni e fino al 2001 magnifico rettore dell'università di Bologna e amico del presidente della Camera. Dal vertice della Treccani, dov'era recentemente pervenuto, Roversi Monaco aveva tessuto una raffinata trama di pubbliche relazioni in vista del possibile incarico. Non era una persona direttamente riconducibile al centrodestra, ma Casini, da quando è salito alla guida di Montecitorio, ha molto allargato la cerchia dei suoi interessi. (Se così non fosse, non avrebbe proposto a metà maggio per la presidenza dell'Enel quell'ottima persona di Piero Gnudi, ulivista doc ma bolognese come lui, mandato da Romano Prodi a presiedere l'Iri ormai in liquidazione. «La Madonna di san Luca ha illuminato l'Enel» gli ha telefonato Tremonti il 13 maggio, ricordando il santuario bolognese al quale Casini consacrò il suo mandato di presidente della Camera.)

Fatto sta che nella tarda serata di mercoledì 13 febbraio i rapporti tra Fini e Berlusconi precipitarono al minimo storico. La telefonata tra i due fu durissima. Il presidente del Consiglio assicurò di essersi chiamato fuori
dalla vicenda, il suo vice non gli credette. E diventò una
furia quando gli parve d'intuire che gli alleati immagi-
navano di ripagare l'assenza di un uomo designato da
An ricompensandola con la nomina del direttore generale. I nomi in corsa per questo incarico erano tre: Claudio Cappon, Giancarlo Leone e Agostino Saccà.

Cappon, direttore uscente, era guardato con molta
simpatia da Gianni Letta e in genere dagli ambienti
«democristiani» dove era cresciuto come figlio di Giorgio, uno dei più importanti manager finanziari pubblici del dopoguerra. Ma i politici del centrodestra esclu-
devano qualunque tipo di continuità con la gestione
precedente.

Leone, figlio dell'ex capo dello Stato e ottimo dirigente, guidava Raicinema e, ad interim, la prima divisione
televisiva, che gestisce il coordinamento tecnico e finanziario di Raiuno e Raidue. Anch'egli era molto vicino a
Letta, a Casini e a Follini. Ma era considerato ancora
giovane e al momento opportuno si sarebbe ritirato in
favore di Saccà. Con nettezza ancora maggiore aveva rifiutato l'offerta di presidente. «Da ex presidente che lavoro farei?» aveva obiettato agli amici.

Saccà era tornato alla guida di Raiuno dopo le tra-
versie di cui parleremo nell'ultimo capitolo di questo
libro ed è stato sempre in *pole position*. Come vedremo,
era ben considerato dall'ambiente dalemiano, aveva
un ottimo rapporto con An (per questo Berlusconi disse a Fini che avrebbe avuto un direttore generale di suo

gradimento) e altrettanto buono con Forza Italia (per questo Fini rifiutò di farsi carico da solo di un bene comune, rinunciando così a un consigliere). Saccà era in ogni caso un eccellente dirigente interno e conosceva meglio di tutti il prodotto sul quale si regge la Rai. È soprattutto questa la ragione per la quale sarebbe stato alla fine nominato, superando anche un'autorevole candidatura esterna come quella di Mauro Masi, direttore generale del dipartimento informazione della presidenza del Consiglio e commissario della Siae.

### Ma che cosa si dissero Pera e Matteoli?

Com'era nato il «malinteso» di cui Berlusconi e Casini avevano parlato con Fini? Era nato in una conversazione tra Marcello Pera e Altero Matteoli. Il ministro dell'Ambiente è uno dei pochissimi politici che non fa mai dichiarazioni alla stampa. È stato a lungo capo dell'organizzazione di Alleanza nazionale, la sua discrezione e la sua efficienza gli hanno consentito di stabilire un eccellente rapporto personale e politico con Gianfranco Fini, il quale lo incaricò nel 1999 anche del delicatissimo compito di far sapere a Carlo Azeglio Ciampi, livornese come Matteoli, che non gli sarebbero mancati i voti della destra. Lunedì 11 febbraio il presidente del Senato aveva visto il ministro nella prefettura di Lucca (entrambi sono stati eletti nel collegio della città toscana, dove Pera risiede) e, parlando del più e del meno, gli era parso di capire che ad Alleanza nazionale un posto in consiglio d'amministrazione interessasse relativamente, puntando su altre «compensazioni», a cominciare dal gradimento sul direttore generale.

In una fase delle trattative, Berlusconi riteneva che anche Bossi avrebbe rinunciato al consigliere, supponendo che la Lega, con i suoi interessi concentrati nel Nord, avrebbe focalizzato la sua attenzione sulle zone più importanti di quell'area, come Lombardia e Veneto, e privilegiato la costruzione di quella «rete federale» (un tempo si chiamava «regionale») che non è mai stata completata. Ma il Cavaliere aveva sottovalutato il fatto che la Rai è una droga di cui nessuno riesce a fare a meno. Aveva dimenticato che una delle ragioni per cui il Senatùr avrebbe voluto che Roberto Maroni diventasse presidente della Camera era per condividere con il presidente del Senato il diritto di scegliere gli amministratori dell'azienda.

A un certo punto, Bossi fece un'intemerata delle sue: ormai gli capita raramente, ma, quando gli capita, ai valligiani pare che King Kong stia scendendo dalle montagne con il mal di denti. Tutti temettero che Bossi avesse in mente qualche personaggio strano, qualcuno a cui gli uscieri della Rai avrebbero chiesto il passaporto e che, non volendo mostrarlo, avrebbe demolito in quarantott'ore il palazzo di viale Mazzini ingoiando i quarant'anni di storia che vi sono contenuti con la facilità con cui si ingerisce una pillolina anticoncezionale. Fu così che, quando Bossi fece il nome di Ettore Albertoni, tutti tirarono un sospiro di sollievo. «È una bravissima persona» mi disse Berlusconi, euforico per lo scampato pericolo. «Un professore autorevole e di buonsenso, stimato da tutti.»

Già, ma al Cavaliere i conti non tornavano. «Forza Italia» si sfogava con gli amici «ha un terzo di voti in più di quelli ottenuti da tutti gli altri alleati della Casa delle Libertà e il quadruplo di consensi di Ccd-Cdu e Lega messi insieme. È possibile che tutti debbano avere il loro consigliere e noi no?» Già, perché un punto era chiaro fin dall'inizio. «Uno dei consiglieri si chiamerà Pier Ferdinando Follini» disse un giorno a un amico il presidente del Ccd. «Su questo non si passa.» «Siamo alleati, non sudditi» ripeté Follini nei giorni neri della trattativa. E bocciò, con le stesse motivazioni usate per Sandro Fontana, la candidatura di Alfredo Meocci, giornalista veronese del Tg1, amico storico di Casini e di Follini, ma anche di Berlusconi, da quando è consigliere dell'Autorità di garanzia per le comunicazioni.

Il problema, osservò acutamente Francesco Verderami sul «Corriere della Sera» del 20 febbraio, è che il passaggio dal sistema proporzionale della Prima Repubblica al sistema maggioritario ha trasformato la «lottizzazione» della Rai in «militarizzazione». Gli scontri politici saranno sempre più diretti e meno mediati, poiché la Rai viene vista come un laboratorio decisivo e tutti i leader vogliono garantirsi in proprio. Questo, osservava il giornalista del «Corriere», vale per il centrodestra come per il centrosinistra. Non a caso Rutelli e Fassino, accusati dai loro compagni di aver fatto scelte troppo personali, assediavano a loro volta i presidenti delle Camere nel terrore che Zanda e Donzelli fossero cancellati dalla lista, magari per sostituirli con Sandro Curzi in quota Rifondazione. Le pressioni per inserire Iseppi in rappresentanza della Margherita e Vincenzo Vita per i Ds furono ignorate dai due leader del centrosinistra, che preferivano i consiglieri da loro designati, e dal centrodestra, perché allora avrebbero dovuto schierare un Gasparri e un Vito e le riunioni del consiglio si sarebbero tenute con i giubbotti antiproiettile.

*Carlo Rossella come Filippo d'Edimburgo*

Poiché i consiglieri di maggioranza dovevano essere tre, Forza Italia rischiava in ogni caso di restarne fuori. Berlusconi non se ne faceva una ragione, soprattutto dopo che dal Quirinale era venuto il via libera per Carlo Rossella. Il direttore di «Panorama» era uscito di scena con lo stile di Filippo d'Edimburgo al quale, durante la visita a un concorso di giardinaggio, vengano innaffiati per errore i pantaloni. Continua per la sua strada senza batter ciglio e, di fronte a tanto charme regale, nessuno oserà chiedergli se per caso si sia bagnato. Mai «bruciatura» fu accolta dall'interessato con tanto stile, mai a un «bruciato» di lusso l'intera stampa, schierata sull'attenti, ha tributato come a lui l'onore delle armi.

Con tutto l'apprezzamento per lo charme di Rossella, a Berlusconi quella «bruciatura» non andava giù. Per giorni interi non parlò con Casini, per settimane minacciò di disintegrargli il partito, per mesi l'accusò d'ingratitudine. Ma l'ustione gli doleva di più perché il presidente della Camera, che pure non amava l'idea di un amico del Cavaliere ai vertici della Rai, formalmente era a posto: non era stato il vicepresidente del Consiglio, almeno all'apparenza, a mandare tutto all'aria? E, con Fini, Berlusconi non poteva e non voleva litigare.

Trascorse così una settimana nerissima. Zaccaria, lasciando l'incarico e pregando Vittorio Emiliani di assumere l'interim della presidenza, fece una conferenza stampa ai marziani assicurando: «La mia Rai è sempre stata imparziale» («Il Mattino», 16 febbraio 2002). E i marziani gli credettero sulla parola. Il presidente del Consiglio non parlava con il presidente della Camera e il presidente della Camera non parlava con il presidente del Senato. (Pera era furioso con Casini per quanto era accaduto mercoledì 13 febbraio e Casini era furioso con Pera accusandolo di aver fatto filtrare sui giornali la candidatura di Sandro Fontana, mentre poi si appurò che l'indiscrezione non era stata opera sua.) I due presidenti delle Camere si scrissero in compenso garbatissime lettere, mentre passavano come schegge sui giornali le candidature di Piero Gnudi, Enzo Bettiza, ancora Roversi Monaco, e tutt'altro che usurata era l'ipotesi Baldassarre, sostenuto ora anche dal presidente del Senato.

*Berlusconi rinuncia, Baldassarre presidente*

Giovedì 21 febbraio Berlusconi gettò la spugna e affidò al suo portavoce Paolo Bonaiuti un nobile comunicato il cui succo era nelle ultime due righe: «Il presidente Berlusconi ha auspicato e auspica che nel Cda Rai non vengano nominate personalità in qualsiasi modo riconducibili alla sua persona, al suo partito o, tantomeno, al gruppo Mediaset». L'affermazione al presente era più credibile di quella al passato prossimo, ma insomma era ormai chiaro – e soprattutto vero – che il Cavaliere si chiamava definitivamente fuori dalla vicenda.

Casini intanto scriveva a Pera proponendo due distinte cinquine. La prima, come base reale di discussione, metteva al posto di Rossella Luca Cordero di Montezemolo, presidente della Ferrari, in buoni rapporti con tutti a destra e a sinistra, che Berlusconi aveva indicato nei mesi precedenti le elezioni come suo possibile ministro. Resisteva Albertoni, resistevano Donzelli e Zanda: Fassino e Rutelli li tenevano per i polsi come fa James Bond quando deve salvare (e alla fine salverà) la donna del suo cuore appesa al cornicione di un grattacielo, mentre i cattivi sparano da tutte le parti. Altra novità era la scomparsa di Porcacchia, che Casini avrebbe risarcito nominandolo capo del servizio stampa della Camera, e l'inserimento al suo posto della vera carta segreta: Marco Staderini, un brillante ingegnere romano, entrato giovanissimo in Finsiel e ora amministratore delegato di Lottomatica (dimessosi dopo la nomina Rai, ne è diventato presidente).

La seconda cinquina era stata preparata da Casini per mischiare le carte. Nomi di primo piano, s'intende, ma sui quali non c'era stata nessuna discussione politica: due professori universitari, il cattolico liberale Dario Antiseri e il laico moderato Pietro Melograni, già parlamentare di Forza Italia e ora piuttosto tiepido con il Polo, l'intellettuale di destra Marcello Veneziani, la cattolica di sinistra Silvia Costa e il padre della nuova Raitre, Angelo Guglielmi, per i Ds. I cinque della seconda lista non si conoscevano nemmeno tutti tra loro e si incontrarono dopo qualche settimana a una cena in casa di Melograni.

La discussione vera, però, si fece sulla prima cinquina. A Montezemolo aveva telefonato lo stesso presidente del Senato pregandolo di accettare la carica («Lei ha vinto tante battaglie, aggiunga anche questa medaglia»), ma il presidente della Ferrari declinò l'offerta (in fondo ama la vita tranquilla e, per di più, avrebbe dovuto rinunciare a presiedere la federazione degli editori di giornali).

Casini voleva avvertire Fini dell'esistenza delle due liste, ma quel giovedì 21 febbraio non riusciva a trovarlo. Chiamò allora Gasparri, che ha quasi sempre il cellulare acceso, e lo trovò a Vitoria, in Spagna, dove erano riuniti i ministri delle Comunicazioni dell'Unione europea. «Mi aiuti a mettermi in contatto con Fini?» Gasparri chiamò la segreteria del vicepresidente del Consiglio e scoprì che Fini era bloccato in una cerimonia in Campidoglio. Pregò allora di mandare un commesso ad avvertirlo e, finalmente, il presidente della Camera e il vicepresidente del Consiglio riuscirono a parlarsi. Ma quando l'indomani, venerdì 22 febbraio, Fini e Letta si incontrarono con Casini, non c'era ombra di candidato che mettesse tutti d'accordo.

Letta si era presentato alla riunione molto malvolentieri poiché la situazione creatasi negli ultimi giorni non gli piaceva e non gli andava di mettere una pezza all'ultimo momento. Casini disse che non poteva riproporre gli stessi nomi sui quali c'era stata la rottura. Pera si era chiamato fuori. Alla fine fu trovata l'intesa su Baldassarre, caso rarissimo di un candidato della prima ora non bruciato dalle indiscrezioni.

Fini insistette molto sulla sua designazione, i presidenti delle Camere riconobbero che su un ex presidente della Consulta ci sarebbe stato poco da ridire, Letta accettò e andò a riferire a Berlusconi, impegnato nell'assemblea nazionale di Forza Italia. «Ci vuole tanta pazienza sulla Rai con gli alleati» aveva sospirato in pubblico. E in privato aveva convenuto con Letta che bisognava chiudere subito: i sondaggi non premiavano dieci giorni di guerre intestine.

Fini e Casini avevano vinto così la loro partita, Berlusconi l'aveva persa, assicurandosi tuttavia la nomina di Saccà alla direzione generale, nomina approvata anche dal presidente di Alleanza nazionale e accettata senza particolare entusiasmo da Casini e Follini. Dopo dieci giorni di gelo, una breve telefonata di cortesia tra il presidente del Consiglio e il presidente della Camera chiuse la questione.

### Dipendenti indipendenti

Le reazioni furono molto divertenti. Rutelli, che aveva chiesto e ottenuto la nomina di Zanda, dichiarò che i due consiglieri designati dall'opposizione «non rappresentano il centrosinistra», e Pera s'infuriò pensando alla lettera che gli aveva scritto il leader dell'Ulivo. Luciano Violante, che ricordava bene com'erano andate le cose la volta precedente, riconobbe che era stato rispettato il pluralismo. La sinistra protestò vivacemente: in apparenza per il presunto «golpe di Berlusconi», nella sostanza perché Zanda e Donzelli erano stati designati in proprio da Rutelli e Fassino. Nelle settimane successive ne furono invocate ripetutamente le dimissioni. Ma questa ipotesi non fu mai presa in considerazione.

Carlo Rossella si complimentò con Baldassarre da Gstaad, dove trascorreva il fine settimana ospite di un amico che festeggiava il compleanno. Disse di considerare «un'offesa al buonsenso» il fatto che l'avessero bocciato come «dipendente di Berlusconi». «Come ha scritto Sgarbi» aggiunse «la Mondadori paga fior di royalties a molti scrittori di sinistra, a fior di leader politici. Fin quando si incassano le cedole di Berlusconi, tutto va bene, quando uno che ha fatto semplicemente il suo mestiere viene candidato alla Rai, si scopre che no, è incompatibile.»

Le pressioni della sinistra su Fassino si fecero sempre

più dure con il passare delle settimane. Il leader dei Ds, come D'Alema, vede nel riformismo l'unica strada per riportare la sinistra al potere. Su queste basi ha vinto il congresso del partito nel novembre del 2001, ma dall'inizio del nuovo anno si è trovato a dover fronteggiare una contestazione assai insidiosa da parte dei «girotondisti». Questo nuovo movimento, a metà strada tra le durezze del moralismo e della «diversità» dell'ultimo Berlinguer e le spinte rivoluzionarie rianimatesi dopo il G8 di Genova, aveva inopinatamente trovato i suoi leader nel regista cinematografico Nanni Moretti e in due professori dell'università di Firenze, Francesco Pardi, detto Pancho, e Paul Ginsborg. Pardi insegna analisi del territorio, Ginsborg storia. (Quest'ultimo ha pubblicato recentemente per Einaudi un volume, *L'Italia del tempo presente*, in cui offre una lettura degli avvenimenti politici italiani diametralmente opposta a quella di Berlusconi. Ora, l'Einaudi è di proprietà del Cavaliere, come la Mondadori, e la quasi totalità dei suoi autori è rigorosamente di sinistra, secondo le tradizioni della nobile casa editrice torinese, ma non risulta che ad alcuno sia stata spezzata la penna o castrata la naturale inclinazione politica.)

### I «girotondi» intorno alla Rai

Ispirati dall'angosciato appello di Francesco Saverio Borrelli all'inaugurazione dell'anno giudiziario di Milano all'inizio di gennaio del 2002 («Resistere, resistere, resistere»), Pardi, Ginsborg e altri docenti universitari avevano radunato il 24 gennaio a Firenze diverse migliaia di persone per sfilare contro il governo in nome della giustizia e della libertà d'informazione. Sulla loro scia, la sera del 2 febbraio Nanni Moretti era salito sul palco di piazza Navona dov'erano riuniti i più alti dirigenti dell'Ulivo e aveva detto in faccia a Rutelli, Fassino e D'Alema: «Con questi dirigenti non vinceremo mai». Moretti aveva poi guidato il 17 febbraio un «girotondo per la giustizia» intorno al Palazzaccio di Roma, sede della Cassazione, e il 10 marzo quello intorno alla sede della Rai in viale Mazzini. (Il 13 aprile, dopo il fallimento di un'analoga iniziativia contro la riforma scolastica di Letizia Moratti, i «girotondisti» si sarebbero presi una pausa.)

La manifestazione più clamorosà s'era avuta però sabato 23 febbraio al Palavobis di Milano, con il debutto in politica dell'imparzialissimo ex presidente della Rai Roberto Zaccaria. Signorilmente contrariato per aver avuto la parola solo dopo Sabina Guzzanti, pronunciò due discorsi, uno all'interno del Palavobis, l'altro all'esterno, attaccando duramente Berlusconi, Bossi e il suo successore Baldassarre. Sull'elegante giacca blu, faceva bella mostra di sé il distintivo del nuovo movimento girotondista «Per mano per la democrazia», in cui Zac ha per compagni di strada Di Pietro, la Guzzanti e il giornalista Marco Travaglio, protagonista con Daniele Luttazzi della memorabile puntata di «Satyricon» della primavera del 2001.

Al girotondo della Rai – che vide manifestazioni nelle principali città italiane – partecipò lo stesso Piero Fassino nella doppia veste di leader di lotta e di governo, perché aveva (giustamente) accettato di stare dentro la Rai designando un bravo consigliere d'amministrazione e partecipava a una manifestazione in cui

Moretti gridava: «Consiglieri dell'Ulivo, fate un gesto forte!» («la Repubblica», 11 marzo), cioè dimettetevi.

Fassino aveva combattuto una battaglia di principio sostenendo che alla direzione generale della Rai dovesse restare Claudio Cappon. Sapeva bene che sarebbe stato nominato Saccà, che comunque fu votato (19 marzo) a maggioranza perché Zanda e Donzelli dovevano lanciare un segnale, anticipando la battaglia per le nomine nelle reti e nelle testate.

Pur esprimendo con chiarezza il suo pensiero in tutte le occasioni che lo meritavano, Baldassarre manifestava concretamente il suo desiderio di gestire in modo unitario l'azienda. Lo disse nelle sue prime interviste, assicurando che il livello qualitativo della televisione sarebbe migliorato («Mai più programmi "deficienti"») e rimpiangendo i bei tempi del monopolio quando il varietà si chiamava «Canzonissima» e ogni settimana andavano in onda le commedie di Eduardo De Filippo o di Gilberto Govi. (I tempi purtroppo sono cambiati e, in una Rai che per metà si regge sulla pubblicità, molta informazione e i programmi di Piero Angela vengono finanziati dai successi del bravissimo Fiorello e anche del simpatico e contestato Panariello.)

Anche i quattro consiglieri di maggioranza e di minoranza si misero al lavoro con spirito unitario, ma la battaglia per la nomina dei direttori di rete e di testata fu furibonda perché, come abbiamo detto, il potere politico di centrodestra e di centrosinistra considera che in futuro la Rai avrà lo stesso ruolo delle spiagge di Normandia nel momento decisivo della seconda guerra mondiale.

## La «guerra dei direttori»

Questa volta Forza Italia restò fuori dalla bagarre che si concluse con il primo turno di nomine il 17 aprile. Patrocinò l'elezione di due eccellenti professionisti interni alla direzione del Tg1 e di Raiuno. Clemente Mimun si era guadagnato sul campo il passaggio dal Tg2, dove aveva lavorato bene e a lungo. Del Noce, che era stato il miglior inviato del Tg1, veniva risarcito delle persecuzioni subite dopo il 1992 e di cui parleremo nel corso del libro. La guerra fu invece tra An, Lega e Ccd-Cdu, da un lato, e all'interno dei Ds e della Margherita, dall'altro, e il peso di ciascun consigliere e il suo potere di veto fu decisivo. Follini ottenne per Angela Buttiglione, dopo aver rifiutato il giornale radio, la direzione dei telegiornali regionali, che vennero scorporati dal Tg3 nazionale (in effetti, a parte il fatto di essere trasmessi sulla stessa rete, tra i due sistemi informativi c'è poco in comune), e per Sergio Valzania, giovane e valido direttore di Radiodue, la conferma dell'incarico, esteso alla direzione di Radiotre (che, in maggio, egli dichiarò di voler rinnovare suscitando allarmi a sinistra). An e la Lega duellarono per la direzione della seconda rete televisiva, e non solo per ragioni di potere, quanto per oggettive aspirazioni ideali. Alleanza nazionale voleva giocare la stessa scommessa politica e culturale che, durante la Prima Repubblica, i socialisti avevano giocato controllando Raidue e Tg2. Aveva ottenuto senza difficoltà la direzione del Tg2 per Mauro Mazza, nato professionalmente al «Secolo d'Italia» e ottimo cronista politico al Tg1 prima di diventarne vicedirettore. Voleva, inoltre, Raidue per Massimo Magliaro, un valido professionista che era stato portavoce di Giorgio Almirante. Ma Bossi si oppose: la voleva anche lui, per costruire finalmente quella «rete federale» sognata da anni, e alla fine la ottenne per Antonio Marano, un bravo professionista formatosi nelle televisioni locali del Nord (sottosegretario alle Comunicazioni nel primo governo Berlusconi, aveva poi abbandonato la politica, diventando infine amministratore delegato di Stream News). An ebbe il giornale radio e Radiouno per Bruno Socillo, il bravo vicedirettore di Mimun al Tg2, e la prima divisione per Massimo Magliaro, che prese assai male la decisione di dover rinunciare a Raidue.

Ci fu guerra anche a sinistra dove, com'era previsto, si strillò per l'occupazione della Rai da parte del governo. («Avete fatto la stessa cosa voi» risposero dalla CdL. «Sì, ma il Cavaliere ha già tre reti sue.» «È vero, ma nessuno degli uomini che conta lì dentro vota per lui», e così via fino alla fine dei secoli.) I Ds confermarono Antonio Di Bella alla direzione del Tg3: aveva dato buona prova di sé e non c'era alcuna ragione per cambiare. Il bravo direttore uscente del giornale radio, Paolo Ruffini, sponsorizzato dalla Margherita, fu dirottato alla direzione di Raitre al posto di Beppe Cereda, della stessa area politica e grande esperto di cinema, nominato direttore della seconda divisione, che sovrintende al terzo canale. (Le divisioni nacquero da un'idea di Celli, che voleva creare le premesse per privatizzare Raiuno e Raidue e lasciare a Raitre il servizio pubblico senza pubblicità e con il solo canone.) I dalemiani ottennero che Marcello Del Bosco restasse a capo della divisione radiofonica, ma, conosciute le nomine, Claudio Velardi, già consigliere politico di D'Alema a palazzo Chigi e sovrintendente alle nomine Rai negli anni dell'Ulivo, si sfogò con Maria Latella del «Corriere della Sera» del 18 aprile: «È la più grande sconfitta dal '75 a oggi. La sinistra non ha voluto Stefano Balassone [*il consigliere d'amministrazione ds era candidato a dirigere Raitre*] e di fatto ha così rinunciato a Raitre, l'unico progetto culturale portato avanti in questi anni. Da Guglielmi in poi, fino a oggi». Il quadro delle nomine fu completato a fine maggio.

## «Via Biagi, Luttazzi e Santoro dalla Rai»

Tra le sue virtù, Silvio Berlusconi ha quella di essere goloso. Ma la gola non va d'accordo con la dieta. Così, quando viene colto con le mani nel frigorifero mentre sta prelevando un vassoio di gelati, il Cavaliere magari dice che stava cercando un libro e lentamente, dinanzi all'evidenza dei fatti, ammette che, in effetti, una pallina del gelato al pistacchio preparato da Alfredo gli avrebbe fatto compagnia. La stessa cosa accade talvolta al presidente del Consiglio con il suo sottosegretario Gianni Letta.

Giovedì 18 aprile, poche ore dopo le nomine Rai, Berlusconi chiamò Letta da Sofia, dov'era andato per una breve visita ufficiale. Dalla costruzione del discorso, dal dire e non dire del Cavaliere, il sottosegretario capì che il premier doveva averla combinata grossa. Poco dopo, le agenzie di stampa gli fornirono la tragica conferma. Rispondendo alla generica domanda di un giornalista bulgaro, Berlusconi aveva detto: «La Tv pubblica ha subìto in questi giorni un cambiamento nei responsabili delle reti e dei giornali, e quindi finalmente tornerà a essere Tv pubblica, cioè di tutti, oggettiva, non partitica, non faziosa come invece è stata in Italia con l'occupazione militare della sinistra ... L'uso che i Biagi, i... come si chiama quello, Santoro, e l'altro lì, sì, Luttazzi, hanno fatto della Tv pubblica, pagata con i soldi di tutti, è stato criminoso ... preciso dovere di questa nuova dirigenza è non permettere più che ciò avvenga».

A parte l'aggettivo «criminoso», fin qui la posizione del Cavaliere era nota. Come vedremo nell'ultimo capitolo, seppure in modo assai diverso, i tre citati professionisti avevano innegabilmente violato le regole durante la campagna elettorale del 2001. Berlusconi non aveva mandato giù la cosa e già il 5 aprile 2002, parlando al congresso di Alleanza nazionale, aveva assicurato che quel che avevano fatto Biagi, Luttazzi e Santoro non si sarebbe ripetuto nella Rai del centrodestra. Ma a Sofia andò oltre. Trascrivo dal servizio dell'inviata Paola De Caro per il «Corriere della Sera» il 19 aprile: «Quando poi un giornalista italiano gli chiede se il suo è l'augurio di non vedere più in video i tre, Berlusconi abbandona ogni cautela: "Ove cambiassero, non è un problema ad personam. Ma siccome non cambiano..." alza le spalle».

Con la sua battuta, Berlusconi non solo firmò ai due (Luttazzi non era sotto scrittura) un contratto vitalizio alla Rai, non solo gli appuntò sul petto la medaglia d'oro di martiri della Resistenza, ma si tirò addosso un'inedita quantità di contumelie. La sinistra insorse come un sol uomo, il centrodestra tacque imbarazzato, Santoro gli dette del vigliacco, Biagi gli rinfacciò il conflitto d'interessi e i processi in corso, Luttazzi ricordò che, proprio perché la Rai è di tutti, non può trasmettere solo ciò che piace al Cavaliere. Il quale, come talora gli accade, passò nel giro di pochi secondi dalla ragione al torto, non essendo peraltro elegante che il presidente del Consiglio

stabilisca chi debba lavorare in Rai o restare disoccupa-
to, a meno che l'eroico «comunista» Fedele Confalonieri
non apra le porte di Cologno Monzese a quanti l'«azionista» ha cacciato da Viale Mazzini.

*Dialogo tra il cervello di Berlusconi e la sua pancia*

La polemica si era appena chetata, che l'8 maggio
l'intera Casa delle Libertà si premurò di riattizzarla
presentando alla Commissione parlamentare di vigilanza sulla Rai una mozione che chiedeva la sospensione, fino alle elezioni amministrative parziali del 26
maggio, di «Il fatto» e «Porta a porta» (Raiuno), «Sciu-
scià» (Raidue) e «Primo piano» (Raitre), cioè di tutte le
trasmissioni politiche. Motivazione: «Appare ipocrita e
incongruo impedire per legge alle forze politiche la comunicazione diretta con i cittadini e consentire invece
che venga esercitata soltanto mediante alcune trasmissioni affidate a giornalisti che non potrebbero in nessun caso raggiungere l'obiettivo della imparzialità e
della correttezza informativa, anche se volessero essere
rispettosi dei principi e delle regole del pluralismo».
Scriveva Paolo Conti sul «Corriere della Sera» del 9
maggio: «La ragione, per i firmatari, è semplice: "Nel-
l'ultima campagna elettorale si sono manifestati episodi non isolati di forte faziosità"».

Anche le reazioni di chi scrive furono naturalmente
molto dure, e non solo perché lo si toccava personalmente. Trascrivo i titoli del «Corriere»: *Biagi: Non accettano critiche, vogliono un plebiscito; Santoro: Disposti a qualsiasi cosa
pur di farci tacere; Vespa: Una risposta sbagliata a un problema
vero.* Della campagna elettorale 2001 si è detto e diremo

ancora. Ma se sanzionare – ed eventualmente sospendere – un programma che sbaglia è doveroso, sospendere un gruppo di trasmissioni per un supposto «reato di pericolo» è censura bella e buona. E infatti la settimana successiva l'ufficio di presidenza della vigilanza dichiarò la proposta inammissibile perché non prevista da alcuna legge.

Tuttavia, il problema sarà irrisolvibile fino a quando Berlusconi non avrà messo d'accordo quel che gli suggerisce la pancia con quel che gli obietta il cervello. Nell'occasione citata, abbiamo ascoltato – origliando – il seguente dialogo tra i due.

*Pancia*: Silvio, adesso che comandi, devi finalmente cacciarli tutti.
*Cervello*: Tutti chi?
*Pancia*: I comunisti della Rai. Biagi, Luttazzi, Santoro. Via tutti. E anche a quel Vespa, tagliagli le unghie.
*Cervello*: Vespa? Comunista anche lui?
*Pancia*: Non è comunista, ma è troppo autonomo. Invita a «Porta a porta» troppa gente di sinistra, e non ci chiede in anticipo chi vogliamo mandare noi. E poi l'anno scorso ti ha tagliato una volta diciassette minuti e un'altra venti per metterti alla pari con quell'anima bella di Rutelli. E non dimenticare che non ha accettato che portassi le tue cartine in studio…
*Cervello*: Cara mia, se durante la traversata del deserto Vespa non ci avesse dato la parola… come l'ha data agli altri, d'accordo. Solo che gli altri non la davano a noi. E poi ho firmato da lui il «contratto con gli italiani».
*Pancia*: C'era la fila per fartelo firmare, dappertutto. Comunque, fatti tuoi. Ma i comunisti, via.

*Cervello*: Sono d'accordo che mi hanno fatto delle ca-
rognate e ogni tanto continuano a farmene. Ma sei si-
cura che mi convenga trasformarli in martiri?

*Pancia*: Fuori tutti.

*Cervello*: Io sono il presidente del Consiglio. Ho portato Putin in Occidente, ho proposto il piano Marshall
per la Palestina, vado d'accordo con Tony Blair facendo torcere le budella alla sinistra per l'invidia. Ho fatto
sognare gli italiani promettendo un nuovo miracolo
economico, un nuovo Rinascimento. Posso fare la figura del censore? Anche l'idea di chiedere la sospensione
dei programmi informativi prima delle elezioni non è
stata un granché, visti gli esiti...

*Pancia*: È stata geniale, invece. Comunque, sta' attento, Silvio. Quei comunisti ti fregheranno sempre. Butta-
li fuori, finché sei in tempo.

*Cervello*: Non sarebbe né giusto né utile. Posso chiedere e ottenere che non ripetano quello che hanno fatto
l'anno scorso. Ma non devo andare oltre.

*Pancia*: E invece devi.

*Cervello*: Rifletti un momento. Biagi non mi ama, d'accordo. Mi attacca da anni su tutti i giornali in cui scrive e
ogni tanto mi sbeffeggia nel «Fatto». Ma se lo tocco, al
«Corriere della Sera» sono costretti a insorgere.

*Pancia*: E invece non lo sopportano, dopo tutte le
grane che ha piantato quando, alla morte di Montanelli, Ferruccio de Bortoli ha affidato a Paolo Mieli la po-
sta con i lettori...

*Cervello*: Ammesso pure che non lo sopportino, sono
costretti a difenderlo. Basta vedere che cosa è successo
quando ti ho dato retta e ho detto a Sofia quel che, purtroppo, ho detto...

*Pancia*: Ma quale purtroppo. Hai detto ciò che pensi. E Santoro? Non vorrai farmi credere che i giornali difenderebbero anche lui…

*Cervello*: Ma certo che lo difenderebbero. Anzi, con Santoro il pasticcio sarebbe doppio. D'Alema e Fassino, in fondo, non lo amano per via dello spazio che dà ai girotondi e a tutta quella gente che è una spina nel fianco dei Ds. Eppure, dinanzi ai miei attacchi, la sinistra, unanime, si chiude a riccio per proteggerlo. Ti pare un affare? Perché piuttosto non mi suggerisci di andare in televisione a informare gli italiani di ciò che ho fatto per loro?

*Pancia*: Vuoi un consiglio? Va' solo da Costanzo.

*Cervello*: E Vespa?

*Pancia*: Va' da Costanzo. Ti ha lasciato parlare ininterrottamente due volte per sei minuti, una per sette e una per cinque, e nessuno ha fiatato. Se Vespa facesse la stessa cosa, lo impiccherebbero. E te con lui.

*Cervello*: Forse hai ragione, ma poco prima delle elezioni di fine maggio sono tornato anche da Vespa. Piuttosto, non credi che sulla Rai abbia ascoltato poco i consigli di Gianni Letta e anche di Paolino Bonaiuti?

*Pancia*: Lasciali perdere, sono due grilli parlanti. Letta non te ne passa una, Bonaiuti una volta è arrivato perfino a mollarti un calcio sotto il tavolo durante una conferenza stampa.

*Cervello*: Se è per questo, gliel'ho restituito. A proposito, pensi che abbia sbagliato qualcosa nell'attuazione del mio «contratto con gli italiani»?

*Pancia*: No, Silvio. Lasciatelo dire, sei perfetto.

*Cervello*: Grazie, lo intuivo.

## II

## «E questo chi è?»

*La Rai mi accolse così...*

«E questo chi è?» La Rai mi accolse così. Alle 10.45 del 1° settembre 1962, fresco di licenza liceale, ero pronto a dettare le notizie da L'Aquila alla prima delle due «fisse» telefoniche con la sede centrale di Pescara. La voce della stenografa Lucia Monticelli mi gelò. Che voce! Nei decenni successivi non avrei più ascoltato niente di simile. Bella, rotonda, dolce, sensuale. Con quella voce da grande film d'amore, Lucia mi dette la stilettata: «E questo chi è?». Già, chi ero? Un abusivo ingaggiato per potenziare l'ufficio di corrispondenza dell'Aquila. Nell'Italia dei campanili, L'Aquila era il capoluogo di regione, ma la sede della Rai si trovava a Pescara. Merito (o colpa) di Giuseppe Spataro, fondatore con De Gasperi della Democrazia cristiana, presidente della Rai dal '46 al '51 e, in quanto tale – lamentavano i miei concittadini –, autore dello «scippo» della prima stazione ricetrasmittente aquilana in favore, appunto, di Pescara. La lotta tra le due città era fortissima e gli aquilani si sentivano discriminati anche nei notiziari. Di qui, dopo un lungo tira e molla, l'autorizza-

zione concessa al corrispondente locale della Rai di uti-
lizzare un collaboratore per avere un quadro di informazioni più ampio e qualche servizio registrato.

Il corrispondente, Enrico Carli, prese me, che da due
anni collaboravo con lui nella redazione aquilana del
«Tempo». Il mio lavoro per la Rai consisteva nello scrivere e nel trasmettere le notizie due volte al giorno.
D'inverno, nella seconda «fissa» di mezzogiorno, co-
municavo anche il bollettino della viabilità in Abruzzo
e Molise. (Trent'anni dopo, incontrando per la prima
volta il molisano Antonio Di Pietro, gli recitai a memoria i tratti più innevati della sua regione.) Siccome avevo una voce decente, mi chiesero di realizzare alcuni
servizi anche per la rete nazionale.

All'Aquila venivano i maggiori concertisti del mondo: il mio registratore a manovella raccolse i suoni e le
voci di Arthur Rubinstein e Arturo Benedetti Miche-
langeli, Yehudi Menuhin e Sviatoslav Richter. Vladimir
Ashkenazy e Maurizio Pollini erano considerati troppo
giovani per meritare un'intervista. Avrei avuto un registratore Nagra di ultima generazione soltanto nel '66:
veniva in visita nel capoluogo abruzzese il ministro
delle Poste Spagnolli e fu considerato irriguardoso che
lo intervistassi con un'anticaglia.

Da un punto di vista legale e amministrativo, per la
Rai io non esistevo. Carli divideva con me i magri compensi per le notizie fornite (trecento lire le ordinarie,
seicento le più importanti). Venivano pagate soltanto le
notizie trasmesse, tra la metà e un terzo di quelle invia-
te. Vent'anni più tardi, e un decennio dopo che ero stato assunto come vincitore di concorso pubblico, in una
causa di lavoro la Rai insistette nel dire che a L'Aquila

non esistevo: il giudice mi riconobbe solo un'anzianità «convenzionale» senza retribuzione aggiuntiva, ormai caduta in prescrizione.

*E l'«Unità» regalava le copie...*

Quando sentii per la prima volta la bella voce di Lucia, non avevo la più pallida idea di come funzionasse l'azienda per la quale avrei lavorato nei successivi quarant'anni. Non ero attratto dal giornalismo televisivo. Mi piacevano i grandi radiocronisti, ma il mio sogno era la carta stampata. Il mio idolo era Indro Montanelli, le cui corrispondenze del '56 da Budapest mi avevano conquistato (allora avevo dodici anni, ma le avrei rilette negli anni successivi). Aspettavo che il «Corriere della Sera» arrivasse, poco prima di pranzo, nell'edicola sotto la redazione del «Tempo» per cominciare il mio viaggio immaginario d'inviato speciale, un mestiere che mi sembrava inarrivabile.

«Il Tempo», che ospitava ancora alcune delle grandi firme che il genio di Renato Angiolillo era riuscito a portarvi nel dopoguerra, aveva ormai acquisito la piena fisionomia del giornale di destra, con vistosi ammiccamenti a Giulio Andreotti – signore incontrastato della politica romana – e all'ala conservatrice della Dc. Proprio in quel '62 per me fatale, al congresso democristiano di Napoli Aldo Moro aveva formalizzato l'apertura a sinistra e Amintore Fanfani l'aveva messa in pratica formando un governo con i socialdemocratici e i repubblicani, e con l'astensione dei socialisti. I democristiani moderati, per tranquillizzare il proprio elettorato, avevano imposto (anche grazie a qualche voto missino) l'elezione di Antonio Segni al Quirinale, ma la strada era ormai tracciata.

Noi della redazione aquilana tenevamo nettamente per il centrosinistra e Angiolillo – che nelle pagine politiche attaccava furiosamente Moro e Fanfani – non intervenne mai per farci mutare linea. In Abruzzo l'elettorato era per il cinquanta per cento democristiano e per il venticinque comunista. I socialisti prendevano quasi la metà di quel che restava. L'Aquila e Teramo, con Lorenzo Natali, erano fanfaniane. Pescara e Chieti, con l'erede di Spataro, Remo Gaspari, dorotee.

«Il Tempo» era nettamente il giornale più influente della regione. Dal '62 mi fu a poco a poco affidata la cronaca politica. Subito dopo pranzo – e prima di dedicare un paio d'ore alla preparazione degli esami universitari – sentivo al telefono i quattro segretari del centrosinistra, che raramente andavano d'accordo. Ma quando volevano far passare qualche notizia di rilievo, sia i comunisti sia i missini mi chiamavano senza alcun problema. Il mio stipendio era di cinquemila lire al mese (meno di cinquanta euro di oggi). «Il Messaggero» si offrì di triplicarmelo, ma era un giornale «moscio» (si limitava a pubblicare i comunicati ufficiali del Consiglio dei ministri) e a L'Aquila non era considerato molto affidabile. Perciò rifiutai.

Il santo protettore della redazione aquilana a Roma era Gianni Letta. Ad Avezzano, la sua città, aveva rinunciato a una promettente carriera d'avvocato per il giornalismo, gettando i suoi familiari nello sconforto. S'era poi trasferito a L'Aquila e aveva lasciato la guida della redazione poco prima che io vi entrassi a sedici anni, nel '60, per andare a Roma. Conquistatasi la fiducia di Angiolillo, più tardi – divenuto capo della «redazione province» – ci coprì in più di una situazione delicata. Nel '68, a L'Aquila alcune migliaia di operai occuparono gli stabilimenti della Siemens, gruppo Stet, e il direttore dovette fuggire dalla finestra di un bagno. La città era con i lavoratori. Noi difendemmo quell'occupazione con una formidabile campagna di stampa. Riuscii a farmi consegnare il modulo del permesso scritto che gli operai dovevano firmare per andare alla toilette e lo pubblicai. Ogni giorno, all'alba, i lavoratori aspettavano che uscisse il giornale e le copie del «Tempo» andavano a ruba. I comunisti erano disperati e, per tenerci testa, l'«Unità» fu distribuita gratuitamente. Letta, da Roma, era al nostro fianco. Dopo alcuni giorni la Stet fece sapere ad Angiolillo che avrebbe tolto al quotidiano duecento milioni di pubblicità (un milione e mezzo di euro d'oggi). Non ritrattammo nulla, ma dovemmo progressivamente abbassare i toni. La campagna, in ogni caso, aveva avuto i suoi effetti.

### Bernabei, il «despota illuminato»

Quando cominciai la mia collaborazione, nel settembre del '62, padrone assoluto della Rai era il giornalista fiorentino Ettore Bernabei. Ne era diventato direttore generale l'anno prima, a quarant'anni non ancora compiuti, dopo aver guidato per un quadriennio «Il Popolo», provenendovi da un altro quotidiano democristiano, «Giornale del Mattino» di Firenze. Fanfaniano più di Fanfani, intelligentissimo e abilissimo, avrebbe diretto la Rai fino al '74, facendone una delle migliori aziende televisive del mondo. Pochi uomini furono più criticati di lui, pochi furono più rimpianti. L'assoluto rispetto dei rapporti di forza politici è stata una costante della sua vita professionale. Gestì l'apertura del potere televisivo ai socialisti riempiendoli d'incarichi (non c'era giornalista di quell'area che non fosse almeno caposervizio), ma facendoli contare pochissimo. Più tardi, lasciata l'azienda, fu tra i primi a sostenere la necessità di affidare una rete a uomini indicati dal Pci: lo stesso criterio di realpolitik avrebbe seguito d'altra parte negli appalti dell'Italstat, l'azienda pubblica di grandi lavori edili da lui diretta dopo la Rai.

Bernabei fu certamente un direttore autoritario, ma anche i suoi avversari gli hanno riconosciuto (soprattutto negli ultimi anni) una grande lungimiranza, una sorta di «dispotismo illuminato»: al ferreo controllo del telegiornale – allora unificato – si affiancò, come vedremo, la notevolissima apertura nelle rubriche alle istanze sociali più avanzate.

Per noi collaboratori «inesistenti» della periferia dell'impero, lui era molto di più di quello che è il papa per un parroco di campagna. Il papa, infatti, si mostra assai spesso, parla, riceve, viaggia. Bernabei no. C'era il divieto assoluto d'inquadrarlo (un po' come, quarant'anni più tardi, per Zaccaria) e perfino di nominarlo in qualunque resoconto. Anche se calunniato, non rettificava mai e mai querelava. Di interviste, neppure a parlarne. Il suo linguaggio era franco e secco. Il suo accento fiorentino, lungi dall'addolcirlo, lo rendeva tagliente. Appena arrivato in via del Babuino – dove allora, nei locali in cui oggi è tornato il vecchio Hotel de Russie, si trovava la direzione generale – quelli che lui chiama i «mandarini» corsero a imbottirgli le porte perché le sue urla non facessero vacillare l'obelisco della vicina piazza del Popolo. Suo suddito tra il '68 e il '74, lo incontrai una sola volta qualche anno dopo aver vinto il concorso per radiotelecronisti indetto dalla Rai, nel vano tentativo di farmi riconoscere – magari con un piccolo scatto di carriera – i sette anni di lavoro aquilano. Ero così emozionato che mi ridussi di due anni l'anzianità. D'altra parte, uno dei più alti dirigenti della Rai era uscito dall'ufficio del direttore rincorrendo cappotto e cappello che Bernabei in persona gli aveva lanciato, come palle da bowling, nel corridoio sotto lo sguardo atterrito degli uscieri. Osteggiato come in seguito lo sarebbe stato soltanto Silvio Berlusconi, oggi Bernabei è un'icona vivente. Con la sua Lux, produce per il mercato televisivo internazionale kolossal come le storie della Bibbia e dei santi, e i pochi superstiti della mia generazione lo chiamano ancora «direttore».

### *«Sono venuto a cacciare pederasti e comunisti»*

La Rai è sempre stata uno straordinario laboratorio politico: spesso ha seguito i terremoti del Palazzo, qualche volta li ha anticipati. Ora, l'apertura a sinistra di Fanfani al congresso di Napoli non poteva essere gestita dalla vecchia classe dirigente dorotea. L'arrivo di Bernabei in via del Babuino pose la pietra tombale sulla «Rai degli ingegneri». Il più illustre di loro era Marcello Rodinò di Miglione. Esponente di una famiglia dell'aristocrazia napoletana legata al popolarismo prefascista, Rodinò s'era affermato alla Società elettrica meridionale e su indicazione di Antonio Segni, leader negli anni Cinquanta dell'ala più moderata della Dc, era diventato nel

'56 amministratore delegato della Rai subentrando a un altro importante dirigente cattolico, Filiberto Guala, che avrebbe seguito la strada di Giuseppe Dossetti vestendo l'abito talare.

Guala, amministratore delegato della Rai dal giugno del '54, era un piemontese legato alla sinistra cattolica e a Fanfani. Trasferì la direzione generale dell'azienda da Torino a Roma e fu il primo emissario della classe politica dominante a rinnovare i quadri, ancora largamente legati alla nomenklatura fascista dell'Eiar. Pur essendo certamente un innovatore «democratico», fu accolto dal Pci con lo stesso entusiasmo con cui verrebbe salutato l'ingresso di un cane nella romana Chiesa del Gesù durante il *Te Deum* pontificio di fine anno. Lo ricordò così in un suo libro del '70, *Anatomia del potere televisivo*, Giovanni Cesareo, studioso delle comunicazioni di massa e critico televisivo dell'«Unità»: «Nel suo primo discorso ai "quadri", a Torino, Guala disse tra l'altro: "Sono venuto a cacciare i pederasti e i comunisti". A suo modo, era un programma. Sul piano del "buon costume" era un indirizzo puritano: poco tempo dopo, infatti, alla Tv entrò in vigore un codice riservato "di autodisciplina". ("La normale vigilanza delle autorità responsabili dello spettacolo" aveva detto qualche mese prima Pio XII, rivolgendosi ai vescovi e alle organizzazioni cattoliche, "non è sufficiente per le trasmissioni televisive al fine di eseguire un servizio ineccepibile dal punto di vista morale.") Sul piano politico era una dichiarazione di integralismo cattolico».

Fu Guala a mettere il telegiornale – guidato allora dal grande radiocronista Vittorio Veltroni, padre di Walter – alle dirette dipendenze della direzione generale, assicurandosene perciò il controllo diretto. Con lui entrarono alla Rai dirigenti cattolici che avrebbero avuto ruoli importanti anche con Bernabei: Luigi Beretta Anguissola e due ex «cattolici comunisti», Pier Emilio Gennarini e Mario Motta. Fu Gennarini a coordinare per conto dell'amministratore delegato una gigantesca selezione di programmisti che portò in azienda Umberto Eco, Furio Colombo e tre uomini che avrebbero avuto un ruolo decisivo nei decenni successivi: Fabiano Fabiani ed Emmanuele Milano, nei telegiornali e nelle direzioni di canale, e Giovanni Salvi, che sarebbe stato il successore del grande Sergio Pugliese nello spettacolo. In due anni, Guala indebitò pesantemente la Rai e questo, secondo Cesareo, fu il motivo ufficiale delle sue dimissioni.

*E le ballerine si tolsero le sottane*

Nel suo colloquio con Giorgio Dell'Arti per un libro del '99, *L'uomo di fiducia*, Ettore Bernabei sposa invece al riguardo una tesi assai più complessa e suggestiva. A suo giudizio, la storia di una Rai completamente controllata dalla Dc non sta in piedi. La vecchia nomenklatura di mandarini, in larga parte superstiti dell'Eiar, presidiava le vere centrali di potere e cercava di tagliare le gambe a ogni ipotesi di rinnovamento. I mandarini più importanti erano Marcello Bernardi e Marcello Severati, che nel '61 Bernabei si sarebbe ritrovato rispettivamente vicedirettore generale e capo del personale, potentissimi. Bernardi, avvocato torinese di area laica, negli anni Venti fu messo a dirigere la Uri, cioè la prima stazione radio italiana. Quando con il fascismo la Uri diventò Eiar, Bernardi restò al suo posto: vi rimase per l'intero ventennio attraversando indenne le diverse articolazioni politico-culturali del fascismo e fu confermato da Badoglio, da Parri, da De Gasperi. Bravo, doveva essere bravo. Ma Bernabei – che non pronuncia mai la parola «massoneria» – parla insistentemente del potere del «Circolo torinese del Whist», dove «si poteva stare con Giolitti e con Mussolini», purché non si disturbasse il potentissimo club.

Marcello Severati era nipote del presidente dell'Eiar, Raoul Chiodelli, e fece carriera nell'azienda radiofonica durante il fascismo. Alla caduta del regime, secondo Bernabei, si salvò fondando addirittura un soviet nella storica sede torinese della Rai, in via Arsenale 21, procurandosi una tessera del Pci firmata da Palmiro Togliatti in persona. (Non può esserci scandalo più di tanto se, nel libro *La cultura fascista*, la storica americana Ruth Ben-Ghiat annota un'identica, sofferta conversione di nomi ben più importanti: da Elio Vittorini a Corrado Alvaro, da Alberto Moravia a Luchino Visconti.)

La vecchia ala massonica, presente in Rai con i socialdemocratici e soprattutto con i repubblicani, avrebbe architettato ai danni di Guala un memorabile e fatale tranello. Alcuni anticlericali di via del Babuino, che frequentavano nei salotti romani i nipoti di papa Pacelli, attraverso questi ultimi avrebbero sollecitato il pontefice a guardare lo «scandaloso» varietà televisivo del sabato sera. Proprio il sabato in cui era stato portato un televisore nello studio di Pio XII, che non accendeva abitualmente la Tv, un misterioso e potente funzionario dello spettacolo ordinò alle ballerine di togliersi le sottane e di presentarsi a gambe nude. Si immagini la reazio-

ne dell'«Osservatore romano», e si immagini la contro-
reazione della stampa laica quando, il sabato successivo, un altro misterioso e potente funzionario dello spettacolo ordinò alle ballerine non solo di rimettersi le
sottane, ma di aggiungervi dei mutandoni lunghi fino
alla caviglia. Naturalmente il povero Guala – che, sebbene laico, aveva fatto voto di castità – non ne sapeva
nulla. E nulla giurarono di saperne Bernardi e Pugliese,
responsabile dello spettacolo. Ma l'amministratore delegato capì: la Provvidenza aveva deciso che per lui la
strada del convento era assai più confortevole dei corridoi avvelenati di via del Babuino. E se ne andò.

## L'Orazio Bernabei contro i Curiazi

Nonostante i codici di autodisciplina e le sottane,
Guala era un cattolico di sinistra. Uscito lui di scena, i
moderati del partito scelsero nel '56 Rodinò. L'ingegnere ebbe un ruolo decisivo nello sviluppo tecnico
della televisione che, nella seconda metà degli anni
Cinquanta, ebbe una crescita enorme, anche per lo
straordinario successo di Mike Bongiorno con «Lascia
o raddoppia?». (Nel '57 fu inaugurato il centro di produzione di via Teulada, al quale seguirono quello di
Napoli e alcune sedi regionali.) Con l'arrivo di Bernabei, nel gennaio del '61, Fanfani avrebbe voluto unifi-
care le cariche di direttore generale e amministratore
delegato, e dare il benservito a Rodinò. I dorotei insor-
sero e le cariche restarono distinte. Ma il potere di Rodinò fu vistosamente ridimensionato, a dimostrazione
che gli uomini contano più delle deleghe. Bernabei, infatti, non ebbe mai poteri scritti, né li volle. «Uno ha i

poteri che si attribuisce in coscienza» avrebbe raccontato quasi quarant'anni più tardi a Dell'Arti «oppure
quelli che riesce a farsi riconoscere lottando. Ha voglia
lei a farsi nominare generale o dittatore e a far scrivere
sulla pietra che solo lei potrà decidere questo o quest'altro. È nella pratica di tutti i giorni che uno afferma
la propria autorevolezza su coloro che deve governare.» Nacque così la leggenda che Bernabei non firmasse
neppure una cartolina. Ma era il padrone indiscusso
dell'intero ufficio postale.

L'amministratore delegato Rodinò, come abbiamo
detto, era frutto della designazione di Segni, leader con
Mariano Rumor della corrente dorotea (nata a Roma
nel '59). Il direttore generale era l'uomo di fiducia di
Fanfani. Il massimo di pluralismo che la Dc poteva
permettersi allora era tra le sue correnti interne. Alla
presidenza della Rai fu chiamato un gentiluomo liberale, Novello Papafava dei Carraresi, che non ha lasciato
traccia alcuna nella storia aziendale come tutti i presidenti dei primi decenni del dopoguerra: galantuomini
la cui funzione s'esauriva poco oltre i ricevimenti. E le
cose non cambiarono molto quando nel '65 Papafava
fu sostituito dall'ambasciatore Pietro Quaroni.

I socialisti s'erano timidamente affacciati ai vertici
dell'azienda solo nel '64 con lo scrittore Giorgio Bassa-
ni, che da vicepresidente non disturbò mai Bernabei
più di tanto e per questo fu «ripreso» dai suoi. Qualche
grana il direttore generale la ebbe invece dall'altro vicepresidente, il socialdemocratico Italo De Feo, un tempo segretario di Togliatti e allora anticomunista risolu-
to. Amicissimo di Saragat e diventato assai potente
durante la permanenza di questi al Quirinale (1964-71),

De Feo era specialista in azioni di commando che talvolta lasciavano modesti lividori a Bernabei, ma niente di più.

Rodinò resistette fino al '65, allorché – nel costante e sempre fallito tentativo di fare la festa a Bernabei o, almeno, di ridimensionarne lo sterminato potere – i dorotei fecero nominare Gianni Granzotto amministratore delegato della Rai. Brillante giornalista di lungo corso, corrispondente di guerra durante il fascismo, Granzotto era uno dei volti più popolari della televisione perché dal '57 andava quasi ogni sera in onda per commentare la politica estera, mentre a Ugo Zatterin era affidata la politica interna. Granzotto era vicentino come Rumor e fu questi a caldeggiarne la nomina. Ma anche Moro la condivise, per arginare l'impero di Fanfani, ora che il leader aretino era stato sfrattato da palazzo Chigi. Contro il potere di Bernabei, Granzotto trovò una sponda nei socialisti e nei partiti laici minori, ma nel marzo del '69 furono i suoi amici dorotei – che attraversavano un momento di forte difficoltà politica – a provocarne, forse involontariamente, le dimissioni. Granzotto si era infatti tolto la casacca di giornalista e di scrittore per indossare quella di manager. «S'era innamorato di conti e di bilanci» racconta Bernabei. E quando il suo amico Emilio Colombo, ministro del Tesoro, gli negò l'aumento del canone, si dimise. Novello Orazio, Ettore Bernabei aveva impiegato otto anni per liquidare, con Rodinò e Granzotto, i primi due Curiazi. Più tardi renderà inoffensivo il terzo, Luciano Paolicchi, adottandolo.

*«L'obiettività? Una ingenua astrazione...»*

Negli anni di Bernabei, pur se assai controversi, la televisione italiana si irrobustì fino a diventare una delle migliori del mondo. I teleabbonati, che alla nascita di «Lascia o raddoppia?» nel '55 erano 178.000, nel '68 sfioravano gli otto milioni e mezzo. Nel Settentrione erano il triplo che in Meridione, ma i dati dell'epoca dimostrano che nel Sud comprava il televisore anche chi aveva un reddito che al Nord veniva considerato insufficiente per l'acquisto. La stessa cosa, d'altra parte, era accaduta per la radio: nei bassi di Napoli figuravano meravigliosi mobili con il radiogrammofono.

Bernabei dedicava alla Chiesa la massima attenzione (ogni settimana andava a far visita al potentissimo monsignor Angelo Dell'Acqua, successore del cardinale Giovanni Battista Montini – il futuro Paolo VI – alla segreteria di Stato e uomo che valeva da solo quanto un intero Consiglio dei ministri), ma restava pur sempre espressione del centrosinistra. Così nel settembre del '61, appena arrivato, nominò Enzo Biagi direttore del telegiornale e, nello stesso tempo, determinò il tramonto di uno dei miti della storia della Rai: Antonio Piccone Stella. Quando lo conobbi a metà degli anni Novanta, poco prima che morisse novantenne, tremavo dall'emozione. Abruzzese come me, Piccone Stella era entrato all'Eiar quasi per caso nel '32 e s'era fatto un nome redigendo da solo le più importanti edizioni dei notiziari radiofonici. Nell'immediato dopoguerra, la sua collaborazione con gli alleati dopo l'8 settembre gli era valsa la direzione del giornale radio. Un suo leggendario libriccino a uso dei redattori – scritto in un italiano purissimo e con malcelata ironia – dettava l'abbecedario del mestiere e demoliva elegantemente in dodici parole uno dei nostri tabù, l'obiettività: «In senso assoluto è insieme una nobile aspirazione e una ingenua astrazione». Ed ecco come Antonio Piccone Stella illustrava il ruolo del giornale radio: «Esso trasmette soltanto notizie di fatti realmente accaduti, imparzialmente scelti fra quelli di importanza nazionale e internazionale, obiettivamente riferiti nei loro esatti particolari, disposti nell'ordine che meglio corrisponda all'interesse del pubblico ... Ma nessun fatto, per quanto eccezionale e rivoluzionario, potrà mai sottrarsi alla regola della verità. La notizia del giornale radio è una testimonianza, non una sentenza, un documento, non un giudizio. ... Non potendo le notizie essere composte soltanto di "sì" e di "no", la loro compilazione è sempre una lotta col diavolo, per testimoniare senza giudicare, per raccontare un fatto senza imporre una valutazione».

Per dimostrare ai suoi uomini quanto fosse difficile riferire per iscritto una notizia in modo asettico, l'inflessibile direttore si chiedeva: «Come dunque raccontare i fatti senza giudicarli? Basta dare un nome agli uomini che in Grecia combattono contro i governativi per sottintendere un giudizio. Chi li chiama "ribelli" li condanna; chi li chiama "insorti" quasi li assolve; chi li chiama "patrioti" li elogia...» (Franco Chiarenza, *Il cavallo morente*, 1978).

Nonostante questi lodevoli propositi, era impensabile che a metà degli anni Cinquanta – in piena guerra fredda – il giornale radio non ricordasse ogni giorno di essere la voce ufficiale di un paese che stava al di qua della «cortina di ferro», e in cui era presente una fortissima opposizione comunista che teneva apertamente per la Mosca di Stalin. I comunisti e lo stesso Ferruccio Parri lamentavano l'atteggiamento fazioso di Piccone Stella. Lo spazio assicurato nei notiziari a Confindustria era enormemente superiore a quello concesso ai sindacati. Eppure, un uomo di sinistra come Chiarenza annota nel suo libro: «Va riconosciuto a Piccone Stella il merito di avere assicurato, nei limiti in cui le circostanze lo consentivano, una correttezza professionale che molti, dopo il suo allontanamento rimpiansero. ... Con ciò non si vuol dire che il giornale radio sia stato, durante la gestione di Piccone Stella, un modello di correttezza; si può soltanto riconoscere che, forse, senza di lui sarebbe stato peggio».

Quando arrivò Biagi, Piccone era direttore del giornale radio e del telegiornale. Bernabei lo costrinse a restare responsabile della sola radio: Biagi fu così il primo direttore del telegiornale ad avere su di sé solo l'occhio (micidiale) di Bernabei.

## «TV7», il fiore all'occhiello

Come avrebbe riconosciuto lo stesso giornalista, la nomina e il lavoro di Biagi furono appoggiati da Fanfani. Il giornalista veniva dalla direzione di «Epoca», aveva simpatie socialiste e un'ottima conoscenza del mestiere. Scrive Franco Chiarenza: «La nomina di Biagi fu salutata da molti con soddisfazione ... Ma l'operazione doveva presto mostrare i suoi limiti; tra le garanzie che Biagi non aveva ottenuto ... c'era la possibilità di scegliere giornalisti capaci, svincolati dagli apparati dei partiti ... Così Biagi si accorse presto dell'impossibilità di impostare un discorso nuovo con quel materiale umano e in quel quadro generale e alla prima occasione si dimise. Ciò avvenne nell'agosto 1962». A distanza di quasi quarant'anni, Biagi ha corretto quel giudizio sul «materiale umano» trovato alla Rai. Intervistato dall'«Espresso» nel marzo del '99 dopo l'uscita del libro di Bernabei, ha definito quest'ultimo «un uomo leale», aggiungendo: «Quelli che ho trovato al telegiornale erano dei professionisti che non avevano niente da invidiare ai colleghi della carta stampata».

Più articolato il giudizio del critico televisivo dell'«Unità», Giovanni Cesareo, sul lavoro svolto allora alla Rai da Enzo Biagi. Pur attribuendo le dimissioni del giornalista ai dissensi con Bernabei, Cesareo scrive che Biagi «non si è mai battuto per un sostanziale mutamento degli indirizzi politici: la sua linea è stata sempre, come ha dimostrato anche il rotocalco televisivo da lui creato, "RT", quella classica del giornalismo falsamente "indipendente"».

Biagi innovò certamente il linguaggio e la struttura del telegiornale, dandogli un ritmo più moderno e riducendo all'indispensabile il rituale di Palazzo. Ma alcuni colleghi del tempo gli rimproverano qualche eccesso. Maria Grazia Bruzzone (*L'avventurosa storia del Tg in Italia*, 2002) riporta una testimonianza di Vittorio Orefice: «Qualche volta Biagi esagerava. Il giorno del congresso della Dc a Napoli, quello che approvò la collaborazione col Psi e segnò l'avvio del governo di centro-sinistra, non aprì il Tg con l'intervista a Moro e a Fanfani, ma con la notizia dell'ergastolano che aveva avuto la grazia. Quel congresso appartiene alla storia del paese, di quell'ergastolano nessuno ricorda più chi era».

In «RT» Biagi riversò la sua esperienza di direttore di «Epoca», ma il fiore all'occhiello di Bernabei resta «TV7», nato il 20 gennaio 1963. Nella sua redazione si affermarono, come inviati o collaboratori, professionisti quali Sergio Zavoli, Arrigo Levi, Andrea Barbato, Piero Angela, Giuseppe Fiori, Ugo Gregoretti, Gianni Bisiach, Furio Colombo (prima della recente conversione «talebana», l'attuale direttore dell'«Unità» ebbe una vita professionale «liberal» e rappresentò perfino la Fiat negli Stati Uniti). Vi collaborarono anche Pier Paolo Pasolini, Raniero La Valle, Tullio De Mauro, oltre a professionisti come Brando Giordani, Emilio Ravel, Aldo Falivena, Gino Nebiolo, Gigi Marsico, Vittorio Mangili ed Ennio Mastrostefano, che ebbero poi in azienda ruoli diversi.

Il controllo di Bernabei sulla macchina era ferreo. Ogni venerdì, immancabilmente, si presentava in via Teulada per visionare personalmente in moviola la puntata di «TV7». Considerava quella rubrica un po' come una sua creatura e sapeva che le grane potevano venirgli solo da lì. Da trent'anni in qua, la visione preventiva di un servizio da parte del direttore generale porterebbe a un immediato sciopero dei giornalisti e alle dimissioni del direttore di testata. Ma, allora, le visite settimanali di Bernabei equivalevano a quelle del vescovo in una parrocchia molto amata, pur se in costante odore di eresia. E nessuno fiatava.

### La censura a Ugo Tognazzi e a Dario Fo

Nello stesso anno nacque il «Processo alla tappa» di Sergio Zavoli: come ha scritto Gianni Clerici, l'interesse per il ciclismo tornò ai livelli del calcio. Il «Processo» era uno straordinario «Porta a porta» avanti lettera: ogni pomeriggio, sul palco di Zavoli al Giro d'Italia, arrivavano via via i Baldini, gli Adorni, i Gimondi, il mitico ed eroico «cafone» (nell'accezione siloniana) marsicano Vito Taccone a raccontare la loro lotta con gli Anquetil e i Merckx. Con la sua voce inimitabile, Zavoli sapeva scavare nell'anima di ciascuno e il Giro d'Italia perdeva la sua connotazione di gara scandita dal cronometro per diventare una fantastica antologia della condizione umana.

Nonostante la parte più codina del mondo cattolico avesse sempre il fucile puntato sulle ballerine, anche il varietà visse in quegli anni alcuni dei suoi momenti migliori. È del gennaio del '61 «Giardino d'inverno», un magnifico spettacolo con le firme più prestigiose del tempo: testi di Dino Verde, regia di Antonello Falqui, coreografia di Gino Landi e di Don Lurio, e le magnifiche gambe delle gemelle Alice ed Ellen Kessler, due splendide soubrette di Lipsia, in scena tra le loro ex colleghe Bluebell del Lido di Parigi. Le gemelle Kessler si presentavano in calzamaglia nera e milioni di maschi italiani si prendevano tutto il tempo necessario per risalire con lo sguardo quelle gambe che parevano infinite. La loro consacrazione avvenne l'autunno successivo in «Studio Uno», il varietà condotto insieme a quella straordinaria show-girl che si sarebbe rivelata la cantante Mina.

Bernabei, naturalmente, vigilava per evitare che quello spettacolo gli procurasse grane politiche ben più complesse di quelle «morali» provocate dalle gambe delle ballerine. Così sostituì su due piedi un funzionario che aveva consentito la messa in onda di uno sketch di Ugo Tognazzi, indimenticabile protagonista con Raimondo Vianello di «Un, due, tre». Era accaduto che un valletto distratto avesse spostato maldestramente nel palco reale della Scala la poltrona destinata a Giovanni Gronchi. Il capo dello Stato era finito in terra e Tognazzi aveva irresistibilmente mimato la scena. Oggi accade ben altro, ovviamente senza conseguenze. Ma allora Gronchi, che era assai suscettibile, fece scoppiare il finimondo. Bernabei s'appigliò al fatto che lo sketch non fosse previsto dal copione, trasferì il funzionario responsabile, cacciò Tognazzi e lo denunciò perché, nella scenetta, il comico strapazzava la sua spalla (Vianello interpretava il ruolo di valletto), mentre Gronchi non l'aveva fatto. Ma, al tempo stesso, si adoperò perché Tognazzi tornasse al più presto in Rai.

Politicamente più pesante fu il taglio di uno sketch di Dario Fo e Franca Rame da una puntata di «Canzonissima» dell'autunno del '62 (andava di moda *Nessuno, ti giuro nessuno, ci può separare*, cantata da Betty Curtis). C'era stata una grande manifestazione sindacale per la sicurezza sul lavoro, con momenti di forte tensione tra operai e polizia. Fo aveva scritto uno sketch in cui interpretava un imprenditore edile che boccia una spesa di sei milioni per misure antinfortunistiche, ma sborsa volentieri la stessa somma per la biondissima amante (Franca Rame). E concludeva dicendo al suo assistente: «Fai avvertire gli operai che, al primo che casca, gli spacco il muso». Fo e la Rame si ritirarono da «Canzonissima» e fecero della censura un formidabile caso politico. Quasi quarant'anni dopo, nel libro scritto con Dell'Arti, Bernabei sostiene di non essersi affatto pentito di quella decisione, condivisa riservatamente – dice – da assennati dirigenti del Pci che non volevano scaldare più di tanto la piazza.

Tra il '64 e il '68 la Rai produsse programmi di straordinaria qualità, tra i migliori della sua ormai lunga storia. Nonostante il livello medio d'istruzione fosse enormemente più basso dell'attuale e il tasso di analfabetismo tutt'altro che irrilevante, la qualità dei copioni degli spettacoli di varietà era largamente superiore a quella attuale. «Ci costringevano a impegnarci di più» mi ha detto Pippo Baudo. «I dirigenti della Rai erano più esigenti con gli autori e con gli artisti, i copioni venivano scritti con grande cura e a noi si richiedeva una dedizione oggi impensabile.»

Sempre nello stesso periodo ('64-68) la Rai mandò in onda «romanzi sceneggiati» rimasti nella storia della televisione. I cast erano formati dai migliori attori cinematografici e teatrali italiani. Alberto Lupo, Anna Maria Guarnieri e Nando Gazzolo nella «Cittadella»; Gastone Moschin, Giulia Lazzarini e Tino Carraro nei «Miserabili»; Gino Cervi e Andreina Pagnani in «Maigret»; Valeria Moriconi e Sergio Tofano in «Resurrezione»; Alberto Lionello nella «Coscienza di Zeno»; Paola Pitagora, Nino Castelnuovo, Tino Carraro, Lilla Brignone, Franco Parenti, Massimo Girotti, Lea Massari, Salvo Randone, Luigi Vannucchi, Renzo Ricci nei «Promessi sposi», allestiti da Riccardo Bacchelli e Sandro Bolchi. Gian Maria Volonté era Michelangelo, Giorgio Albertazzi interpretava Dante, Giancarlo Giannini era David Copperfield, Lou Castel san Francesco, Andrea Giordana il conte di Montecristo.

Tredici milioni di spettatori assistevano la domenica sera allo sceneggiato, quindici al grande film del lunedì, dieci alle commedie trasmesse in diretta il martedì, quattordici al varietà del giovedì e venti a quello del sabato sera, cinque milioni e mezzo a «TV7», nonostante sul secondo canale (aperto nel '62 per la sola programmazione serale), nello stesso momento, undici milioni di spettatori fossero incollati allo schermo per il film giallo. Furono gli anni d'oro della televisione. E si pensò allora di cercare in tutta Italia un gruppo di giovani che potessero progressivamente rimpiazzare la vecchia, grandissima squadra di radiocronisti e costituire la prima linea – allora quasi inesistente – di telecronisti.

## III
# I «corsari» del '68 nella Rai che cambia

*«Scusi, qual è viale Mazzini?»*

«Scusi, qual è viale Mazzini?» «Quella strada larga, lì a sinistra...» Era una mattina di maggio del 1968 e al primo semaforo di piazzale Clodio m'ero sporto dal finestrino della Cinquecento per chiedere al conducente di un'auto vicina dove avrei trovato la strada del mio destino professionale. Feci il giro della piazza e imboccai il viale largo e alberato. Viale Giuseppe Mazzini: avvertii un'accelerazione del battito cardiaco. Cercavo il numero civico 14: da due anni la direzione generale della Rai vi si era trasferita, in un grande palazzo di vetrocemento, dalla sede storica di via del Babuino. Cominciai a leggere i numeri sulla destra: erano alti, dunque la Rai doveva stare in fondo. Eccola, infatti, ormai vicino al Tevere, sull'altra corsia. Gli otto piani mi parvero ottanta (il palazzo era stato progettato con venti piani, ma solo al momento dello scavo gli architetti si accorsero che la vicinanza del Tevere avrebbe reso fragilissime le fondamenta previste all'inizio). Il gigantesco cavallo di Francesco Messina, diventatomi poi familiare come i cani e i gatti di casa, mi sembrò un drago furioso messo a guardia di un castello proibito.

Parcheggiai senza difficoltà (allora si poteva), sbrigai la pratica d'ingresso e mi trovai con altre decine di giovani convocati per la primissima selezione interregionale di un concorso nazionale per radiotelecronisti promosso dalla Rai. Nei mesi successivi, familiarizzando con i superstiti di quella e di altre selezioni, constatai che i miei colleghi non credevano fino in fondo al fatto che non conoscessi assolutamente nulla della genesi, della modalità e delle commissioni esaminatrici di quel concorso, e meno che mai che non sapessi nemmeno dove fosse il palazzo dei nostri sogni. E invece era così.

Il lavoro al giornale e alla radio a L'Aquila aveva ridotto notevolmente la mia frequenza nell'ateneo romano (proprio in quel 1968 mi sarei laureato in giurisprudenza, relatore Giuliano Vassalli, con una tesi sul diritto di cronaca). La Sapienza dista alcuni chilometri da viale Mazzini, come le abitazioni dei miei zii e le pensioni in cui alloggiavo.

Naturalmente, ogni volta che capitavo a Roma andavo nella sede del «Tempo» in piazza Colonna (vidi per la prima volta Gianni Letta nella toilette, capii che era lui perché mi avevano detto che era biondo, ma non lo salutai, vista anche la peculiarità del luogo d'incontro). Nei primi anni mi fermavo nella saletta della redazione province, non osando entrare nel mitico, enorme salone con il soffitto a cassettoni di palazzo Wedekind dove c'erano i box dei servizi della redazione centrale. Mi ci affacciavo di soppiatto quando rimaneva deserto per la pausa della cena tra la prima e la seconda edizione. (Allora i giornali chiudevano molto più tardi e andavano in edicola assai più freschi di oggi. Una volta il sindaco dell'Aquila fu eletto dal Consiglio comunale all'una e mezzo del mattino, dettai il mio resoconto alle due e l'indomani, alle sette e mezzo, mia madre mi svegliò con il caffè e il giornale. La teletrasmissione non esisteva, i giornali arrivavano in automobile e non c'era ancora l'autostrada a collegare Roma con l'Abruzzo.) Scendevo poi in tipografia, guardavo la mia firma composta al contrario nelle lastre di piombo e aspettavo l'uscita delle prime copie per annusare l'indimenticabile odore della stampa fresca d'inchiostro. Quello era il mio regno, lì nascevano i miei sogni d'inviato.

Chi non è nato in provincia e non ci è vissuto negli anni del dopoguerra e del «miracolo economico» difficilmente comprende certe sensazioni che oggi possono apparire ridicole o grottesche. La notte che, da ragazzo, un collega del «Tempo», Paolo Brunori, mi ospitò nella sua casa ai Parioli restai a lungo sveglio cercando il profumo dei romanzi di Moravia *Gli indifferenti* e *La noia*, uscito da poco con grande scandalo e ambientato proprio in quel quartiere. Seguendo come cronista il Teatro stabile dell'Aquila (dove nacquero artisticamente Gigi Proietti e Piera Degli Esposti, Ugo Pagliai, Paola Gassman, Pietro Biondi e il regista Antonio Calenda) frequentavo un poco il mondo teatrale romano. Entrando nella casa di Alberto Moravia sul Lungotevere (aveva appena scritto *Il dio Kurt*, di cui sarebbe stata messa in scena a L'Aquila la prima mondiale), rimasi colpito dalla bellezza di Dacia Maraini e inebriato da quell'ambiente letterario che costituiva per me una magica finestra affacciata sul mondo.

Non avevo invece mai avuto né la curiosità, né il desiderio di spingermi nel quartiere Della Vittoria, costruito durante il fascismo e dove molte strade sono intitolate a patrioti e a luoghi di battaglie decisive della prima guerra mondiale e dove, nel giro di un chilometro quadrato, s'apre il mondo della Rai, tra la direzione generale di viale Mazzini, il centro di produzione radio di via Asiago e il centro di produzione televisiva di via Teulada.

Continuavo a trasmettere ogni giorno alla radio i miei modesti servizi, ero affascinato dall'eleganza con cui Gianni Granzotto parlava in televisione di Kennedy e Kruscev, ammiravo la padronanza del video e l'equilibrio politico con cui Arrigo Levi aveva raccontato la guerra del '67 tra arabi e israeliani. Ma la Rai restava lontana, completamente ignota e, in fondo, anche poco desiderata. Forse come lo era l'uva dalla volpe...

### Utilitarie in Formula 1

«La Rai non ha più organizzato corsi come quello del '68 perché i capi non ne hanno sperimentato l'utilità sulla propria pelle. Si è perciò preferito che i giornalisti fossero assunti dai partiti, dai direttori generali e – in minima parte – dai direttori. L'ondata riformistica successiva al '75 ha privilegiato la persona del giornalista rispetto alla sua qualità professionale. Il risultato è stato un progressivo degrado culturale e tecnico: basta guardare certi scandalosi arruolamenti al Tg3: una bolgia dantesca... Oggi, insomma, affidiamo bolidi di Formula 1 a chi potrebbe guidare a malapena una Cinquecento...»

Questo amarissimo commento fu scritto da Luca Di Schiena su un foglietto da minuta all'inizio degli anni Novanta. Di Schiena, morto nel '94, pur non avendo mai raggiunto la popolarità di Sergio Zavoli e di Tito Stagno – per parlare dei capifila di due diverse tipologie professionali – è stato uno dei maggiori giornalisti della radio e della televisione italiane. Aveva una voce profonda e autorevole, senza la minima inflessione dialettale. Scopro soltanto adesso, scorrendone una biografia nella *Garzantina della televisione*, che era nato nel '21 ad Andria, in Puglia. Era entrato alla Rai nel '44 superando una selezione con altri tre grandi radiocronisti come Lello Bersani, Alberto Giubilo e Nando Martellini. Prima di Tito Stagno e di Piero Forcella, era stato il pioniere delle telecronache sulle imprese spaziali russe e americane. Ma la sua notorietà e autorevolezza avevano raggiunto il punto più alto nella conduzione del «Diario del Concilio» che, tra il '62 e il '65, era stato anche uno straordinario evento televisivo e lo aveva successivamente portato a far parte della Pontificia commissione per le comunicazioni sociali.

Nell'82 Di Schiena sostituì alla direzione del nascente Tg3 Biagio Agnes, promosso direttore generale per l'improvvisa scomparsa di Villy De Luca, e vi rimase fino all'87: l'età della pensione coincise con la svolta politica che aveva consegnato l'intera terza rete agli uomini indicati dal Pci.

Il Tg3 era nato da zero, e quindi si erano rese necessarie massicce assunzioni di giornalisti fra i quali, accanto a professionisti di sicuro valore, ce n'erano altri meno «strutturati» e di più marcata designazione politica in numero maggiore che nelle altre testate, sviluppatesi gradualmente beneficiando anche dell'esperienza delle generazioni precedenti. Insomma, Di Schiena non aveva potuto scegliersi i suoi redattori, di qui l'amarezza e le radici di un giudizio tanto severo quanto, almeno in parte, sommario.

Luca Di Schiena aveva impiegato sette anni per arrivare al nostro concorso di radiotelecronisti, di cui sarebbe stato il carismatico responsabile. Ne aveva sostenuto l'utilità fin dall'ottobre del '61 in una lettera al direttore del telegiornale Enzo Biagi, quando era caporedattore delle telecronache, cioè un generale senza esercito. Grande telecronista, guidava una redazione inesistente. La redazione radiocronache – che aveva avuto i suoi punti di riferimento in Vittorio Veltroni e Mario Ferretti, ed era allora guidata da Aldo Salvo – disponeva dei migliori professionisti della diretta: voci splendide, gran ritmo, lingua in genere assai corretta, nessuna inflessione dialettale. Ma in televisione non c'era nessuno. Nelle sue lettere del '61 Di Schiena parlava di un'ipotetica selezione di 54 aspiranti telecronisti e proponeva una commissione esaminatrice ristretta ai soli dirigenti del telegiornale. La cosa non dovette entusiasmare la nomenklatura aziendale se la macchina si mise in moto soltanto nel '66, e i dirigenti della radio dovettero protestare perché adesso si parlava di radiocronisti e telecronisti, anche se Di Schiena – da micidiale perfezionista – sosteneva che una preparazione tecnica comune avrebbe avuto senso unicamente nella prima parte del corso.

Il concorso fu bandito solo il 17 luglio 1967 attraverso le sedi regionali della Rai. Per partecipare alle selezioni di un corso di formazione professionale per radiocronisti e telecronisti occorreva avere meno di trentacinque anni, essere giornalisti professionisti o laureati e conoscere almeno una lingua. La selezione si sarebbe articolata in un colloquio informativo e di cultura generale, in una prova attitudinale ai microfoni e alle telecamere e in una prova scritta. Poiché ai vincitori non sarebbe stato consentito di svolgere durante il corso altri lavori con vincolo d'orario, sarebbe stata loro corrisposta una borsa di studio di centomila lire al mese (750 euro di oggi), elevata a centottantamila per chi risiedeva fuori Roma.

Alle preselezioni di Roma, Milano, Torino e Napoli furono ammessi 338 candidati, di cui 53 dipendenti Rai. Mi presentai con la sola preparazione di un'attentissima lettura del «Corriere della Sera» delle ultime settimane. Fummo sottoposti a prove di cultura generale da una commissione composta da un numero elevato di persone gentili, ma a me del tutto ignote. Ci chiesero poi di riconoscere personaggi di ogni genere in fotografia: a me capitarono anche personalità della nomenklatura cinese, sulle quali feci un po' di confusione. Fummo poi inviati in una cabina radio e ci dettero un tema da improvvisare al microfono.

Sopravvivemmo in 95 e fummo invitati per una seconda selezione nei locali di via dei Robilant, al Foro Italico, dove avremmo frequentato i quattro mesi di corso. Stavolta ciascuno di noi fu esaminato per tre quarti d'ora. I criteri selettivi erano sempre gli stessi, ma più rigorosi. Comparvero anche le telecamere per la prova d'improvvisazione.

Restammo in 55 e fummo convocati successivamente per la prova scritta. Potevamo scegliere tra otto temi. Erano i primi giorni del luglio del '68 e l'eco del maggio francese era ancora fortissima. Mi aspettavo un tema sull'argomento e, questa volta, mi ero documentato scrupolosamente. (Trent'anni dopo avrei saputo che

Alberto Ronchey, maestro indiscusso della citazione, nel mio tema ne aveva trovate troppe. I compiti, ovviamente, erano anonimi.)

Al corso fummo ammessi in 32: nove erano dipendenti Rai, sei giornalisti professionisti esterni, mentre gli altri diciassette provenivano dalle attività più diverse. Tra i dipendenti Rai, quattro erano già giornalisti: Paolo Frajese, Nuccio Fava, Giancarlo Santalmassi ed Ennio Vitanza. Avevano partecipato al concorso per due motivi. Primo: a torto o a ragione, questa selezione era stata mitizzata e si immaginava che anche agli interni avrebbe facilitato la carriera in video. Secondo: ai radiotelecronisti sarebbe stata riconosciuta un'indennità di sessantamila lire al mese che faceva comodo a tutti. Mi raccontarono che a uno dei colleghi esclusi nella prima fase, Franco Biancacci, giornalista interno che sarebbe diventato un ottimo inviato e corrispondente dall'estero, un autorevole commissario chiese le ragioni per cui aveva partecipato al concorso. Si aspettava, chissà perché, una motivazione eroica. Biancacci invece rispose: «Perché c'è un'indennità di sessantamila lire al mese», e fu allontanato senza remissione.

Solo documentandomi per questo libro ho appreso che la commissione esaminatrice era composta dall'intera nomenklatura Rai (molti dirigenti sarebbero andati in pensione prima che io avessi il tempo di conoscerli) e da due membri esterni: il regista Ugo Gregoretti e il giornalista Ettore Della Giovanna. E che nella commissione per gli esami finali del corso sarebbe stato inserito Vittorio Gorresio, editorialista della «Stampa», il più autorevole commentatore politico del tempo.

La sede Rai di Pescara non mi aveva mai comunicato, nemmeno indirettamente, il risultato delle varie prove. Così come non ho mai saputo chi fossero gli altri sei colleghi abruzzesi che vi avevano partecipato. Dopo ogni esame ricevevo un telegramma che mi annunciava l'ammissione alla prova successiva. Ogni volta restavo interdetto per la sorpresa: mio padre invece era molto più fiducioso e scommisi con lui un televisore a colori che sarei stato bocciato. Morì prima che potessi onorare il mio impegno.

Alla fine delle preselezioni, durante una delle «fisse» telefoniche per trasmettere le notizie da L'Aquila, Lucia Monticelli, la stenografa dalla voce di sirena, mi sussurrò: «Dicono che tu sia arrivato secondo». Con questo viatico, la mattina del 5 novembre 1968 mi presentai al palazzo littorio di via dei Robilant per l'inizio del corso. Ero il più giovane dei prescelti, dopo Angela Buttiglione. Fermai nel corridoio un giovanotto con gli occhiali e la faccia simpatica: era Beppe Breveglieri, veniva dalle radiosquadre della Rai che facevano trasmissioni di propaganda per gli abbonamenti. «Scusi, sa chi si è piazzato primo alle selezioni?». Breveglieri impallidì. Aveva sentito parlare di uno che veniva dalle montagne, ma non poteva immaginare che la spregiudicatezza di questo finto tonto arrivasse a simulare l'ignoranza della classifica finale. Nessuno ha mai creduto che non sapessi di essere giunto primo. («Lei è ancora in testa alla classifica» mi avvertì Di Schiena dopo gli esami di metà corso. «Ma si difenda.» Mi si gelò il sangue. Quante pressioni stava subendo?)

Il corso, diretto da Di Schiena, aveva come vicedirettori Paolo Valenti, un grande radiocronista innamoratosi della televisione, e Giuseppe Bozzini, raffinato fumatore di pipa che avrebbe diretto la redazione Rai di Milano, e si articolava in lezioni teoriche e in un'infinità di prove pratiche. Oltre a tutti i più importanti dirigenti della Rai, vennero a tenere lezioni o scrissero per noi dispense Guido Gonella, Franco Ferrarotti, Umberto Eco, Giacomo Devoto, Nicola Adelfi, Raniero La Valle, Indro Montanelli, Arrigo Benedetti, Giuliano Vassalli, Luigi Barzini jr, Arnoldo Foà, Panfilo Gentile, Antonio Brancaccio, Geno Pampaloni.

Il corso aveva un indirizzo eminentemente pratico. Si volevano sperimentare la nostra capacità di improvvisare un commento o una telecronaca, la prontezza dei nostri riflessi, la versatilità nel passare dalla politica all'attualità, alla cronaca. Ci trovammo in situazioni estremamente più difficili di quelle che avremmo affrontato nell'ordinaria vita professionale, ma dai servizi «impossibili» i nostri maestri ritenevano di poter capire come ci saremmo comportati in condizioni normali. Ci si chiedeva di alzarci sul banco e di improvvisare un commento radiofonico di un minuto (naturalmente calcolato a mente) sugli argomenti più stravaganti.

Elio Savonarola, poi destinato alla sede di Bari, dovette raccontare senza un attimo di preavviso il suo primo amore in sessanta secondi, dando prova di grande abilità. Bruno Pizzul, il professore di Udine che aveva chiesto di occuparsi di sport, fu chiamato a improvvisare la radiocronaca di partite inesistenti: così, in piedi, davanti alla scolaresca. I giocatori del Milan e dell'Inter correvano sotto i nostri occhi come se Pizzul li vedesse davvero. Una volta andò via la luce e Bruno, imperterrito, continuò la sua radiocronaca, meritandosi un applauso a scena aperta.

*Chiara bocciata per la erre moscia?*

Le prove più surreali erano quelle di «concatenazione»: ci venivano mostrate in sequenza alcune diapositive senza alcun nesso logico tra loro (una farfalla, Mao Tse-tung, due ragazzi a passeggio, uno squadrone di carabinieri e così via) e ci chiedevano di trovarlo all'istante. A chi aveva un paio di secondi di indecisione, Bozzini obiettava con sadismo: «È passato un carro di fieno...». Ricordo con angoscia il giorno in cui Paolo Valenti mi portò in un palazzo sconosciuto del centro storico. Arrivati su una balconata che dominava il salone d'onore mi disse: «Qui tra poco s'inaugura un congresso di studi su Giambattista Vico. Fa la radiocronaca». Il problema era che il congresso non c'era. Dovetti inventarlo all'impronta e senza alcuna documentazione, proprio come Pizzul inventava le sue partite di calcio.

Tra noi ammessi si creò un clima molto cameratesco: alcuni «corsari» del Nord presero casa insieme, Nuccio Fava aveva quella più ospitale, Lorenzo de Pompeis – poi critico cinematografico del giornale radio, oggi purtroppo scomparso – quella più raffinata. Prima di Natale sostenemmo gli esami di metà corso, che ci ridussero da 33 a 23. Fu un errore, perché non c'era un netto divario tra promossi e bocciati, mentre si verificarono autentici drammi. Un collega, che negli anni successivi sarebbe stato (giustamente) assunto dalla sede di Genova, scomparve e alcuni di noi andarono a dare un'occhiata sulle sponde del Tevere. Fu bocciata Chiara Valentini, che sarebbe diventata una bravissima giornalista di settimanali. Una ventina d'anni dopo, quando affermai che era stata eliminata per la erre moscia, Di Schiena se la prese. Scrisse in un appunto del '90: «Non è vero. Come risulta dalle schede, quello era solo uno dei tanti elementi di valutazione. In ogni caso, se si riconosce autorità alla commissione per aver collocato Vespa al primo posto, perché non dovrebbe averla anche per le bocciature?».

In realtà, la dizione era tenuta in gran conto. Antonio Leone, uno dei vincitori del concorso che si sarebbe affermato alla radio, nasceva speaker del vecchio Gr. Aveva una dizione perfetta, ma ovviamente molto rigida e poco personalizzata, come si richiedeva all'epoca agli annunciatori. Quando diceva «Giornale radio», mancava poco che gli ascoltatori si mettessero sull'attenti. Leone passò i suoi guai per «sporcare» un poco quella voce perfetta. Ma il più eroico fu Franco Canciani, entrato al corso come quattordicesimo di trentatré eppure escluso con altri dieci a Natale. Durante le vacanze di fine anno riuscì addirittura a eliminare la erre moscia, ma quel suo sforzo straordinario non fu ritenuto sufficiente per farlo proseguire.

## «Buongiorno. Sono Paolo Frajese...»

Agli esami finali ci assegnarono la telecronaca dell'arrivo del presidente americano Nixon a Ciampino, mentre i cronisti sportivi raccontarono l'incontro di calcio tra la Roma e il Napoli. Tutti facemmo poi la radiocronaca del carnevale di Bracciano. Il servizio filmato scelto da alcuni di noi fra i tre proposti dalla commissione fu lo sviluppo edilizio di Roma. Presentai un'inchiesta sulla speculazione, partendo dalle polemiche per la costruzione dell'hotel Hilton sulla collina di Monte Mario. Per evitare di essere messi alla porta dagli intervistati, spesso di grande prestigio, dicevamo che si trattava di trasmissioni destinate all'estero. L'ultima prova era un breve commento sul fatto del giorno davanti alle telecamere. Ci era consentito usare qualche appunto, come facevano i veri commentatori. Ma un po' per ingenuità, un po' per acquisire punteggio, in molti andammo a braccio. A metà strada io ebbi un vuoto di memoria. Mi ripresi subito, ma ero convinto di essermi giocato il primo posto. Avrei saputo più tardi che la commissione aveva invece valutato positivamente il recupero.

A ciascuno dei ventitré vincitori fu chiesto di indicare una preferenza per la sede di lavoro. A me fu detto pubblicamente da Paolo Valenti che avrei potuto scegliere. Optai naturalmente per il telegiornale, ma al bar di via Teulada seppi per caso di essere stato assegnato al giornale radio. Mi dissero che il secondo e il terzo classificato, destinati alla radio, avevano esercitato fortissime pressioni per andare anch'essi al telegiornale. Vittorio Chesi, il vecchio corrispondente da Londra che dirigeva il giornale radio, s'era irrigidito e aveva preteso di avere per sé il primo classificato. Chiamai allora Lorenzo Natali, deputato aquilano amico di Bernabei perché intervenisse a fare giustizia. E Bernabei la fece, come ha ricordato lui stesso nel libro scritto con Dell'Arti.

Dei primi dieci, tuttavia, soltanto Vittorio Roidi, Claudio Ferretti (la voce più bella) e Claudio Angelini anda-

rono alla radio. Gli altri sette vennero tutti al telegiornale. Tra questi Nuccio Fava e Giancarlo Santalmassi, che
già vi lavoravano. Angela Buttiglione arrivò più tardi.
Bruno Pizzul andò a Milano dov'era la redazione sportiva più importante. Allo sport furono assegnati anche
Giorgio Martino (che puntò fin dall'inizio sul ciclismo,
sapendo che Adriano De Zan era solo), Ennio Vitanza,
Claudio Ferretti e Beppe Breveglieri, che poi cambiò redazione. Gli altri vincitori del concorso furono Mauro
Dutto, Alberto Masoero, Gianni Manzolini, Giorgio Car-
detti, Elio Savonarola, Mario Giobbe, Pierluigi Varvesi,
Elena Scoti, Antonio Leone, Gabriella Martino e Lorenzo
de Pompeis.

Dalla lista dei vincitori fu escluso il più brillante di
noi, Paolo Frajese. Paolo era allora tanto matto quanto
sarebbe stato assennato vent'anni dopo. Lavorava al
telegiornale da diversi anni come redattore, ma aveva
la stoffa dell'inviato. Poco prima del corso aveva fatto
eccellenti servizi sugli incidenti alle Olimpiadi di Città
del Messico e, durante il nostro quadrimestre di eserci-
tazioni, era stato spedito a Biella per l'alluvione. «Ragazzi, continuate a giocare. Io vado a lavorare» ci diceva ogni volta che lo chiamavano per servizio. I direttori
del corso masticavano amaro e non mandarono giù la
sua guasconata finale. Quando si trattò di realizzare il
servizio filmato finale, Paolo si piazzò davanti alla telecamera e disse più o meno: «Buongiorno, signori. Sono Paolo Frajese. Se volete referenze sul mio modo di
lavorare, andate alla cineteca della Rai. C'è materiale
sufficiente». La commissione esaminatrice «deplorò» il
candidato e lo escluse dalla graduatoria.

Vittorio Gorresio, che ne era l'autorevolissimo mem-

bro esterno, fece verbalizzare il suo giudizio circa «l'eccellente livello medio della preparazione dimostrata
dai candidati». Ma tutta la commissione riconobbe
«l'ottimo livello culturale e tecnico-professionale» del-
l'intera squadra.

*Se quel corso fosse ripetuto oggi...*

Furono giuste le valutazioni fatte in quel concorso? I
decenni successivi dimostrarono che alcuni degli esclusi nella fase preliminare avrebbero avuto tutti i titoli per
entrarvi in posizione eccellente. Silvana Giacobini, oggi
direttrice di «Chi», sarebbe stata una magnifica giornalista televisiva. Francesco Damato e Ottorino Gurgo, poi
importanti commentatori politici sui giornali, avrebbero avuto lo stesso successo a Saxa Rubra. Gianni Minà
e Franco Bucarelli lo hanno avuto. Carla Mosca, Lucia
Netri (una delle migliori, che fu esclusa ingiustamente e
poi risarcita), Massimo Signoretti, Salvo Bruno, Marian-
giola Castrovilli hanno lavorato successivamente in Rai
con soddisfazione.

Vent'anni dopo, lo stesso Di Schiena riconobbe «rigore eccessivo e criteri discutibili», ma aggiunse: «I risultati sono qui, negli studi televisivi e radiofonici». Il
nostro direttore era fermamente convinto della necessità di un severo addestramento. «Telecronisti si nasce
al cinquanta per cento» diceva. «Per l'altro cinquanta ci
si diventa con corsi come il nostro.» Insisteva molto
sulla preparazione ad affrontare la cronaca diretta. «Il
telecronista» diceva ancora poco prima di morire «deve correre senza voltarsi. Non può cancellare gli errori
che commette, non ha nessuno che l'aiuti nelle diffi-

coltà. Se incontra una pozzanghera, deve saltarla. E se prende degli schizzi, non può fermarsi a pulirsi.» E ammoniva: «L'improvvisazione non si improvvisa: la cronaca più riuscita è la meglio preparata». Tranne, naturalmente, in casi come il sequestro Moro o come l'attacco alle Twin Towers dell'11 settembre 2001.

Mi sono dilungato sul concorso del '68 non soltanto per la vanità e la nostalgia di chi ricorda un proficuo «servizio militare». È incredibile che nei successivi trentacinque anni la Rai non abbia ripetuto niente di simile. I due concorsi banditi alla fine degli anni Ottanta erano infatti tecnicamente sbagliati: sono state assunte molte persone di cultura spesso superiore alla nostra, padrone di diverse lingue, ma senza le caratteristiche che fanno di un laureato un giornalista e di un giornalista un telecronista. Alla Rai ci sono moltissimi professionisti eccellenti: perché nessuno li ha mai preparati alle grandi emergenze?

Se oggi fosse bandito un concorso come il nostro per cinquecento candidati da scegliere tra i giovani che lavorano nelle redazioni periferiche della Rai e nelle televisioni private, troveremmo certamente almeno una trentina di potenziali telecronisti di altissimo livello. Superiore al nostro, per intenderci.

### Dal Tg di Fabiani al Tg di De Luca

«Andate in redazione!» Fabiano Fabiani, direttore del telegiornale, non ci salutò nemmeno il primo giorno di lavoro, 2 maggio 1969. Non credeva nel corso, non se ne era interessato, sentiva il nostro ingresso tra le sue file come un'intrusione. E ha tuttora un carattere che certo non lo aiuta a nascondere i sentimenti. Fummo dirottati nell'ufficio di Emilio Rossi, vicedirettore che ci presentò a Biagio Agnes, caporedattore. Agnes mi spedì nello stanzone della redazione delle 20.30, cui ero stato destinato, e mi affidò alle ruvide cure del vicecaporedattore Dante Alimenti, grande uomo di macchina. Nello stanzone accanto c'era la redazione della notte, guidata con pugno di ferro da Franco Rinaldini, un coltissimo cattolico comunista che entrava in angoscia ogni volta che uno dei suoi redattori s'alzava dalla scrivania per andare in bagno. Guardato con sospetto da molti democristiani, Rinaldini non ha mai creato un solo incidente né a Fabiani, prima, né a De Luca, poi. Il capo della giovane e splendida redazione delle 13.30 era Gianni Raviele. Fabiani, Rossi, Agnes, Raviele e Alimenti erano tutti di area democristiana. Ogni tanto si faceva vivo Aldo Quaglio, socialista. Persona amabilissima, anche Quaglio era caporedattore. Ma non aveva deleghe, dunque contava poco o nulla.

Noi redattori correvamo con i foglietti delle notizie da mandare in onda lungo l'intera scala gerarchica, dal vicecaporedattore al direttore, dimenticandoci in assoluta buona fede di Quaglio. Ogni tanto lui doveva garbatamente protestare, perché un paio di volte all'anno Agnes mi chiedeva: «Hai fatto leggere il pezzo a Quaglio?». Alla mia occhiata interrogativa rispondeva con un borbottio di circostanza. Quaglio era gentilissimo, mi riceveva più imbarazzato di quanto lo fossi io e mi restituiva il foglietto quasi senza leggerlo con un sorriso bonario.

Fabiani guidava il telegiornale dal '63, pur essendone formalmente diventato direttore solo due anni dopo. Per neutralizzare i contraccolpi politici dell'uscita di Biagi, Bernabei lo aveva sostituito con Giorgio Vecchietti, un altro professionista di area socialista, ma assai più bonario e accomodante. E gli aveva messo alle costole un mastino come Fabiani, detto «l'Etrusco» per il suo profilo da protagonista di kolossal. Entrato in Rai con la selezione del '55, Fabiani s'era trovato in mano, poco più che trentenne, lo strumento più delicato dell'informazione italiana. Eccellente professionista, gran conoscitore del mondo politico e instancabile tessitore di alleanze trasversali (soprattutto a sinistra, visto che fino a pochi anni fa non potevano essercene altre), sapeva temperare con la duttilità della realpolitik un carattere rude e sbrigativo.

Noi «corsari» non facemmo in tempo ad avere con Fabiani alcun rapporto professionale perché subito dopo il nostro arrivo, nel maggio del '69, il direttore fu sostituito da Villy De Luca. Il rimescolamento di carte fu molto forte. I socialisti avevano fatto un massiccio ingresso in azienda, pur non guadagnando mai l'accesso alle vere stanze dei bottoni. Nella Dc i dorotei di Flaminio Piccoli e di Mariano Rumor avevano preso il controllo del partito. Si disse che Fabiani avesse pagato l'ostilità del presidente della Repubblica Saragat per i suoi coraggiosi servizi sulla guerra del Vietnam e non avesse condiviso la generosità di Bernabei nel distribuire posti ai socialisti. In realtà, il cambiamento degli assetti di potere all'interno della Dc richiedeva alla guida del telegiornale un uomo più vicino ai dorotei. Notista politico del «Giorno», De Luca aveva avuto poi un incarico come commentatore politico in televisione. Ebbe due vicedirettori: Biagio Agnes, amico di «Alber-

tino» Marcora e della «sinistra di base» in cui emerge-
va il giovane Ciriaco De Mita, e Sergio Zavoli, che come capo dei servizi speciali (allora importantissimi)
dava visibilità alla svolta in favore dei socialisti. Allora
non si facevano grandi salti di carriera. Pur essendo ir-
pino e avendo cominciato il lavoro giovanissimo nei
giornali campani, Agnes aveva dovuto farsi le ossa nella redazione Rai di Cagliari. Zavoli, prima di approdare in televisione, fin dagli anni Cinquanta s'era distinto
per memorabili documentari radiofonici. Bernabei trasferì Fabiani alla guida dei «culturali», come allora si
chiamavano i programmi di approfondimento della rete. Lo seguirono Emilio Rossi ed Emmanuele Milano.

*Quanti socialisti spuntati dal nulla...*

Alla fine degli anni Sessanta la televisione s'era
profondamente trasformata. Mentre il varietà e gli sceneggiati raggiungevano un livello mai più uguagliato
(come sottolineerà Antonio Baldassarre nel 2002, subito
dopo la sua nomina a presidente della Rai), l'informazione veniva rivoluzionata. In parte è vero, come
racconta Peppino Fiori a Maria Grazia Bruzzone, che i
giornalisti «puri» – quelli di area democristiana – lavoravano nel servizio politico del telegiornale e gli «impu-
ri» – i socialisti e i comunisti – prevalentemente negli
«speciali». Ma senza nulla togliere al coraggio e alla
grande finezza stilistica di «TV7», era al quarto piano di
via Teulada – dov'era concentrata la redazione del telegiornale – che avvenivano i cambiamenti più vistosi. Se
la «messa cantata» delle 20.30 era ancora officiata in video dagli speaker (a Riccardo Paladini, con le famose

orecchie a sventola, s'erano affiancati Marco Raviart e Luigi Carrai, rimpiazzati di tanto in tanto da un funzionario della segreteria di redazione, il professor Edilio Tarantino), i grandi anchormen che stavano acquistando un ruolo sempre più importante erano tutti di area laica. Arrigo Levi confermava la straordinaria bravura dimostrata nella guerra arabo-israeliana del '67 con l'invasione sovietica della Cecoslovacchia l'anno successivo. Il nuovo telegiornale delle 13.30 – inaugurato con la presenza in studio di soli giornalisti in occasione del terremoto di Gibellina il 15 gennaio 1968 – era condotto da Andrea Barbato e Piero Angela. Anche lì la politica restava in mani democristiane (Mario Pastore e Rodolfo Brancoli), ma ciò non toglie che il prodotto complessivo fosse di ottima fattura.

La memorabile trasmissione sull'invio del primo uomo sulla Luna, il 21 luglio 1969, condotta da Andrea Barbato con Tito Stagno ed Enrico Medi nello studio di Roma e Ruggero Orlando a Houston, resta un esempio ineguagliato di grandezza tecnica e raffinatezza culturale. Il programma, cominciato il 20 luglio, ebbe durante il giorno quaranta milioni di spettatori, che si ridussero a trenta durante la storica notte. La televisione italiana era ormai adulta e prestigiosa, anche se corrosa all'interno dal mal sottile della prima lottizzazione scientifica e della contestazione politica e sociale che iniziava a scuotere il paese. Già Luca Di Schiena aveva avvertito nel nostro corso «il vento del '68». Una volta entrati in via Teulada, tutti noi ci iscrivemmo in blocco al Movimento dei giornalisti democratici (ma oggi farei fatica a etichettare come antidemocratici quanti non vi aderirono). E una protesta collettiva per una delle tante intemerate di Italo De Feo ci fece etichettare come «maoisti». Vespa ispirato da Mao Tse-tung? Si arrivò anche a dire questo.

I socialisti, intanto, avevano bisogno di truppe che scarseggiavano e un mattino, ai piedi del letto, molti videro sorgere – inatteso ma provvidenziale – il sol dell'avvenire. In quel periodo Nenni, Mancini e De Martino scoprirono di avere un numero incredibile di simpatizzanti di cui ignoravano l'esistenza. (La stessa sensazione avrebbe avuto nel 2002 Gianfranco Fini al momento della distribuzione delle cariche nella Rai guidata dalla Casa delle Libertà: chi avrebbe mai detto che lì dentro c'erano tanti uomini di destra?) Anche i social-democratici godevano allora di ottima salute. I pochi repubblicani giravano nei corridoi di Viale Mazzini con una certa spocchia. Erano unti dal Signore (Ugo La Malfa prima, Giorgio poi). In Rai hanno quasi sempre ottenuto posti di livello superiore a quello professionalmente meritato, ma guai a dirglielo. Per questo nel '92 persi la pazienza quando, in diretta, Giorgio La Malfa mi disse che avrei dovuto dimettermi da direttore del Tg1 perché la Dc era scesa di qualche punto alle elezioni. Ma di questo riparleremo.

# IV
## Guerra e gloria in redazione

*«Torna, hanno messo una bomba a Milano...»*

«Torna, hanno messo una bomba in una banca a Milano.» Era il tardo pomeriggio del 12 dicembre 1969 e la telefonata di Gianni Raviele mi raggiunse nella sede Rai di Palermo. Il telegiornale delle 13.30 proponeva ogni giorno un paio di collegamenti in diretta e, per l'edizione del 13 dicembre, ne stavo preparando uno per parlare – da una terrazza in viale Lazio, affacciata sulla città – della speculazione edilizia nel capoluogo siciliano. Il controllo delle aree edificabili e degli appalti aveva scatenato all'interno della vecchia mafia, la sera del 10 dicembre, uno dei più cruenti regolamenti di conti della sua storia. Una Giulia grigioverde come quelle allora usate dalla polizia aveva sbarcato davanti all'impresa di costruzioni Moncada quattro uomini in divisa che erano entrati negli uffici sparando contro qualunque cosa si muovesse. I finti poliziotti erano attesi: Michele Cavataio, capomafia tra i più potenti, riuscì ad ammazzare uno degli aggressori e a ferirne gravemente un altro prima di cadere fulminato dai due superstiti, che uccisero anche due impiegati dell'azienda (un'azienda assai bene introdotta negli uffici pubblici, visto che nella sua sede furono trovati moltissimi progetti approvati). La mattina dell'11 ero arrivato a Palermo con il primo aereo insieme con Alfonso Madeo, inviato del «Corriere della Sera». Lo scalpore suscitato dalla strage fu enorme. Come scrisse l'indomani Carlo Laurenzi sul quotidiano milanese, «la sensazione è d'impotenza e – per molti che delinquono – di impunità ... Il governo ... spesso cede a chiunque, in ogni campo. Forse non tutti sanno capire che l'aggressione in maschera di Palermo è anche un atto di sfida al potere pubblico, un'irrisione allo stato fantasma».

Questo editoriale del «Corriere» era ancora fresco d'inchiostro quando alle 16.30 del 12 dicembre, a Milano, una bomba fece una strage tra i piccoli operatori attardatisi nella filiale di piazza Fontana della Banca nazionale dell'agricoltura: quattordici morti e novanta feriti. Dalla fine della guerra non s'era mai visto niente di simile. Il consigliere istruttore milanese Antonio Amati, che aveva appena arrestato sei anarchici per diciannove piccoli attentati dinamitardi, suggerì alla polizia di indagare in quella direzione. Quattro giorni più tardi le indagini si spostarono a Roma. Venne portato da Milano, per un confronto, il tassista Cornelio Rolandi: aveva prelevato uno strano tipo con una borsa in piazza Beccaria, l'aveva aspettato in piazza Fontana, l'aveva ripreso a bordo, senza borsa, e poi lasciato in piazzale Accursio. La polizia aveva fermato il 15 dicembre a Milano un giovane sospetto, che sosteneva però di aver trascorso l'intera giornata del 12 a Roma. Si chiamava Pietro Valpreda, era un anarchico individualista e lavorava ogni tanto nel mondo dello spettacolo. Condotto a Roma per verificarne l'alibi, fu riconosciuto da Rolandi.

De Luca, Agnes e Raviele spedirono immediatamente in questura i grandi pullman da ripresa esterna che servivano per i collegamenti diretti e mi affidarono il servizio.

## «Non dire che fa il ballerino...»

Ci sistemarono con gli altri cronisti e i fotografi dentro una stanza attigua a quella del questore Parlato. C'erano una confusione infernale e una tensione altissima. Poco prima del collegamento, da un altoparlante si udì una voce dal forte ed elegante accento romano. Era Villy De Luca: «Vespa, mi senti? L'uomo arrestato per la bomba di Milano si chiama Pietro Valpreda. È anarchico. Non dire che fa il ballerino, hai capito? Non dirlo». Mancavano pochi secondi alla messa in onda del telegiornale, che allora veniva trasmesso alle 20.30. De Luca non aveva altro modo per avvertirmi se non attraverso la linea di servizio della «bassa frequenza», collegata con la regia centrale.

Tutti i presenti sentirono quel che mi disse e che aveva saputo per informazione diretta del ministro dell'Interno Restivo o dello stesso presidente del Consiglio Rumor. Venni a conoscenza solo più tardi della voce secondo cui Valpreda lavorava come ballerino alla Rai. (In realtà aveva avuto l'ultimo contratto da figurante nel '65, in un programma di Marcello Marchesi.) Ma poiché erano i tempi in cui Italo De Feo sosteneva che «i due terzi dei nostri curatori e consulenti sono comunisti e comunistoidi, un terzo radicali e cattolici dissidenti», ci mancava solo uno stragista a contratto e la Rai avrebbe chiuso.

All'inizio del collegamento, dopo che dallo studio centrale Rodolfo Brancoli ebbe annunciato l'arresto dell'uomo, dissi: «Pietro Valpreda è colpevole della strage di Milano...». «Colpevole»: usai proprio quella parola che in seguito avrei definito pubblicamente «ingiusta e proibita, antigarantista per eccellenza» e che mi sarebbe pesata a lungo sulla coscienza. Eppure, quel «colpevole» era quasi un complimento rispetto a quello che l'indomani avrebbero scritto i maggiori quotidiani. Cito per tutti il «Corriere della Sera»: «Ballerino senza scritture, ex rapinatore, misogino, senza ideali e senza amici, anarchico di secondo rango. Una molla lo ha improvvisamente trasformato in un mostro, ma non sappiamo ancora quale». Naturalmente il mio «colpevole» fu ricordato per decenni, mentre questo e altri ritratti furono generosamente dimenticati. Capii presto a mie spese qual è la differenza fra la televisione e la carta stampata.

Poco dopo aver dato l'annuncio, entrai nell'ufficio del questore Parlato, che sarebbe diventato capo della Polizia e poi coinvolto nella vicenda P2. «O parla adesso o mai più» gli dissi con il tono melodrammatico del praticante giornalista. Una diretta di quel genere non era mai avvenuta nella storia della televisione, vista la gravità del fatto. Perché Parlato non avrebbe dovuto approfittarne? E infatti si fece autorizzare da Restivo e venne davanti alle telecamere annunciando che il riconoscimento era stato effettuato da Rolandi e che Valpreda era stato arrestato per concorso in strage.

Quella sera nessuno poteva immaginare che il ballerino anarchico sarebbe stato scagionato e, soprattutto, che esattamente trent'anni dopo avrei intervistato a «Porta a porta», in collegamento telefonico dal Giappone, quel Delfo Zorzi, esponente della cellula fascista veneta di Ordine Nuovo, che il 30 giugno 2001 sarebbe stato condannato all'ergastolo insieme a Carlo Maria Maggi come mandante della strage, senza che ne sia stato tuttora identificato l'autore materiale. I giudici sono peraltro convinti che anche la mano dell'attentatore fosse fascista. Cade così definitivamente l'ipotesi avanzata all'inizio dell'inchiesta dai magistrati romani che chiesero di processare Valpreda, Vittorio Occorsio (poi ucciso da estremisti di destra) ed Ernesto Cudillo: quest'ultimo, per decenni e fino alla morte, ha sempre insistito sulla tesi che il cervello della strage fosse fascista e la mano anarchica.

*Quando le Brigate rosse erano «sedicenti»*

La sera precedente l'arresto di Valpreda era morto a Milano l'anarchico Giuseppe Pinelli, precipitato da una finestra del quarto piano della questura mentre veniva interrogato da sei persone dopo tre giorni di fermo. Qualcuno degli investigatori gli aveva detto, mentendo, che Valpreda aveva confessato di aver messo la bomba in piazza Fontana. Pinelli – un uomo mitissimo, aderente al circolo anarchico Ponte della Ghisolfa – secondo le testimonianze avrebbe gridato: «Questa è la fine del movimento» e si sarebbe buttato dalla finestra. La versione del suicidio è stata confermata in tutte le sedi processuali e fu fatta propria fin dall'inizio da Gerardo D'Ambrosio, il futuro procuratore capo della Repubblica di Milano che indagò sull'episodio. Ma una fetta consistente della sinistra non l'ha mai accettata.

Tra gli investigatori che parteciparono all'interrogatorio di Pinelli c'era il commissario Luigi Calabresi. Camilla Cederna, sull'«Espresso», gli mosse una campagna devastante. «Lotta Continua» lo definì «torturatore e assassino». Nel giugno del 1971 «L'Espresso» pubblicò un documento sottoscritto da ottocento intellettuali – tra cui il meglio dell'intelligencija italiana – in cui Calabresi era definito «commissario torturatore responsabile della fine di Pinelli». Nell'ottobre successivo Umberto Eco, Lucio Colletti, Paolo Portoghesi, Cesare Zavattini, Paolo Mieli, Giovanni Raboni, Giulio Carlo Argan, Domenico Porzio, Natalia Ginzburg, Sergio Saviane, Tullio De Mauro, Pasquale Squitieri e molti altri firmarono un documento di solidarietà con i giornalisti di «Lotta Continua» che nel frattempo erano stati incriminati affermando che «quando essi si impegnano a combattere ogni giorno con le armi in pugno contro lo Stato fino alla liberazione dai padroni e dallo sfruttamento, ci impegniamo con loro».

Il 17 maggio 1972 Luigi Calabresi venne assassinato con tre colpi di pistola. Ecco cosa scrisse «Lotta Continua»: «Non possiamo deplorare l'uccisione di Calabresi, un atto in cui gli sfruttati riconoscono la propria volontà di giustizia». Esattamente trent'anni dopo, un forte movimento chiede la grazia per il leader di Lotta Continua Adriano Sofri (in carcere a Pisa) e per Ovidio Bompressi, l'esecutore materiale del delitto, scarcerato perché malatissimo. Più complessa la posizione di Giorgio Pietrostefani, capo del servizio d'ordine di Lotta Continua, arrestato con gli altri due compagni nell'88 su accusa di Leonardo Marino e condannato come mandante del delitto insieme con Sofri. «Pietro», come lo chiamano i compagni, è infatti scappato in Francia. (Scalfaro s'impegnò con la vedova e i figli di Calabresi a non firmare mai la grazia. Né Ciampi né il Guardasigilli Castelli – cui spetta il potere d'iniziativa – si sono finora pronunciati ma, dopo un intervento di Sofri a «Porta a porta» il 27 febbraio 2002, anche da destra i toni sembrano in parte ammorbiditi.)

Mi sono dilungato su questi episodi – peraltro assai significativi nella storia recente del nostro paese – perché furono vissuti alla Rai in un clima di fortissima tensione. Le Brigate rosse erano in attività dal '70, quando a Milano appiccarono il fuoco al box auto di un dirigente della Siemens. Il 15 marzo 1972 Giangiacomo Feltrinelli, in clandestinità ormai da due anni, morì per lo scoppio anticipato della bomba con cui cercava di far saltare un traliccio dell'Enel a Segrate (un attentato che, se fosse riuscito, avrebbe lasciato senza energia elettrica parecchi quartieri del capoluogo lombardo). L'opinione largamente prevalente nei giornali e alla Rai fu che l'editore fosse stato assassinato dai fascisti o da qualche servizio segreto deviato. Tra il '72 e il '73 furono sequestrati dalle Brigate rosse il dirigente Siemens Macchiarini, il sindacalista Cisl Labate e il dirigente Fiat Amerio. Ma parlare di «Brigate rosse» senza farle precedere dall'aggettivo «sedicenti», anche da noi non era facile, visto che tale formula veniva usata dall'«Unità» ancora nel dicembre del '73. E allora nel quotidiano del Pci gli aggettivi non erano frutto di insolenza e di bizzarria, come accade spesso oggi, ma di una meditata scelta politica. (Da un ipotetico dibattito redazionale con Palmiro Togliatti, con Giorgio Amendola, o con lo stesso Enrico Berlinguer, Furio Colombo uscirebbe come Gatto Silvestro da uno scontro con il canarino Titti.) Nel '74 il sequestro del giudice Mario Sossi, avvenuto nel pieno della battaglia sul referendum per il divorzio, fu interpretato da alcuni giornali come una manovra antidivorzista.

### Telecamere su corpi bruciati

Anche se il peggio degli «anni di piombo» era ancora di là da venire, le tragedie frutto dell'odio politico si susseguivano con allarmante frequenza. Per un fascista come Nico Azzi rimasto ferito durante un attentato al treno Torino-Roma, per il suo compagno di fede politica Vittorio Loi determinato a provocare «a ogni costo» incidenti a margine di un comizio del leader dei «Boia chi molla» Ciccio Franco (dove infatti morì l'agente Marino), la «giustizia proletaria» rivendicava il massacro della famiglia di Mario Mattei, segretario della sezione missina di Primavalle, un quartiere popolare alla periferia di Roma. Il 17 aprile 1973 arrivai con una troupe poco dopo l'allarme, dato alle quattro del mattino. Vidi il corpo carbonizzato del figlio maggiore di Mattei, Virgilio, ricurvo sulla ringhiera del balcone come un'orrenda coperta nera. Alle sue spalle c'era il cadavere del fratellino Stefano, otto anni, bruciato anche lui. Il resto della famiglia s'era salvato, a prezzo di ferite gravi, gettandosi dal terzo piano. Alcuni giovani terroristi di sinistra avevano inondato la casa di benzina, versandola sotto la porta d'ingresso, e poi avevano acceso la miccia. Uno dei responsabili, Achille Lollo,

militante dei movimenti extraparlamentari di estrema
sinistra, sarebbe stato arrestato nel '92 a Rio de Janeiro:
moglie, tre figli, una vita nuova.

Devastata dal terrorismo interno, l'Italia era in quegli
anni anche il principale crocevia del terrorismo mediorientale. Roma era il porto franco di ogni servizio segreto e il luogo in cui israeliani e palestinesi regolavano i loro conti di morte. Più d'una volta fui inviato a raccontare
l'assassinio di arabi apparentemente anonimi e lo stato
d'assedio che circondava, tra via Veneto e via Barberini,
le sedi delle principali compagnie aeree, prese di mira
dai terroristi. Nel settembre del '72 un commando pale-
stinese aveva fatto strage di atleti israeliani alle Olimpiadi di Monaco: in quell'occasione, con una giacca presta-
tami da un collega, feci la mia prima «straordinaria» da
studio accanto a Maurizio Barendson, autorevole e po-
polarissimo commentatore sportivo che la domenica, al
termine delle partite del campionato, mostrava i gol con
le sole telefoto, visto che la Lega Calcio proibiva di trasmettere qualsiasi immagine prima che andasse in onda,
in tarda serata, la «Domenica sportiva».

Un anno dopo, tre arabi vennero catturati a Fiumicino
con due lanciamissili che avrebbero dovuto abbattere un
aereo israeliano in volo. Il 17 dicembre 1973 un commando di sette uomini proveniente da Madrid, dopo aver
aperto il fuoco nel molo ovest dell'aerostazione romana
per seminare il panico tra passeggeri e polizia, prese in
ostaggio sei agenti e si fece accompagnare sulla pista
accanto a un aereo della Pan American in partenza per
Beirut. Due terroristi salirono a bordo e lanciarono alcune bombe incendiarie sui cinquanta passeggeri: ventotto persone morirono carbonizzate. Con un finanziere

e un tecnico di scalo come ostaggi, gli arabi si imbarcarono quindi su un aereo della Lufthansa e cominciarono uno di quei giri, in uso allora, per tutti i cieli del Medio Oriente, ma prima di partire avevano freddato il finanziere e ad Atene uccisero il tecnico.

La sera stessa feci un drammatico collegamento da Fiumicino e l'indomani portai le telecamere dentro l'aereo bruciato, tra i sedili carbonizzati dove erano seduti i passeggeri quando furono uccisi. (Il ricordo di quegli anni e dell'*Achille Lauro* ha contribuito, nel maggio del 2002, alla decisione del governo italiano di limitare l'ospitalità ai palestinesi di Betlemme accusati di terrorismo.)

Allora il satellite si usava solo per i grandi collegamenti internazionali. In Italia il segnale veniva trasmesso dai ponti radio: per esempio, per fare un collegamento da via Veneto, nella parte bassa di Roma, era necessario sistemare su un tetto vicino un ponte mobile orientato verso il ripetitore di Monte Mario. Collegamenti come quello di Fiumicino richiedevano l'invio di tre grossi pullman da ripresa esterna, ma la qualità tecnica e la rapidità di manovra degli uomini Rai era eccezionale. Non esistevano ancora telecamere in grado di trasmettere via radio il segnale, sicché dovemmo trascinare i cavi fin dentro la carlinga bruciata del Pan Am, ma per venti minuti – nel telegiornale delle 13.30 – l'Italia assistette sconvolta alle conseguenze dell'odio, inconsapevole che ben altro avrebbe visto in diretta l'11 settembre di ventotto anni dopo. In quel drammatico 18 dicembre 1973 la telecamera mobile di Fiumicino era guidata da Claudio Speranza che, insieme con Andrea Ruggeri, sarebbe stato il primo operatore a traghettare le news della Rai dalla pellicola all'elettronica.

*Televisione all'italiana*

In quarant'anni di lavoro alla Rai credo di aver subìto una sola censura, che riguardava peraltro le immagini del servizio, non il testo. Era il '71 e a L'Aquila scoppiò una rivolta perché la città – povera di industrie e di attività commerciali – temeva di perdere la sede del capoluogo di regione. C'era stata a Reggio Calabria una rivolta analoga, promossa dall'estrema destra e capeggiata da Ciccio Franco. Anche quella dell'Aquila fu frettolosamente liquidata da alcuni inviati come «rivolta fascista», ma non era così, vista l'oggettiva debolezza della destra in Abruzzo. Pur presentando alcuni gravissimi risvolti fascisti, come l'assalto alla sede del Pci (che non fu difesa dai funzionari, chiamati poi a risponderne dalla direzione del partito) e l'incendio della biblioteca privata di un dirigente democristiano progressista, la sommossa aveva una matrice sostanzialmente qualunquista (l'elettorato democristiano si spaccò) e, in ogni caso, interpretava nel peggiore dei modi un sentimento di inquietudine assai diffuso in città. La situazione si aggravò perché il governo, non potendosi permettere una nuova Reggio Calabria, inviò il capo della polizia Angelo Vicari in persona, il quale ordinò una durissima repressione. De Luca mi spedì di corsa sul posto la sera in cui sembrava che in uno scontro fosse rimasto ucciso un bambino. Raccontai la rivolta e la sua repressione giorno dopo giorno in tutte le edizioni del telegiornale e mandai le immagini (che venivano montate a Roma) con le colonne di fumo che si levavano dai luoghi degli scontri. Ma quelle immagini non andarono mai in onda: non si voleva dare visivamente conto dell'entità dei moti di piazza.

Il tema del peso della politica sull'informazione è vecchio quanto la Rai e fu dibattuto con energia fuori e dentro le redazioni per la prima volta nel '68. Scrive Arrigo Levi in *Televisione all'italiana* (1969): «Il problema non è ... quello di escludere le influenze e l'impegno politico dalla Tv, ma piuttosto di eliminare i massicci controlli politici attuali. Questo tema, che potrebbe riassumersi con lo slogan: "sì a una Tv politica, no a una Tv partitica", è stato ripetutamente affrontato, nel corso del 1968 nelle loro riunioni ed assemblee dai giornalisti televisivi...». (Fu per aver partecipato attivamente a queste assemblee che mi fu dato del «maoista».) Il 27 ottobre di quell'anno «L'Espresso» pubblicò un dibattito tra giornalisti e uomini di cultura sotto il titolo *Sua eccellenza la forbice*. Levi, che vi partecipò, ne riprodusse il testo nel libro citato, scrivendo: «L'obiettività è sempre difficile. Quel che è certo, ... è che da parte dei giornalisti televisivi vi è stata negli ultimi tempi una ferma presa di coscienza di questo problema». E aggiunse: «Se riuscissimo a parlare d'una crisi di governo giorno per giorno, come Zavoli parla del Giro d'Italia nel "Processo alla tappa", con la stessa semplicità, spregiudicatezza e senso di partecipazione, non solo se ne avvantaggerebbe il pubblico, ma i partiti stessi».

Levi aveva lasciato il telegiornale con l'uscita di Fabiani e, dopo aver diretto «La Stampa», vi sarebbe tornato come eccellente commentatore di politica estera nel '90, durante la mia direzione del Tg1. Parlando nel suo libro delle difficoltà che si incontravano nel trattare temi scomodi ricorda che in quegli anni la durata in carica di un caporedattore (allora più di oggi figura chiave del telegiornale) era di cinque mesi e dodici giorni e

annota: «Questa lunga guerra non è senza compromes-
si e tregue: io ti dò tanti minuti per il viaggio nei comuni
montani del Veneto (se non capisci che questo ti dan-
neggia peggio per te, sono mesi che tento invano di fartelo capire) e tu mi concedi altrettanti minuti per un'inchiesta sul movimento studentesco (che ti giovino, ho
anche cercato insistentemente di fartelo capire, non ci
sono riuscito e non posso usare altro mezzo)».

*Quando i potenti chiedevano...*

Con la riforma del '75, come vedremo, l'informazione politica cambiò radicalmente. Ma già dopo il '68
sarebbe stato impensabile per Ugo Zatterin, primo
commentatore di politica interna all'inizio degli anni
Sessanta, parlare ancora della legge Merlin senza pro-
nunciare la parola «prostituzione», o essere accusato di
aver alluso alla presunta omosessualità di un personaggio politico essendogli scappato di grattarsi un
orecchio durante un commento in video. Nel dibattito
pubblicato dall'«Espresso», Piero Pratesi – cattolico
progressista e commentatore politico televisivo – osservò giustamente che l'autocensura dei giornalisti è
talvolta peggiore dei divieti imposti dall'alto. Sarei ipocrita se dicessi di non averla mai esercitata in tanti anni
di mestiere. Eppure, anche prima della riforma del '75,
il mio brutto carattere mi ha aiutato in più di un'occasione delicata. E questo con tutti i partiti e con le più
alte cariche dello Stato. La mia amicizia con Valerio Zanone risale al congresso liberale del '73 quando l'allora
potentissimo Giovanni Malagodi – sostenitore decisivo
del governo Andreotti, di cui era ministro del Tesoro –

mi chiese espressamente di non inquadrare i leader delle esigue minoranze della sinistra interna, Zanone e Bonea. Io gli risposi che, perché ciò avvenisse, avrebbe dovuto assumermi, e lui minacciò tuoni e fulmini con Bernabei. Il risultato fu che Zanone e Bonea furono presenti nei miei servizi assai più del previsto e io non subii alcuna conseguenza. (Quando, anni dopo, andai a intervistarlo nella sua splendida tenuta chiantigiana, «L'aiola», comprata dal padre Olindo con una ricca liquidazione giornalistica, Malagodi fece preparare indimenticabili crostini di cacciagione in segno di pace.)

Mariano Rumor, leader doroteo e ministro degli Esteri, che dovevo intervistare al rientro da un viaggio, mi fece sapere da uno dei suoi collaboratori che non gradiva le mie domande e avrebbe voluto parlare d'altro. Anzi, aveva un foglietto con le domande alternative già pronte. Lessi le domande fuori campo, chiesi al cameraman di non riprendermi e di cambiare inquadratura tra la prima e la seconda domanda in modo da facilitarne il montaggio. Tornato in redazione, d'accordo con Biagio Agnes tagliai le domande e al telegiornale, anziché un'intervista, fu trasmessa una dichiarazione allucinante. De Luca era amico di Rumor e non batté ciglio. Il ministro – ottima persona – capì la gaffe e durante un successivo incontro si scusò, stabilendo da allora in poi con me un eccellente rapporto.

Col presidente della Corte costituzionale Paolo Rossi andò perfino peggio. Mi rifiutai categoricamente di impostare l'intervista come voleva lui e, prima di raggiungere un compromesso, ci furono momenti di altissima tensione che fecero impallidire il povero Mario Bimonte, storico responsabile dell'ufficio stampa della

Corte. Anche Rossi dovette capire di aver esagerato perché successivamente mi ricevette con grande cordialità nella sua villa toscana «La Gattaiola».

A un comitato centrale socialista, Enrico Manca – che era stato, prima di Quaglio, caporedattore del telegiornale – mi chiese in modo perentorio di riferire del suo intervento nell'edizione serale. Mi rifiutai perché vi avrei inserito i capi delle diverse correnti (Nenni, Mancini, De Martino, Lombardi) e lui era soltanto il secondo di Bertoldi, capo della componente più piccola. Manca chiamò De Luca, che sostenne la mia posizione.

## I problemi con il Quirinale

Col presidente della Repubblica Giovanni Leone probabilmente esagerammo. Non è nell'uso accreditare presso il Quirinale un giornalista Rai quando è noto che il presidente ne gradirebbe un altro. Leone aveva ottenuto che per la radio lo seguisse Claudio Angelini, amico di famiglia, mentre per il telegiornale avrebbe voluto Mauro Dutto, un mio bravo (e bello) compagno di concorso, diventato poi deputato repubblicano e scomparso assai prematuramente. De Luca e Agnes invece imposero me, che avevo cominciato a occuparmi di Quirinale nell'ultimo anno della presidenza Saragat e che avevo già avuto una grana con il capo del cerimoniale della Repubblica, l'ambasciatore Orlandi Contucci. Quando era venuto a Roma l'imperatore d'Etiopia Hailé Selassié, avevo tentato di spiegare al diplomatico che, se non avessi seguito con la mia cabrio l'auto presidenziale diretta al Quirinale in un trionfo di corazzieri a cavallo, lo zoom della nostra cinepresa non avrebbe ripreso nulla di apprezzabile. L'ambasciatore mi rispose che una deroga del genere era impossibile: andò a finire che io feci nel corteo quel che volevo e dovevo fare, e Orlandi Contucci si girò dall'altra parte fingendo di ignorare la violazione delle regole.

Lavorare al Quirinale a dispetto dei santi non era piacevole. Allora, in verità, il presidente si muoveva pochissimo e non parlava quasi mai. Se parlava, leggeva. Ma nelle occasioni in cui dovetti seguirlo non gli fui mai presentato. Il mio interlocutore era Nino Valentino, potentissimo capo della segreteria e dell'ufficio stampa del Quirinale dal quale non ebbi mai un cenno di apprezzamento. Un giorno mi spedì un telegramma di Stato con una solenne ramanzina perché – riferendo di una visita in Valle d'Aosta – avevo ignorato il presidente della regione. D'accordo con De Luca e Agnes, gli scrissi una lettera durissima del genere «ciascuno faccia il proprio mestiere». Fui invitato a palazzo per un chiarimento e l'emozione fu tale che la mia Cinquecento, all'imbocco di Porta Giardini, per poco non investì la Fiat 132 della signora Leone. Fui ripreso dal guardaportone («Non si entra così in un palazzo»), ma da allora i rapporti con il Quirinale migliorarono. Leone, in realtà, non sapeva nulla di tutte queste storie e, quando ne parlai per la prima volta nel '93 in *Telecamera con vista*, se ne dolse vivamente. Mi parlò di quell'incomprensione che ignorava ogni volta che lo rividi in incontri cordialissimi. Mi dispiacque avere questo piccolo e sgradevole ricordo comune con quello che fu il mio straordinario professore di diritto processuale penale all'università e che affrontò con grandissima dignità le canagliate che nel '78 lo costrinsero a dimettersi da capo dello Stato.

*Qui Botteghe Oscure*

Nel 1972-73 introducemmo nel telegiornale un nuovo modo di raccontare i principali avvenimenti di politica interna: il collegamento diretto. Mario Pastore e Rodolfo Brancoli lo guidavano da studio, Vittorio Orefice, Nuccio Fava e io stavamo sul posto a seguire i congressi e i comitati centrali dei partiti. I servizi duravano anche sette minuti in un telegiornale che poteva espandersi fino a quaranta, ma il racconto a braccio e il tono colloquiale portarono a risultati rivoluzionari per quei tempi. Lo stesso partito comunista, che mai aveva consentito l'ingresso di una telecamera nel santuario delle Botteghe Oscure, dovette piegarsi alla nuova realtà. Erano i primi anni della segreteria Berlinguer e i rapporti con i giornalisti erano tenuti da Tonino Tatò, suo segretario particolare e capo dell'ufficio stampa. Dopo una lunga trattativa, De Luca e Agnes mi dissero che avremmo fatto il primo collegamento diretto da un comitato centrale del Pci. L'arrivo dell'uomo sulla Luna mi sembrò meno rivoluzionario. Mentre negli altri partiti avevamo libertà di movimento (Guido Quaranta, decano dei cronisti politici, aveva perfino votato in un consiglio nazionale democristiano), al Bottegone i lavori si svolgevano a porte chiuse e i giornalisti aspettavano i comunicati ufficiali in sala stampa. Era inimmaginabile, infatti, che Longo, Amendola, Ingrao, Pajetta, Bufalini, Natta e, meno che mai, lo stesso Berlinguer pronunciassero una sola sillaba.

Per salvare almeno simbolicamente la decenza, fui ammesso con le telecamere nel corridoio sul quale s'affacciava la grande porta del salone in cui si teneva il comitato centrale. Trovai un tavolo, una risma di fogli, penne, matite, gomme per cancellare e un silenzio surreale. Chiesi una macchina per scrivere e mi fu portata immediatamente. «E adesso?» chiesi a Tatò. «Adesso cosa?» rispose lui, che era bello, bravo e bugiardo come il protagonista di un film di spionaggio. «Come faccio a sapere quello che succede?» «Te lo dico io. Quanto devi scrivere per ogni intervento?» «Dieci righe.» «Te le porto io.» Cominciò una sfibrante trattativa da suk. Io volevo ricavare le mie dieci righe dai discorsi integrali, Tatò non prendeva minimamente in considerazione questa ipotesi. Alla fine ricavai le mie dieci righe da una sintesi un po' più ampia elaborata da lui. Ma potei aprire il mio collegamento dicendo: «Dietro questa porta chiusa è in corso il comitato centrale del partito comunista italiano».

Anche i sindacati consideravano il telegiornale «cosa loro». Ne seguivamo i consigli nazionali più importanti, che in tempi di unità d'azione si svolgevano spesso congiuntamente. Una sera i lavori dell'assemblea Cgil-Cisl-Uil non erano iniziati per una spaccatura interna della Uil che avrebbe più tardi determinato la sostituzione alla segreteria del repubblicano Raffaele Vanni con il socialista Giorgio Benvenuto. Poco prima di andare in onda, i tre capi ufficio stampa vennero in delegazione a chiedermi che cosa avrei raccontato. Risposi che non c'era scelta diversa dalla verità. Loro obiettarono che non era possibile. Replicai che non avrei potuto inventare null'altro. Masticarono amaro, ma non ci furono proteste.

L'unico partito del quale non potevo occuparmi era la Dc. La direzione del telegiornale, che mi sosteneva con assoluta lealtà in ogni grana con tutti gli altri partiti, non se la sentiva di rischiare con quello maggiore. Vittorio Orefice e Nuccio Fava erano considerati assai più affidabili. De Luca, che voleva bene sia a me sia a Fava, diceva d'altra parte che lui era un politico giornalista e io un giornalista politico. Un giorno, dopo qualche anno di anticamera, mi fu finalmente promesso che avrei potuto scavalcare anche il «muro» di piazza Sturzo all'Eur, dove la Dc teneva i suoi consigli nazionali. Ma alla vigilia del servizio la situazione interna al partito si surriscaldò e De Luca decise di mandare Orefice. Come premio di consolazione, mi propose di andare due settimane in Brasile per un servizio speciale. Rifiutai.

## La discriminazione del Msi

Il Movimento sociale era l'unico partito di qualche rilievo a essere sostanzialmente emarginato dal telegiornale. Non ricordo di aver conosciuto Giorgio Almirante e ho incontrato per la prima volta Gianfranco Fini nel '90, da direttore del Tg1: Francesco Storace, che ne era allora il fantasioso ed efficace portavoce, mi fece invitare a pranzo. Una convenzione non scritta tra i partiti di maggioranza e i comunisti aveva strutturato in questo modo il servizio politico quotidiano di cui mi occupavo sempre più spesso e che veniva letto in studio dallo speaker con un filmato a corredo: cinquanta secondi alla Dc, quaranta al Pci, trenta al Psi, una quindicina ai repubblicani e ai socialdemocratici, una dozzina (tre righe) ai liberali, otto (due righe) ai missini ed eventualmente ai demoproletari. Non ricordo proteste apprezzabili: i premiati erano soddisfatti, i discriminati erano rassegnati. Di fatto i comunisti detenevano il monopolio dell'opposizione e la Dc aveva tutto l'interesse a tenere nell'angolo i missini, che rappresentavano il vero pericolo alla sua destra, come le vicende politiche successive al '93 avrebbero clamorosamente dimostrato.

Il telegiornale seguì per la prima volta con collegamenti diretti i risultati delle elezioni politiche nel 1972. Fui mandato al Viminale e vidi da vicino l'ultima performance (dal '76 sarebbe cambiato tutto) del raffinato sistema di archeologia politica che sovrintendeva alla comunicazione di vincitori e vinti. Anche se non esistevano ancora le proiezioni elettorali, i comunisti erano i primi a sapere in anticipo com'era andata grazie al formidabile sistema di rilevazione interna messo a punto da Celso Ghini. Un po' più tardi, anche il ministro dell'Interno poteva farsi un'idea sulla base delle comunicazioni riservate dei prefetti, ma si guardava bene dal comunicarcela. Cominciava quindi un balletto orientale fatto di puro simbolismo: se il Pci aveva ottenuto più voti, veniva comunicata un'eccezionale vittoria della sinistra in un certo paese dell'Emilia ma, per evitare che l'elettorato moderato fosse colto dal panico, subito dopo si faceva sapere che nella «bianca» provincia di Potenza tutto andava per il meglio. E viceversa. Così, con un colpo al cerchio e uno alla botte, soltanto poco prima dell'alba noi cronisti riuscivamo a capirci qualcosa.

L'informazione del secondo canale, nata nel '62, era più sciolta e destinata a un pubblico più selezionato. Fin dal '69, secondo l'uso che voleva destinati ai lavori più disagiati i giornalisti più giovani, durante i mesi estivi fui dirottato in quella redazione, che chiudeva molto più tardi poiché si occupava anche dell'edizione notturna del telegiornale. Ma in un paio di occasioni vi fui inviato per punizione, visto che mi ero permesso qualche eccesso di autonomia. (Una volta avevo votato in assemblea con l'opposizione contro la direzione, un'altra feci un servizio dal Parco nazionale d'Abruzzo che procurò ai miei superiori un bel po' di grattacapi.) Franco Rinaldini mi affidò subito i pezzi di politica estera, che erano quasi sempre quelli d'apertura: la guerra del Vietnam, innanzitutto, e più tardi la guerra civile in Irlanda del Nord. La politica interna era invece affidata a Mimmo Sacco, che per non correre rischi teneva scrupolosamente presenti i pezzi già scritti per l'edizione delle 20.30 da Mario Pastore. Il quale non si sarebbe mai accorto del plagio se Paolo Frajese – che doveva ogni giorno seminare zizzania per il suo e il nostro divertimento – non avesse fatto regolarmente la spia, provocando la furia di Pastore, tanto timido e gentile in pubblico quanto brusco e scontroso in privato.

Quando anche il secondo canale fece la scelta di mandare in video i giornalisti, per un momento si pensò a me, ma poi si decise giustamente di puntare molto più alto e si chiamò Alberto Cavallari, che era stato – dopo Montanelli – il più grande inviato speciale italiano degli anni Sessanta. La sua copertura della guerra araboisraeliana del '67 e la sua inchiesta sul Vaticano di papa Paolo VI restano pezzi da antologia. Cavallari, come del resto Piero Ottone, non aveva accettato che Giovanni Spadolini fosse subentrato ad Alfio Russo al «Corriere della Sera» e se ne era andato a dirigere il «Gazzettino» a Venezia. Voleva farne il «Le Monde» (il giornale straniero allora più di moda tra noi) italiano, e in effetti la grafica e la qualità del glorioso quotidiano veneziano migliorarono sensibilmente. Ma il «Gazzettino» non aveva un pubblico internazionale e viveva con le sole copie vendute nel Veneto, e il numero di queste crollò perché la regione, al contrario di Cavallari, era democristiana e perché il nuovo direttore abolì intere sezioni ad alta diffusione, come buona parte degli avvenimenti sportivi. Così Cavallari dovette andarsene e venne da noi, ma finì per cadere dalla padella nella brace. Tanto raffinato era nello scrivere, quanto disastroso nel leggere. Gli spettatori meno avvertiti pensarono che quel signore incerto su ogni parola fosse arrivato lì chissà con quale raccomandazione e il povero Cavallari dovette di nuovo cambiare mestiere.

## «*Presidè, dica quattro fregnacce…*»

De Luca doveva aver avuto un bel peso sulla coscienza per offrirmi un servizio speciale in Brasile anziché uno sulla Dc. Letteralmente invalicabile era infatti lo steccato che divideva il quarto piano della prima palazzina Rai di via Teulada – sede della redazione del telegiornale – dal terzo piano, dove c'erano gli uffici di Sergio Zavoli e delle redazioni di «TV7» e dei servizi speciali. Agnes era il principe incontrastato del piano superiore, Zavoli – che aveva anche lui il grado di vicedirettore – di quello inferiore. Nessuno dei redattori del Tg poteva collaborare con Zavoli, nessuno degli inviati di Zavoli lavorava per il telegiornale. Per ottenere nel '75 da Agnes la sospirata promozione a inviato speciale dovetti fargli balenare il sospetto che avrei chiesto il trasferimento al piano di sotto, dove mi avrebbero accolto volentieri.

In quegli anni, come abbiamo detto, la qualità complessiva della televisione italiana era elevatissima. E anche il telegiornale, pur essendo il programma meno adatto a sperimentazioni formali, poteva vantare un livello cinematografico oggi impensabile. I nostri operatori più anziani venivano dalla scuola di Cinecittà, la migliore del mondo. E i giovani gli facevano da assistenti (figura professionale sciaguratamente scomparsa), imparando sul campo la tecnica delle grandi riprese. Sono stati gli operatori ad aver insegnato il mestiere alla mia generazione, e se oggi giovani e bravi giornalisti ignorano tanti segreti è perché quella scuola, quella durezza d'esperienze, quella cura nell'inventare le immagini non esistono più. Così come non esiste più la cura maniacale del montaggio che mi spediva in nastroteca a trovare gli «effetti», cioè il rumore, dei cingolati russi per coprire i servizi di Vittorio Citterich e di Demetrio Volcic sull'occupazione della Cecoslovacchia e a distinguerli da quello dei carri americani che usavamo invece per i servizi sulla guerra del Vietnam.

Gli operatori più bravi lavoravano per «TV7», ma poiché non c'era una divisione redazionale, dovevano prestare la loro opera anche per il telegiornale, al quale venivano comunque riservati i tecnici più modesti. Franco Lazzaretti, Alberto Corbi, Antonio Bucci, Giorgio Attenni, Angelo Pieroni, raggiunti poi da quell'eccelso professionista che è stato Marziano Lomiry (me ne innamorai vedendo un'inquadratura di polvere e luce in bianco e nero in un piccolo servizio che facemmo di corsa all'osservatorio astronomico di Monte Mario) e, in seguito, da un perfezionista come Franco Stampacchia, hanno scritto pagine importanti nella storia della televisione. Insieme con gli operatori di Milano Paolo Muti, Carlo Caffari, Antonio Mutarelli, ottimi professionisti, come Gianfranco Isoardi a Torino, Franco Barneschi e Nedo Guerrieri a Firenze, Nicola Carofiglio e Benito Disposto a Bari, Enzo Martinez a Palermo. E, negli anni successivi, Gianfranco Di Ruzza, che ha fatto in giro per il mondo veri e propri miracoli per assicurare alla Rai collegamenti eccezionali.

Quasi tutti i grandi operatori erano giustamente pieni di sé e un po' matti. Il mitico Giandinoto, che non era un artista ma fu senza dubbio un caposcuola, poteva permettersi di suggerire in romanesco a Giovanni XXIII – pontefice amabile e assai vanitoso – di indossare una del tutto inusuale mantellina color porpora con la seguente motivazione: «Santità, er bianco spara». O a Giovanni Gronchi, del quale serviva un'inquadratura di riporto: «Presidè, dica quattro fregnacce, tanto nun la sente nessuno». (Spesso i politici venivano invitati a simulare un discorso, perché non c'era l'uso di accompagnare le immagini con il sonoro in presa diretta. Si dovette smettere quando i sordomuti, che seguono perfettamente il movimento delle labbra, protestarono per la banalità dei contenuti simulati. Enrico Berlinguer ne fu informato e pronunciò un breve discorso in favore dei sordomuti. Soltanto questi naturalmente se ne accorsero, e gliene furono molto grati.)

Eravamo l'unica televisione importante a girare in bianco e nero. In una memorabile campagna moralistica, Ugo La Malfa era riuscito a ritardare *sine die* l'introduzione del colore, ritenendo che la spesa per l'acquisto di un nuovo televisore nelle famiglie italiane fosse incompatibile con la politica di risanamento economico allora in atto. Il colore sarebbe arrivato soltanto nel '77, ma nel frattempo l'industria elettronica italiana del settore – che era avanzatissima – andò completamente distrutta. Nel bianco e nero, tuttavia, la qualità fotografica risaltava meglio che nel colore: la luce era regina e bastava il chiaroscuro di un'inquadratura per assegnare un voto a chi l'aveva eseguita.

## Quando il Tg era cinema

Nei grandi servizi venivano allora impiegati almeno tre operatori, sebbene non esistessero ancora moviole in grado di mostrarne contemporaneamente le immagini in sede di montaggio. A due operatori affidavo la sostanza del servizio, al terzo la fantasia e l'imprevisto. Quando nel '70 una memorabile sfilata celebrò, alla presenza di Saragat, il centenario di Roma capitale, chiesi a Giorgio Attenni di infilarsi con la cinepresa tra gli zoccoli dei cavalli e i cingoli dei carri armati. Ne uscirono immagini indimenticabili. E ai funerali del cardinale Angelo Dell'Acqua dissi ad Alberto Corbi di seguire fisicamente Paolo VI: il papa se lo trovò sull'altare, quasi sotto la tonaca. Dell'Acqua era morto all'improvviso sul sagrato della basilica di Lourdes mentre celebrava una messa. Bernabei ordinò che fosse noleggiato un aereo (cosa allora del tutto inusuale). Ci salii con l'ordine di rientrare in tempo per sviluppare la pellicola, montarla e mandare in onda il servizio nel telegiornale della sera. Cominciammo a riprendere il santuario dall'alto, scendemmo di corsa, un sacerdote mi chiese d'intervistare Ugo Poletti: il cadavere di Dell'Acqua era ancora caldo e già quel monsignore mi venne indicato come successore. Rifiutai perché Poletti non aveva assistito alla morte del cardinale, trovai il frate che l'aveva raccolto, rientrammo subito a Roma, a Ciampino un capitano dei carabinieri mi prelevò sotto la scaletta dell'aereo lasciando di stucco il più bravo degli autisti della Rai che era venuto a prendermi («Così nun se fa, però…»): impiegammo dodici minuti per arrivare in via Teulada e, grazie ai miracoli del montatore Pino Careri, riuscimmo ad andare in onda, sincronizzando anche gli effetti sonori che venivano registrati su un altro nastro. (Gli operatori americani e di altri paesi usavano già pellicole con il sonoro incorporato, ma i nostri si rifiutavano per ragioni sindacali e si trascinavano dietro fonico ed elettricista.) Quando sentì il televisore trasmettere il suono delle campane di Lourdes, Dante Alimenti – responsabile dell'edizione delle 20.30 – aspirò una boccata dalla sessantesima sigaretta della giornata e disse: «Non ci credo».

I montatori hanno avuto un ruolo pari a quello degli operatori nel rendere glorioso il telegiornale di quegli anni. Careri, un ragazzo con le mani piccole e gli occhi vivacissimi, faceva con la pellicola autentici giochi di prestigio. Univa come nessun altro qualità e rapidità. Il fatto che fossimo affiatati suscitava molte gelosie e per questo nei servizi ordinari non mi lasciavano lavorare con lui. Ma quando c'era la missione impossibile, Pino era lì a compiere in silenzio miracoli che non avrei più visto fare da nessuno. Franco Zeffirelli gli fece i complimenti quando girammo con il regista toscano un servizio indimenticabile sulla prima «domenica a piedi» dopo la crisi petrolifera del '73. E glieli fece anche De Luca, nonostante il telegiornale avesse accumulato otto minuti di intervallo per l'inesperienza di un'assistente al montaggio nel giuntare la pellicola, quando andò in onda il servizio che realizzammo con tre operatori sulla memorabile visita di Leone in Vaticano. Oggi ce la caviamo – forse giustamente – con un paio di minuti fatti con cura. Allora il senso delle istituzioni era enormemente più alto, avvenimenti del genere erano assai rari e si realizzavano spesso autentici pezzi di cinema. A «TV7», ma anche nel telegiornale. Come fece Sergio Zavoli seguendo il viaggio in treno di Giovanni XXIII a Loreto, la prima uscita di un papa dal Vaticano dopo il bombardamento di San Lorenzo (la telecronaca fu di Tito Stagno). E come Luca Di Schiena, memorabile telecronista della visita di Paolo VI a Gerusalemme.

## V

## Moro e il papa cambiano la Tv

*Assedio dopo i fischi a Tanassi*

«Mi raccomando, Pallino. Oggi teniamoci ancora bassi, che domani facciamo i fuochi d'artificio...» Esiste un bel mattino nella vita in cui anche i più prudenti si guardano nello specchio e si dicono: perché io no? Ugo Guidi, capo della redazione politica del Tg1, è stato e sarà sempre una delle persone più prudenti che il Signore abbia mandato sulla terra. Anche oggi che è in pensione, se incontra per strada un dubbio, lo ferma senza esitazione e gli chiede di accompagnarlo. Figuriamoci nel '76, quando la Grande Riforma della Rai aveva determinato la Grande Lottizzazione, dividendo il telegiornale unico in Tg1, appaltato all'area cattolico-democristiana, e Tg2, diventato riserva di caccia socialista e comunista. All'interno del Tg1 aveva soppresso la tradizionale divisione per fasce orarie (nella redazione delle 20 si passava dalla politica interna a quella estera e alla grande cronaca, una formazione giornalistica che ci sarebbe tornata assai utile più tardi) per una più razionale ripartizione per aree tematiche (esteri, interni, cronaca, cultura) e, a capo della redazione politica, era stato messo proprio lui, Ugo

Guidi detto Pallino, che a sua volta chiamava Pallino tutti quelli che incontrava: più cattolico del papa, più democristiano di Fanfani, più bernabeiano di Bernabei. E, appunto, più prudente del più prudente degli uomini, al punto di annotare su ogni notizia i passaggi rischiosi con un tratto di penna tremolante, senza mai cancellare, per carità, ma segnalando fraternamente al peccatore la porta dell'inferno in modo che potesse redimersi da solo, con le sue stesse mani.

Eppure, il 14 marzo 1976, radendosi il viso tondo davanti allo specchio Pallino Guidi deve essersi detto: «Perché io no? Perché noi no?». Così, se tutti i telegiornali dei decenni precedenti la Grande Riforma erano stati prudenti, quello del 14 marzo fu prudentissimo, perché meglio potesse risaltare la novità dell'indomani. E l'indomani, in effetti, i fuochi d'artificio ci furono davvero. Con botti imprevisti e perciò più fragorosi.

A Firenze si stava svolgendo il congresso del partito socialdemocratico e io vi ero stato inviato per riferirne. Dopo il 1947, quando Saragat aveva sbattuto la porta in faccia a Nenni con la scissione di palazzo Barberini, non si può dire in tutta onestà che i congressi socialdemocratici avessero sconvolto la storia del paese. Quello del '76, però, s'annunciava inquieto. C'era stato lo scandalo per le tangenti sull'acquisto degli aerei militari Lockeed, in cui sarebbe stato ingiustamente coinvolto anche l'allora presidente della Repubblica Giovanni Leone, portato dal cinismo dei suoi compagni di partito e dei comunisti alle dimissioni del '78. E in cui era invece immerso fino al collo Mario Tanassi, leader socialdemocratico e, ai tempi dell'affare, ministro della Difesa.

Il destino, che Saragat aveva una volta definito «cinico e baro», volle che proprio quel 15 marzo 1976 – data di nascita dei telegiornali riformati – Tanassi venisse duramente contestato al congresso da una parte dei delegati. Altri s'alzarono a difenderlo, ma le grida e le offese vennero registrate dalle telecamere e io le mandai in onda tali e quali nell'edizione delle 20. Non era mai accaduto niente di simile nella storia della Rai, e me ne accorsi immediatamente a mie spese. Subito dopo che il servizio fu trasmesso, gli amici di Tanassi, che volevano vendicare l'affronto nei modi più spicci, mi assediarono nei locali adibiti a nostra redazione. Per impedire a quegli scalmanati di raggiungermi, alla porta sbarrata fece scudo con il proprio corpo Giampiero Orsello, notabile socialdemocratico e, in quanto tale, vicepresidente della Rai dopo la Grande Lottizzazione. Dagli sguardi di Orsello capii che lui me le avrebbe suonate più degli altri, ma la sua carica lo obbligava a evitare scandali ancora maggiori e, perciò, a difendermi. Una frase veniva ripetutamente gridata attraverso la porta protetta da Orsello: «Vedremo che farete al congresso della Dc».

## Rivoluzione al congresso dc

Al contrario dei congressi socialdemocratici, quelli democristiani – pur non avendo quasi mai una portata storica – contavano moltissimo per la distribuzione del potere in Italia. Essi precedevano infatti regolarmente una crisi di governo – maturata e gestita fuori del Parlamento per ridefinire gli assetti interni del partito – e avevano riflessi fatali anche sulla Rai. La frase gridata dagli amici di Tanassi era dunque più che motivata. Il destino volle che quell'anno fosse fischiato il mitissimo Mariano Rumor. Da quando, insieme ad altri trentacinque congiurati, aveva fondato in un convento del Gianicolo la corrente dei «dorotei» per far cadere (da destra) la segreteria Fanfani, Rumor era il re delle sfumature, l'artista del dire e non dire, il maestro indiscusso del cerchiobottismo illuminato: mai inciampava in un giudizio netto, mai imboccava una strada senza vie di fuga, sempre lasciava l'uditorio con il dubbio se avesse detto una cosa o il suo contrario. Ma quel 21 marzo 1976 Rumor attaccò il suo discorso come se fosse Carlo Donat-Cattin, il quale, se vedeva un toro, gli agitava subito davanti agli occhi una cappa rossa, a costo di sfilarla dalle spalle della prima signora di passaggio. «Dichiaro subito di portare la mia adesione alla linea politica di Zaccagnini» esordì. E venne giù il cielo. Per cinque interminabili minuti gli piovve addosso una tempesta di contumelie: «traditore» era la più dolce. E le contumelie finirono nel mio servizio, esattamente come la settimana precedente era accaduto per Tanassi. Nessuno osò protestare dopo quel che era successo con il leader socialdemocratico a Firenze, ma tutti capirono – all'interno e all'esterno della Dc – che la rivoluzione mediatica era più forte e incontrollabile del previsto.

A quel congresso della Dc si verificò, infatti, un altro episodio del tutto inedito: l'assalto delle telecamere ai leader. Il mio concorrente del Tg2 era in quell'occasione Italo Moretti: aspettavamo che Moro o Andreotti avessero finito di parlare per produrci in uno scatto degno del «Musichiere» condotto da Mario Riva. Persone che avevano sempre parlato pochissimo in televisione e alle quali mai sarebbe passato per la testa di rilasciare un'intervista non concordata nei minimi dettagli (con l'eccezione di Andreotti, sempre pronto a qualunque risposta) si trovavano a un centimetro dalla bocca una selva di microfoni con l'invito a sciogliere in pochi secondi, lì per lì, decenni di sciroccose mediazioni.

In *Telecamera con vista* raccontai così la mia gaffe con Aldo Moro: «Siamo nel pieno della bagarre tra i sostenitori di Zaccagnini e quelli di Forlani [*che si contendevano la segreteria, poi assegnata a Zaccagnini*] e penso bene di chiedergli: presidente, lei è il più autorevole mediatore in questo partito, pensa che riuscirete a trovare un accordo? Fanfani mi avrebbe trafitto con una stilettata d'occhi. Andreotti avrebbe allungato le labbra in un sorriso al cianuro se gli fosse venuta pronta la battuta. Altrimenti le avrebbe serrate verso l'interno della bocca aiutandosi con uno sguardo fisso e intimidatorio. Moro fa di peggio. Guarda nella mia direzione senza onorarmi di un'attenzione diretta. Poi mi spazza via come un'ondata altissima e solo in apparenza placida che prosegue per il suo destino travolgendo la formella di plastica che l'incauto bambino ha lasciato sulla riva. "Io non sono un mediatore" dice il presidente del Consiglio, non a me, ma al microfono che gli porgo. "Io rappresento posizioni politiche"». Quel giorno Moro aveva usato per la prima volta l'espressione «mani pulite»: se i suoi ne avessero colto il senso, sedici anni dopo il partito non sarebbe stato distrutto da Tangentopoli.

Dopo sette anni di telegiornale, era la prima volta che mi occupavo di un evento riguardante la Dc. In verità Emilio Rossi, nominato direttore del Tg1, avrebbe voluto che i nuovi telegiornali partissero dopo il congresso democristiano per evitare di bruciarsi prima del tempo. Ma per il Tg2 di Andrea Barbato quell'avvenimento rappresentava un'occasione troppo ghiotta di «informazione alternativa» per lasciarsela scappare. E Barbato la spuntò.

Rossi voleva che facessi l'inviato di politica interna a tempo pieno, e s'infuriò quando rifiutai: l'idea di trascorrere la giornata a Montecitorio mi atterriva. Durante il concorso del 1968 non avevo scelto il giornalismo sportivo – nel quale, pure, avevo una certa esperienza – per non occuparmi tutta la vita del menisco dei calciatori. Certo, l'informazione politica era una cosa diversa, ma mi spiaceva precludermi altre esperienze professionali. Nessuno allora immaginava quali drammatici sviluppi avrebbero avuto le vicende parlamentari nella storia italiana.

Da quella rivoluzione mediatica rimase volontariamente escluso il Pci. Quando Tonino Tatò vide i nostri assalti ai dirigenti socialdemocratici e democristiani, corse ai ripari. E al congresso del Pci chiuse i giornalisti in un recinto ben distinto da quello dei delegati, e assolutamente invalicabile. A richiesta, i leader venivano portati nel nostro serraglio. Il problema era che, se il discorso più interessante l'aveva fatto Pajetta, ti portavano Bufalini. Volevi Ingrao e arrivava Natta. L'unico che non stava agli ordini di Tatò era Giorgio Amendola, che arrivava quando voleva. Un giorno andai a intervistarlo la mattina presto al Bottegone, senza passare dall'ufficio stampa. All'uscita incontrai Tatò, che restò allibito nel vedere tutto l'armamentario degli operatori. «Dove sei stato?» mi gridò, come un gioielliere che coglie il ladro con il sacco in mano sull'uscio del negozio. «Da Amendola» risposi. Impallidì.

## La Grande Riforma dopo Bernabei

Tg1 e Tg2 erano figli della Grande Riforma della Rai avviata nel '75 dopo le dimissioni con cui, il 18 settembre 1974, Ettore Bernabei aveva messo fine a un regno incontrastato durato tredici anni. Un primo accenno di svolta c'era stato con il famoso ordine di servizio del '69 con cui veniva resa nota formalmente, per la prima volta, un'epica spartizione del potere in Rai fra la Dc, i socialisti e i partiti laici minori. Aldo Sandulli, repubblicano ed ex presidente della Corte costituzionale, era diventato presidente. Luciano Paolicchi, socialista, amministratore delegato. Italo De Feo, socialdemocratico, era stato confermato vicepresidente e affiancato dal democristiano Umberto Delle Fave. Leopoldo Elia, uomo di Moro, era stato escluso dal comitato direttivo (che contava poco ed era una derivazione del pletorico consiglio d'amministrazione, che contava nulla), provocando una formale protesta della propria corrente. Di fatto, a parte una generosa distribuzione d'incarichi che ingigantì l'organigramma della Rai (da 25 i massimi dirigenti diventarono 47), non cambiò nulla. Di area democristiana restarono telegiornale (Villy De Luca) e giornale radio (Vittorio Chesi), i programmi culturali (Fabiano Fabiani), lo spettacolo (Angelo Romanò), il personale (Germano Bodo) e la potente segreteria centrale (guidata da Gregorio Pozzilli, entrò a farne parte anche Furio Colombo). I socialisti conquistarono, con Pio De Berti, la prosa e gli sceneggiati. Come scrisse Franco Chiarenza nel già citato *Il cavallo morente*: «Bernabei aveva ... ottenuto il massimo: il potere assoluto, con la parziale copertura di responsabilità dei socialisti».

Il 18 febbraio 1970 Sandulli si dimise, sostituito da Delle Fave. Aveva chiesto a Bernabei, senza ottenerle, le dimissioni di Sergio Zavoli, autore di un'inchiesta assai controversa sulla riforma del codice di procedura penale, che sarebbe arrivata quasi vent'anni dopo. A «Un codice da rifare» – era questo il titolo del programma – si contestò il montaggio arbitrario di alcune interviste. In Parlamento, la maggioranza definì «discutibile» l'utilizzazione delle immagini, ma il caso alimentò una forte polemica pubblica non molto diversa da quelle cui assistiamo trent'anni dopo: chi deve garantire l'indipendenza e l'imparzialità dell'informazione?

Già alla fine del '69 il ministro delle Poste Crescenzo Mazza aveva detto alla Camera: «Di che cosa potrebbero essere responsabili davanti al governo e al Parlamento gli amministratori dell'azienda il giorno che il personale addetto alle trasmissioni potesse determinarsi "autonomamente" (e cioè senza risponderne ad alcuno) in ordine ai programmi da mettere in onda, senza che i dirigenti e gli amministratori potessero verificarne la rispondenza agli irrinunciabili principi della indipendenza, imparzialità e obiettività? Un risultato antidemocratico: poiché in tal modo una o poche persone o ristretti gruppi di persone (o, peggio, le parti politiche da cui fossero eventualmente ispirati), pur essendo sforniti di una qualsiasi investitura democratica, diventerebbero i detentori irresponsabili di un mezzo che è di tutti gli italiani ed è posto al servizio di tutti gli italiani».

I comunisti avevano una concezione squisitamente rivoluzionaria del pluralismo. Scriveva il loro intellettuale di punta nel settore dei media, Giovanni Cesareo, sulla rivista «Il Ponte» all'inizio del '72: «L'unica ipotesi possibile e giusta è quella che vede nella televisione un possibile terreno di scontro da aprire alla lotta di classe ... La partecipazione può significare non già cogestione (e cioè immissione di tutte le componenti possibili, politiche e sociali, all'interno della Rai), ma rovesciamento della Rai nel paese. Unità tra i lavoratori all'interno e all'esterno della Rai, elaborazione dei programmi in stretto contatto con la dinamica della lotta di classe, nei luoghi dove si verifica lo scontro».

*E nacque il numero telefonico 643111...*

All'estero il sistema delle garanzie veniva risolto in modo più spiccio. In quel periodo una delegazione italiana incontrò i vertici delle due maggiori televisioni inglesi, la Bbc (statale) e la Itv (privata). Quando chiesero chi garantiva da loro i diritti delle minoranze politiche, gli italiani si sentirono rispondere: il ministro delle Poste. Ma è uomo della maggioranza, obiettarono i nostri, sbalorditi. No, i ministri sono della regina, fu la replica.

Si faceva forte, intanto, la richiesta di aprire l'etere alla televisione commerciale. Scriveva sull'«Espresso» Eugenio Scalfari: «Dopo vent'anni di vergogne televisive, un regime di libera concorrenza tra radiotelevisione pubblica e reti commerciali private presenterebbe sicuri vantaggi». Mal gliene sarebbe incolto, visto che di lì a dieci anni la concorrenza commerciale avrebbe portato le insegne di Silvio Berlusconi. Ma l'appello di Scalfari aveva un suo fondamento.

Nell'aprile del '71 un ex regista della Rai, Peppo Sacchi, ottenne dal tribunale di Biella l'autorizzazione a trasmettere un telegiornale: nacque così TeleBiella, prima televisione commerciale italiana, che ebbe un influsso determinante sulle decisioni della Corte costituzionale di smantellare progressivamente il monopolio Rai. Secondo Bernabei, una bella spinta per convincere la Corte ad affossare il monopolio la dettero gli interessi telefonici della Sip. In ogni caso, due anni dopo, mentre i pochi possessori di televisore a colori nelle regioni adriatiche ricevevano perfettamente i programmi di TeleCapodistria, cominciarono a moltiplicarsi in varie regioni (ma soprattutto in Piemonte) le emittenti locali. Nel '74 due memorabili sentenze della Consulta fissarono i paletti entro cui avrebbe dovuto muoversi il servizio pubblico radiotelevisivo per conservare il monopolio e autorizzarono le trasmissioni dall'estero e quelle locali via cavo. Sei giorni dopo le dimissioni di Ettore Bernabei, il 24 settembre 1974, Silvio Berlusconi – allora semplice imprenditore edile – inaugurava le trasmissioni via cavo di TeleMilanocavo.

Nel rispetto delle decisioni della Consulta, la Rai ebbe in maggioranza amministratori di derivazione parlamentare. Nacque così nell'aprile del '75 la famosa legge 103, che trasferì il controllo dell'azienda dal governo al Parlamento, attraverso la rinnovata commissione parlamentare di vigilanza. Il centrosinistra votò a favore, i comunisti si astennero, liberali e missini votarono contro. Un mese dopo, il ruvido socialista Beniamino Finocchiaro diventava presidente della Rai e il posto di Bernabei andava al democristiano Michele Principe, già potentissimo direttore generale delle Poste.

La spartizione del potere radiotelevisivo avvenne in una serie di incontri segreti tenutisi nella villa alla Camilluccia sede di un centro studi democristiano. Lì democristiani e comunisti strinsero il patto che schiacciò i socialisti, come avrebbe capito a sue spese Bettino Craxi, arrivato troppo tardi al potere. Racconta a Maria Grazia Bruzzone (*L'avventurosa storia del Tg in Italia*) Luigi Mattucci, l'alto dirigente Rai che partecipò alle trattative nella delegazione socialista guidata da Enrico Manca: «Il Pri rinuncia al Tg2 perché viene deciso di dare qualcosa al Pci. L'appoggio dei comunisti si era dimostrato indispensabile per vincere l'annunciato ostruzionismo del Msi, praticamente tagliato fuori dall'organigramma che avrebbe dovuto restare segreto. Gli accordi della Camilluccia si erano fatti proprio per questo e al Pci era stata promessa la nascitura Terza Rete regionale, al cui progetto lavorava Fabiano Fabiani. Ma dopo il suo risultato elettorale alle amministrative del '75 sembrò troppo poco: il Pci ottenne il doppio gradimento del direttore del Tg laico. E dopo la vittoria alle politiche del '76 ebbe anche due consiglieri in più». Nacque così quello che Craxi avrebbe chiamato «il numero telefonico 643111»: sei democristiani, quattro comunisti, tre socialisti, un repubblicano, un socialdemocratico, un liberale.

*E i comunisti scelsero Barbato*

L'illusione dei repubblicani di poter designare il direttore del Tg2 era durata poco. Avevano pensato a tre professionisti di prim'ordine (Sergio Telmon, Piero Angela,
Giovannino Russo), che però avevano rifiutato, uno dopo altro, perché sapevano di cacciarsi in un guaio. Il Tg2,
all'inizio di colore rosa, andava acquistando di giorno in
giorno una tinta più netta e più forte. Andrea Barbato,
scelto con il gradimento comune di De Martino e Berlinguer, lasciò la nascente «Repubblica» per dirigere quello
che s'annunciava come un telegiornale davvero rivoluzionario e innovativo, e che con il passare dei mesi si caratterizzò come sempre più vicino alle posizioni della sinistra socialista e del Pci.

A cavallo del '75-76 si giocò la più grossa e avvincen-
te scommessa politico-editoriale della storia italiana. Il
Tg1 restava nell'area cattolico-democristiana, fatto che
veniva giudicato dagli esperti come un forte handicap.
A dirigerlo era stato chiamato Emilio Rossi, che si sarebbe rivelato indiscutibilmente il migliore tra i quindici direttori nominati dopo la riforma del '75. Rossi
veniva da Genova, dove in quegli anni il mondo cattolico ligure era dominato dalla figura del cardinale Giuseppe Siri. Entrato in punta di piedi al telegiornale
come segretario di redazione all'inizio degli anni Sessanta, era stato il vice di Fabiani. Sapeva tutto prima di
tutti, non perché avesse legami particolari, dai quali
anzi rifuggiva, ma soltanto perché controllava immediatamente ogni fonte possibile.

Rossi era un democristiano assai anomalo: pur essendo fedelissimo di Bernabei, non ha mai fatto parte

di alcuna congrega di partito e conosceva di persona pochissimi uomini politici. Quando ministri e segretari di partito venivano al telegiornale per un'intervista, eravamo quasi sempre Fava e io a presentarglieli. Dietro il sorriso che gli sbucava timidamente in fondo al viso, Rossi nascondeva un carattere fermissimo. Se prendeva una posizione, non c'era nessuno in grado di smuoverlo. In tempi di lottizzazione selvaggia e di inutili incroci di aree (le famose «zebrature»), disegnati nell'illusione di poter controllare un direttore tramite chi gli stava intorno, Rossi volle soltanto un vicedirettore che la pensava esattamente come lui ed era con lui assolutamente intercambiabile: Emmanuele Milano. I due costituirono un monolite esemplare e furono inseparabili fino all'80, quando lasciarono entrambi via Teulada per rientrare in viale Mazzini.

Con una procedura rivoluzionaria nel mondo giornalistico italiano, tutti i redattori romani della Rai vennero messi in condizione di poter scegliere la loro destinazione. Ciascuno di noi infilò un biglietto in un'urna sorvegliata dal comitato di redazione: di quello del Tg1 io ero il presidente, coadiuvato da Emilio Fede e Roberto Morrione. Fede, genero di Italo De Feo, si era iscritto al Psdi («L'Umanità» ne diede notizia con un titolo a nove colonne in prima pagina). Morrione, che secondo Bernabei era stato segnalato dal generale De Lorenzo, era un grande professionista e un comunista tostissimo, che metteva sempre la Causa dinanzi a tutto. Al punto che quando molti anni più tardi sarebbe diventato direttore di Televideo, avrei riconosciuto la sua mano anche su una notizia di una riga e mezza. Per mettermi in minoranza, cercava in ogni modo di coalizzarsi con Fede, il quale, fin da allora, ne sapeva una più del diavolo e lo rassicurava di continuo, salvo poi sparire al momento giusto o votare con me dopo che Morrione lo aveva scovato da qualche parte.

*Dal trionfo del Tg1 all'«Altra domenica»*
*di Renzo Arbore*

Rossi era assai preoccupato per l'esito delle opzioni. Naturalmente, come Barbato, aveva fatto la sua campagna acquisti, ma per settimane nei corridoi noi redattori ci chiedemmo chi dei due ci avrebbe interpellato e, soprattutto, se lo saremmo stati: l'incubo era infatti quello di non ricevere inviti e di dover infilare il proprio nome nell'urna scegliendo una redazione a dispetto del direttore. Rossi e Milano erano preoccupati perché molte delle «prime firme» della televisione – che poi erano quelle di «TV7» e degli speciali – erano andate al Tg2. Personalmente, fui molto lusingato dall'offerta fattami da Peppino Fiori, scelto da Barbato come vice, ma la mia casa era al Tg1, dove Rossi e Milano – pur ereditando larga parte della componente cattolica del telegiornale unico – seppero costruire una redazione strutturalmente nuova, dando un ruolo e piena dignità professionale anche ai giornalisti che non avevano invitato.

Per andare in video scelsero Emilio Fede e Massimo Valentini. Fede era una vecchia volpe del mestiere, che aveva fatto eccellenti servizi per «TV7». Come corrispondente dall'Africa è stato probabilmente l'ultimo occidentale a godere in pieno dei privilegi del colonialismo, libero di trasferirsi da un paese all'altro, da un cocktail a una guerra (quando il primo chiamava, a co-

prire la seconda restava l'operatore Marziano Lomiry).
Carletto Mazzarella, che aveva un soprannome per tutti
(«Commosso viaggiatore» per Zavoli, «Trasportatore di
pianoforti a coda» per Agnes), lo chiamava alternativa-
mente «l'ammogliato speciale», per la sua parentela con
De Feo, e «Sciupone l'Africano», per le sue leggendarie
note spese, che erano l'incubo dell'amministrazione. In
ogni caso, Fede era in grado di reggere qualunque imprevisto e si conquistò un'enorme e meritata popolarità.
Siamo stati per sei anni compagni di stanza. Emilio non
s'ammazzava di lavoro, fidando sul suo consumatissi-
mo mestiere. Arrivava nel tardo pomeriggio, riceveva
ogni tanto i suoi simpatici compagni di tavolo da gioco,
liquidava con promesse mai mantenute gli scocciatori
che lo assediavano al telefono, dava con occhio clinico
una scorsa alle notizie, si rasava e si vestiva con molta
cura e, quando andava in video, dava allo spettatore la
sensazione che ogni parola di quel telegiornale fosse
frutto della sua fatica, dei controlli, dei riscontri, dei me-
ditati dosaggi di un'intera giornata. Dan Rather, da oltre
vent'anni mitico anchorman di Cbs Evening News, non
ha mai saputo fare di meglio.

Valentini, che un destino crudele fece morire d'infarto in una toilette della redazione, era un grande professionista e un grande gentiluomo. Venuto dalla redazione di Firenze, dove era radiocronista, era stato
parcheggiato nella redazione notturna senza un lamento da parte sua. Al contrario di Emilio, che con la sua
perenne abbronzatura da ragazzaccio simpatico e vi-
ziato sembrava sempre appena tornato da una vacan-
za, Massimo era perennemente pallido e lavorava moltissimo: quando l'incontravamo in corridoio, dava

l'idea che i dispacci d'agenzia che aveva in mano pesassero come piombo. La sua immagine autorevole e rassicurante – insieme con quella brillante e un po' beffarda di Fede – contribuì allo straordinario successo del nostro telegiornale.

Rossi volle dare un segnale di continuità confermando la storica sigla musicale che va in onda ormai dal '54. Barbato propose invece una bellissima sigla innovativa con il famoso 2 disegnato da Piero Gratton, capo dei grafici della Rai. Chi si aspettava che il telegiornale «democristiano-conservatore» sarebbe stato distrutto da quello «laico-progressista» – come avviene per i grandi quotidiani – fu clamorosamente smentito. Noi schizzammo subito a una media di 18 milioni di spettatori nell'edizione delle 20. Il Tg2 si fermò poco oltre i 4. Il pubblico aveva evidentemente apprezzato l'asciutto equilibrio e la rigorosa completezza informativa del giornale di Rossi al quale si opponeva la confusione brillante e settaria di quello di Barbato. Quando raccontai a Giovanni Agnelli di questo distacco, l'Avvocato osservò: «Attenti a non strapazzare troppo la concorrenza. A me è capitato con la Lancia. A forza di buttarla giù, ho dovuto comprarla».

Eppure, in quel periodo, avere 18 milioni di spettatori – più della somma degli ascolti serali odierni di Tg1 e Tg5 – non era un fatto straordinario per un grande telegiornale. La concorrenza privata non esisteva e i 23 milioni del Festival di Sanremo erano superati dagli sceneggiati e dagli spettacoli di varietà di maggior successo (quell'anno «Sandokan», tratto dai romanzi di Emilio Salgari, con Kabir Bedi, Carol André e Adolfo Celi, si assicurò oltre 27 milioni di spettatori, e «Di nuovo tante scuse», con Sandra Mondaini e Raimondo Vianello, toccò i 26).

L'intero palinsesto delle due reti fu rivoluzionato. Il confronto più clamoroso avvenne la domenica pomeriggio. Raiuno e Tg1 proposero «Domenica in», con Corrado e la valletta Dora Moroni che s'alternavano a Pippo Baudo e con Paolo Valenti quale referente sportivo. Raidue e Tg2 allestirono «L'altra domenica», un programma profondamente innovativo condotto da Renzo Arbore che, come vedremo, diventò immediatamente un «cult». Della banda di Arbore facevano parte Roberto Benigni (che stava spopolando con Televacca), Andy Luotto, Mario Marenco, Isabella Rossellini, Giorgio Bracardi, le Sorelle Bandiera. Di sport si occupava Maurizio Barendson. Su Raiuno, in seconda serata, debuttava intanto un giovane marpione con i baffi, Maurizio Costanzo, con «Bontà loro», la trasmissione madre di tutti i talk show.

### Dodici colpi di pistola per Emilio Rossi

Il confronto più clamoroso sul campo tra Tg1 e Tg2 avvenne in occasione delle elezioni politiche del giugno del '76.

Entrambi i telegiornali organizzarono una straordinaria maratona, alternando l'informazione allo spettacolo. In studio, al Tg1, c'erano, oltre a me, Emilio Fede e il commentatore politico Pierantonio Graziani. Lo spettacolo era condotto da Raffaella Carrà. Molto ricco il parterre degli ospiti: Guido Carli e Renzo De Felice, Sergio Pininfarina e Paolo Spriano, Giorgio Benvenuto e Beppe Grillo (che non aveva ancora dichiarato guerra all'universo), Claudia Cardinale e Peppino Di Capri, Nino Andreatta e Renato Carosone, Antonello Venditti e i Ricchi e Poveri. Al Tg2, con Italo Moretti e Mario Pastore, lo spettacolo era condotto da Gianni Cavina e Pupi Avati. Tra gli ospiti, Marcello Mastroianni e Mariangela Melato, Carlo Lizzani ed Ettore Scola, Franco Califano e Toto Cutugno. Ma la vera battaglia era quella sui risultati elettorali.

Abbiamo visto che fino ad allora i risultati venivano gestiti dal ministero dell'Interno e si conoscevano soltanto il giorno successivo alle elezioni. Rossi e Barbato decisero di trasmettere le «proiezioni», come avveniva nei principali paesi occidentali, affidandosi ai due maggiori istituti demoscopici dell'epoca. Il Tg1 scelse la Doxa, dalla cui sede era in collegamento Elio Sparano; il Tg2 la Demoskopea, dove inviò Bruno Ambrosi. A un certo punto Mario Pastore, passato con Barbato per dissensi con l'ambiente democristiano, con la sua voce tremula, imitatissima da Alighiero Noschese, annunciò: «C'è stato il sorpasso. Il Pci è il primo partito italiano». Ma la Demoskopea sbagliò clamorosamente. Da noi, invece, la Doxa anticipò il risultato esatto e questo – pur non essendo Barbato direttamente responsabile dell'errore dell'istituto demoscopico consultato – contribuì ad accrescere enormemente la credibilità del Tg1. La Dc mantenne infatti un solido primato con il 38,9, il Pci ottenne con il 33,8 il miglior risultato della sua storia alle elezioni politiche (e presentò subito, come abbiamo visto, il conto alla Rai). Da quelle elezioni sarebbe nata la collaborazione tra democristiani e comunisti nel governo Andreotti, ma si era ancora nel pieno della guerra fredda e la vocina di

Pastore quella sera fece tremare per qualche ora l'intero Occidente.

Le elezioni del 1976 si svolsero in un clima di fortissima contrapposizione. Nel '75, in Portogallo, i militari comunisti avevano preso il potere e dato vita a un sistema collettivistico. Ogni giorno gli Agnelli, Pirelli e Falk portoghesi venivano arrestati e le loro fabbriche espropriate. Durò poco, ma l'allarme in Occidente fu fortissimo. Il mio semplice resoconto dei fatti come inviato del Tg1 produsse nell'opinione pubblica italiana una certa impressione e mi valse l'accusa di anticomunismo. Quelle vicende provocarono una drammatica frattura nell'intera stampa italiana. Un giorno i comunisti occuparono il quotidiano socialista di Lisbona «Republica». Il capo della redazione esteri del «Corriere della Sera», Renzo Carnevali, titolò: *I comunisti occupano il giornale socialista*. Andò a casa e l'indomani scoprì che, con l'avallo del direttore Piero Ottone, il titolo era stato cambiato in *Tensione a Lisbona tra Pc e socialisti*. Carnevali dovette andarsene.

In Italia, intanto, stava montando il terrorismo. Nel '75 le azioni terroristiche furono 702, nel '76 1198, nel '77 2128. Tra queste ultime, l'assassinio di avvocati, commissari di polizia, del vicedirettore della «Stampa» Carlo Casalegno e il ferimento di Emilio Rossi, crivellato di pallottole il 3 giugno 1977. Il 1° giugno i brigatisti avevano ferito a Genova Vittorio Bruno, vicedirettore del «Secolo XIX». Lo avevano colpito a una mano, a una gamba, a un gomito. «Per spaventarmi» disse lui. Il giorno dopo, a Milano, ferirono con due colpi alla gamba destra Indro Montanelli. La sera di quel 2 giugno, nel corridoio centrale della redazione del Tg1, Liliano Frattini e io ci dicemmo: «Domani tocca a uno di noi». Nessuno di noi pensava al direttore e l'attentato confermò la raffinatezza politica delle Br.

Rossi, che abita sulla collina di Monte Mario, scendeva ogni mattina in autobus a piazzale Clodio, distante poche fermate, e percorreva a piedi, leggendo, i cinquecento metri che separano il capolinea dal centro di produzione televisiva di via Teulada dove fino al '91 sono rimasti i telegiornali. Intorno alle dieci di quel venerdì, il direttore percorreva lentamente il marciapiedi che l'avrebbe portato in ufficio. Leggeva un libro di Pietro Ingrao, *Masse e potere*: più tardi Giancarlo Pajetta, avversario storico di Ingrao, avrebbe detto: «Così impara». Due giovani, un uomo e una donna, lo ferirono con dodici colpi di rivoltella: Rossi ebbe due femori e una tibia devastati e avrebbe portato per sempre i segni di quell'attentato. Quella mattina stavo partendo per Madrid, dove avrei coperto le prime elezioni della Spagna libera. Come presidente del comitato di redazione, mi precipitai al Gemelli e vidi la parte inferiore del corpo del direttore interamente coperta di sangue: furono contati ventidue fori di entrata e di uscita. Rossi, pallidissimo, senza un lamento mi pregò soltanto di avvertire immediatamente Dante Alimenti, che curava i rapporti con il Vaticano, perché gestisse il suo ricovero al Gemelli.

### I telegiornali della guerriglia

La responsabilità del giornale ricadde sulle spalle di Milano, al quale venne immediatamente data una scorta. Il '77 fu l'*annus horribilis* della vita italiana e, a ripensarci, non si capisce come – assistendo a quel che avvenne allora – lo Stato si fece sorprendere del tutto impreparato l'anno successivo. In settembre, Milano mi spedì a Bologna, occupata militarmente dagli autonomi. Fu l'unica volta in migliaia di servizi che ebbi l'incarico di non far nulla: o meglio, Piero Badaloni avrebbe dovuto garantire la normale copertura dell'avvenimento e io sarei dovuto intervenire soltanto nel caso si fosse verificata una tragedia. La tragedia, per fortuna, non avvenne, ma fu sempre nell'aria. Come disse il segretario della federazione socialista bolognese, «potrebbe succedere che un autonomo vestito da poliziotto spari sugli studenti o che un poliziotto vestito da autonomo spari sui carabinieri».

Il Movimento aveva organizzato nella città simbolo del Pci il più grande raduno della sua storia: autonomi con la P38 e uomini delle Br si mescolarono a borghesissimi studenti che volevano fumare lo spinello della rivoluzione, genitori disinibiti al seguito dei figli saccopelisti applaudivano Dario Fo e Maria Antonietta Macciocchi, Félix Guattari e Alain Guillaume, venuti a fare in Italia la rivoluzione fallita Oltralpe. Il Pci era in stato di massima allerta: all'inizio aveva flirtato con il Movimento, ma, fiutata l'aria, era passato nettamente dalla parte dello Stato. E ora, con il sindaco Renato Zangheri in testa, assisteva impietrito al sacco morale della città. I ristoranti, nel timore di danni, chiusero tutti. Tranne la Rosteria da Luciano, gestita da un fascista. Fascista al punto da portare l'effigie di Mussolini su un medaglione appeso al collo e di esporne il busto in un angolo del locale. L'ammazzarono, il fascista Luciano? Nemmeno per idea. Il suo ristorante era il quartier generale degli autonomi di lusso. Dal tavolo accanto al mio, Nanni Balestrini invocava le migliori bottiglie di Lambrusco vezzeggiando l'oste. La festa bolognese degli autonomi finì quando il ministro dell'Interno Cossiga – Kossiga, nei truculenti slogan graffiti – mandò i blindati dei carabinieri senza che da Botteghe Oscure si levasse un sospiro che non fosse di sollievo.

I telegiornali di quell'autunno raccontarono un paese in guerra. Nei giorni feriali ogni tanto veniva ammazzato qualcuno, il sabato Roma e Milano venivano spesso messe a ferro e a fuoco dagli autonomi. Un giorno seguivo la messa in onda del giornale nella stanza di Milano quando, a venti minuti dall'inizio, lui sospirò: «Finora abbiamo parlato solo di guerriglia».

## «Hanno rapito Moro...»

«Hanno rapito Moro, corri.» Rapito Moro? La voce di Dante Alimenti, caporedattore del mattino, mi parve surreale. Moro era un'icona intangibile. Le Brigate rosse gli avevano messo le mani addosso? Peggio. «Hanno ammazzato gli uomini della scorta.» Pensai immediatamente al maresciallo Oreste Leonardi. Non lo conoscevo, ma sapevo che il presidente della Dc non muoveva un passo senza di lui. Mentre la mia Cinquecento volava verso via Teulada, dalla radio la voce roca di Franco Bucarelli dava i dettagli dell'agguato. Conoscevo perfettamente l'angolo della strada in cui s'era mosso il commando brigatista, avendo abitato per qualche anno nel palazzo di fronte. Quando il lentissimo ascensore del telegiornale mi scaricò al quarto piano, trovai

Dante Alimenti con un dispaccio d'agenzia in mano che mi aspettava sulle scale che conducevano al quinto, dove si trovava lo studio. «Corri in studio, facciamo una straordinaria.» Lo studio era incredibilmente pronto. Il primo telegiornale sarebbe dovuto andare in onda quattro ore più tardi, alle 13.30, ma ancora una volta nelle emergenze la Rai aveva dimostrato una tempestività e un'efficienza senza eguali al mondo.

Ero in onda da mezz'ora, quando entrò trafelato in studio Paolo Frajese che mi disse in diretta: «I morti sono quattro [*si sperava che il quinto uomo di scorta di Moro fosse soltanto ferito*]. Ho dato il servizio in regia». Il servizio era straordinario, girato da Andrea Ruggeri in un unico piano sequenza. Frajese sapeva che non avrebbe avuto il tempo di montare il servizio. Disse perciò all'operatore di accendere la telecamera (una delle primissime mobili legate a un valigione con il registratore) e attaccò: «Via Stresa, ore 10.10. Siamo appena arrivati sul luogo dell'assalto...». Cominciò così il più tragico dei viaggi in diretta-differita all'interno di un pezzo di storia italiana. Frajese si muoveva tra le automobili crivellate di proiettili e i corpi pietosamente coperti, tra investigatori sconvolti e volanti della polizia ormai inutili. Fu il miglior servizio di cronaca trasmesso in quasi cinquant'anni di telegiornale.

L'Italia, intanto, s'era fermata. Nelle fabbriche e negli uffici operai e impiegati avevano lasciato spontaneamente il lavoro prima che i sindacati avessero il tempo di proclamare lo sciopero generale. Chi era fuori rientrò in casa; quanti in ufficio avevano un televisore si videro riempire la stanza di gente silenziosa e sgomenta. Ci collegammo via via con le principali città italiane, grazie allo straordinario lavoro della redazione e di Alimenti, che non mi lasciavano mai senza un aggancio che consentisse alla trasmissione di andare avanti. Nessun telecronista può lavorare senza le spalle coperte e il Tg1 è sempre stato un insuperabile campione di efficienza. (Avrei rivisto la stessa efficienza nella redazione di «Porta a porta» ventiquattro anni dopo, la sera del 19 marzo 2002, quando improvvisammo la diretta per la tragica esecuzione del professor Marco Biagi a Bologna, e, un mese più tardi, quando un aereo da turismo si schiantò contro il Pirellone a Milano.)

Quando fu rapito, Moro si stava recando in Parlamento dove il governo Andreotti avrebbe dovuto ricevere per la prima volta la fiducia anche dai comunisti. La Camera esplose in un moto di indignazione e di paura. Ci collegammo con tutti i leader politici e assistemmo stupiti alla dichiarazione di Ugo La Malfa che – come Giorgio Almirante – chiese il ripristino della pena di morte.

### Quel giorno cambiò la Tv

In quelle ore, la storia della televisione italiana cambiò senza che nessuno l'avesse deciso. Noi eravamo stati addestrati a telecronache sulla festa della polizia e dei carabinieri, sulla regata storica delle Repubbliche marinare (fu il mio debutto a Pisa, padrino Tito Stagno) e sulla parata del 2 giugno. L'unico avvenimento con qualche risvolto politico che veniva tradizionalmente trasmesso in diretta era l'inaugurazione dell'anno giudiziario della Cassazione, e in una prova d'esame al concorso del '68 ci fu chiesto se il cronista che ne raccontava lo svolgimento avrebbe dovuto riferire su eventuali contestazioni all'esterno (la risposta esatta, fin da allora, era sì).

Con il sequestro Moro cambiò tutto. Nei momenti più delicati, i direttori di giornali hanno in genere il tempo di riunirsi con i loro principali collaboratori per stabilire la linea da seguire. La mattina del 16 marzo 1978, quando cominciò una trasmissione che avrei condotto con qualche breve pausa fino alle due del mattino successivo, incontrai per qualche minuto il mio direttore – che aveva impressi nella carne i segni della violenza brigatista – solo dopo alcune ore di trasmissione. Come scrissi quindici anni dopo in *Telecamera con vista*, «la linea della fermezza ... nacque dall'evidenza delle cose, dallo strazio dei corpi che vengono coperti da lenzuoli bianchi in via Fani, dalla reazione istintiva di gran parte della gente che scende in piazza o resta muta in casa davanti al televisore. Come si fa a dire a tutta questa gente: signori, le Br hanno ammazzato magistrati, dirigenti industriali, poliziotti, giornalisti, hanno massacrato la scorta di Moro, cinque uomini innocenti, ma poiché Moro è un personaggio importante noi dobbiamo trattare la sua liberazione, dobbiamo cedere ai ricatti che ci saranno proposti?». Solo a metà mattinata Rossi mi mandò un biglietto in studio: «Va bene così. Bisogna mantenere la calma». E oggi si può dire – con quel minimo di oggettività storica consentito dal tempo trascorso – che la televisione svolse un ruolo decisivo nel tenere unito il paese, prima che le forze politiche e sindacali (grazie all'accordo tra democristiani e comunisti) prendessero in mano la situazione. Fino al '76, quando raccontò gli espropri comunisti in Portogallo, chi scrive veniva definito dagli uomini del Pci (ma con un linguaggio assai meno violento di quello usato oggi dall'«Unità») come un servo di Fanfani e della Reazione. Dal '77, e per l'intero periodo del compromesso storico, quelle stesse persone mi portarono in palmo di mano come esempio di giornalismo democratico. Identica inversione di giudizio si sarebbe verificata più volte nel corso dei decenni successivi, seguendo il mutare delle maggioranze politiche.

Tuttavia, ripensando oggi a come seguimmo il sequestro Moro, sento di dover muovere – a noi del telegiornale – due rimproveri. Il primo fu il silenzio al quale, salvo modestissime eccezioni, relegammo la famiglia del presidente democristiano, furibonda per il rifiuto dello Stato a trattare. Oggi, in una situazione analoga, i familiari del sequestrato avrebbero tutto lo spazio necessario, anche se sposassero una linea opposta a quella del governo. Il secondo fu un eccessivo rigore nella linea della fermezza. È vero che se lo Stato avesse ceduto su Moro, le Br avrebbero ottenuto quel riconoscimento politico che avrebbe sancito la fine della repubblica democratica. Ed è anche vero che la vita di Moro non valeva più di quella di tanti servitori dello Stato morti per compiere il loro dovere. Ma forse un atteggiamento soltanto apparentemente più flessibile avrebbe potuto salvare quella vita. Il Tg1, come abbiamo visto, sposò fin dall'inizio la linea della fermezza, mettendo anche in dubbio a lungo l'autenticità psicologica delle lettere del presidente della Dc. Il Tg2 fece altrettanto e questo determinò una crisi irreversibile nei rapporti tra Barbato e Craxi, che invece era il capofila della linea della trattativa e un sostenitore della piena lucidità e autonomia dello sterminato dossier epistolare di Moro.

Alla diretta del 16 marzo seguirono i cinquantacinque giorni più drammatici del dopoguerra. Ricordo l'emozione con cui sabato 22 aprile mostrammo la minuta calligrafia di Paolo VI con il suo disperato appello agli «uomini delle Brigate rosse». E la corsa in studio alle due del pomeriggio del 9 maggio – cinque piani a piedi, perché gli ascensori erano lenti – quando entrai in regia gridando «Straordinaria!» con due righe in mano che annunciavano il ritrovamento di una Renault rossa in via Caetani, tra le sedi della Dc e del Pci. Altra diretta di dodici ore, con lo schiaffo delle prime immagini del corpo di Moro – straziato da undici proiettili sparati a bruciapelo da un mitra – girate non dalla Rai, ma da una troupe della televisione privata Gbr guidata da Franco Alfano.

### *La rivoluzione di papa Wojtyła*

Nel '78 ebbero luogo altri tre avvenimenti che stravolsero in via definitiva il modo di fare televisione. Le dimissioni di Giovanni Leone da presidente della Repubblica, la morte di Paolo VI e l'elezione di Giovanni Paolo I, la morte di quest'ultimo e l'elezione di Giovanni Paolo II.

Leone si dimise con un messaggio trasmesso dalla televisione a reti unificate. A parte i messaggi di fine anno, era la prima volta che il capo dello Stato si rivolgeva alla nazione in quel modo. Quindici anni più tardi, Scalfaro replicò l'iniziativa ma per dire «Non ci sto» alla campagna sui fondi neri del Sisde che l'aveva coinvolto. Il messaggio di Leone fu drammatico. Abbandonato da Andreotti e Zaccagnini che volevano compiacere Berlinguer (a sua volta sponsor politico di una campagna di stampa tanto pesante quanto calunniosa condotta da Camilla Cederna e dall'«Espresso»), il presidente decise di dimettersi la sera del 15 giugno. Insieme a Claudio Angelini, si presentarono da lui gli operatori Andrea Ruggeri e Claudio Speranza con le prime telecamere mobili a colori. Registrarono tre versioni del messaggio. Leone era emozionatissimo e inciampò la prima volta in alcune parole, la seconda si interruppe a metà discorso e solo la terza, incoraggiato dal figlio Giancarlo, riuscì a completare il messaggio che fu trasmesso a reti unificate da Tg1 e Tg2 alle 20.10. Subito dopo firmò l'atto di dimissioni e si ritirò nella sua villa «Le rughe», alla periferia di Roma, dove sarebbe vissuto per ventitré anni in profonda e motivata amarezza disertando il suo studio di senatore a vita a palazzo Giustiniani.

I funerali di Paolo VI rappresentano forse l'ultima gigantesca rappresentazione barocca della storia della Chiesa. La Rai utilizzò un numero sterminato di telecamere per trasmetterne le immagini in tutto il mondo. Feci una telecronaca prolissa e assai partecipe: Rossi mi intimò di parlare meno con un biglietto che mi venne recapitato dall'assistente di studio. Nel suo brevissimo regno (appena un mese) Giovanni Paolo I compì un'autentica rivoluzione comunicativa. Cominciò il suo primo discorso con la frase «Ieri, quando mi hanno detto...», e restammo tutti di sale. Mai un pontefice era stato così colloquiale, mai aveva rinunciato al «noi» maiestatico. «Con poche parole il papa sta cambiando la storia della Chiesa» dissi nella mia telecronaca.

Ma la vera rivoluzione comunicativa avvenne la sera del 16 ottobre quando Karol Wojtyła s'affacciò alla loggia delle benedizioni presentandosi all'attonito popolo romano subito dopo l'elezione. «Non so se potrei bene spiegarmi nella vostra, nella nostra lingua italiana» disse. «Se mi sbaglio, mi corrigerete.» Queste parole resero fin dall'inizio il papa polacco di gran lunga più popolare di tutti i suoi predecessori.

Avevo conosciuto Wojtyła un anno prima a cena da monsignor Bogumil Lewandoski, portavoce della Conferenza episcopale polacca. Dovevo andare in Polonia per un'inchiesta e avrei voluto intervistare il cardinal Wyszyński. Mi dissero che il giovane porporato di Cracovia poteva essere la chiave giusta. Wojtyła m'impressionò immediatamente. I cardinali che conoscevo erano tutti anziani e malfermi, e lui sembrava un atleta. Il suo portamento e il suo appetito erano quelli dei montanari delle mie parti. Il suo linguaggio era robusto e diretto. Quando Pierluigi Varvesi, l'amico che mi accompagnava, mise in dubbio l'opportunità dell'esistenza di scuole cattoliche, fu travolto dalla dialettica del cardinale. «Parlate bene voi che qui siete liberi» gli disse stringendo i pugni sulla tavola. «Ma in paesi come il mio, senza la scuola privata il cattolicesimo verrebbe cancellato.»

Mi invitò a Cracovia e io vi andai, guardato a vista dai servizi segreti polacchi, furiosi perché avevo già intervistato i dissidenti Michnik e Kuron: l'ambasciatore italiano mi chiese di consegnargli la pellicola, ma naturalmente rifiutai; il leader comunista Gierek cancellò l'intervista che mi aveva accordato, ma non poteva esagerare perché stava per venire in Italia in visita uffi-

ciale e un incidente diplomatico sarebbe stato spiace-
vole. Quella volta capii sulla mia pelle le difficoltà per i
corrispondenti stranieri di riferire decentemente dal-
l'Est. «Voi siete la nostra televisione sorella» mi dissero
i funzionari della Tv polacca all'inizio del viaggio. Tra-
duzione: niente scherzi. (D'altra parte, quante volte
Demetrio Volcic mi aveva raccontato che, nei momenti
più delicati della vita sovietica, improvvisamente il satellite che doveva metterlo in contatto con Roma si
guastava?)

A Cracovia constatai che la popolarità di Wojtyła era
immensa: non ho mai visto una chiesa piena di gente
come quella di Sant'Anna mentre il cardinale diceva
messa in una qualunque domenica di novembre. Lot-
tava ogni giorno per far costruire nuove chiese, mandava poesie al «Settimanale universale» che usciva con
gli spazi bianchi per segnalare gli articoli censurati, era
un tale combattente che il regime – non potendo soffocare la storia millenaria in cui la chiesa polacca più
d'una volta aveva salvato lo Stato – ottenne dalla segreteria di Stato vaticana la garanzia che alla morte di
Wyszyński il cardinale di Cracovia non sarebbe diventato primate.

Andai a casa di Wojtyła per intervistarlo, mentre
fuori c'era la macchina nera dei servizi segreti. Fu la
sua prima e ultima intervista «politica». Mi disse che i
cattolici erano cittadini di seconda classe, che tutti i posti da «direttore» erano riservati a membri del partito:
«E un credente che viva la sua fede coerentemente non
può essere membro di un partito fondato sull'ateismo
e sul materialismo. Come vede, ancora una volta è in
gioco la libertà religiosa…».

Restai molto turbato da quell'incontro. Quando il cardinale e il suo silenzioso segretario don Stanislao mi accompagnarono alla porta, dissi: «Eminenza, non sarebbe ora di avere un papa polacco?». «È ancora un pochino presto» rispose. Undici mesi dopo, in diretta da San Pietro, avrei detto agli italiani che quel nome dalla strana pronuncia – Uoitiua – non era quello del primo papa nero della storia.

# VI

# Bettino e Ciriaco, padroni della Rai

*Il ribaltone del 1980*

Il 1978 fu anche l'anno in cui Bettino Craxi fece capire che quanto c'era di socialista in Rai non gli piaceva. Craxi era stato chiamato alla guida del Psi nell'estate del '76, dopo il disastroso risultato elettorale riportato da Francesco De Martino. «Noi abbiamo scosso l'albero e i comunisti hanno raccolto le pere» commentò il vecchio professore. Craxi era stato scelto perché debolissimo: quando nel '77 i socialisti decisero di sostituire alla presidenza della Rai Beniamino Finocchiaro con Paolo Grassi, non sapeva di trovarsi di fronte a un uomo che non gli era amico. Grassi – fondatore con Giorgio Strehler del Piccolo Teatro di Milano e poi sovrintendente alla Scala – era, dal punto di vista culturale, la personalità più forte di una città politicamente dominata dai socialisti. Ma con il segretario del Psi non legò mai: quando la mattina del 28 maggio 1980 entrai nella stanza di Grassi alla Rai per un'intervista e gli annunciai, sconvolto, che i terroristi avevano appena ucciso Walter Tobagi, il presidente mi gelò bollando il giovane ma già autorevole giornalista del «Corriere» come «servo di Craxi».

I democristiani avevano in pochi mesi sostituito alla direzione generale della Rai Michele Principe, successore di Bernabei, prima con Giuseppe Glisenti e poi con Pierantonino Bertè. Glisenti era un manager cattolico assai capace e veniva dalla guida dell'Intersind, l'associazione delle imprese pubbliche. (Secondo il parlamentare del Pci Elio Quercioli, era in realtà un cattocomunista: fanfaniano nell'obbedienza, comunista nell'urna.) Glisenti chiese a Bernabei quali poteri dovesse farsi assegnare, e quando l'ex direttore gli rispose che lui non ne aveva mai avuti di scritti ma se li era sempre presi sul campo, rinunciò. Bertè, ex deputato lombardo, nei tre anni di mandato non lasciò tracce apprezzabili. Per dimostrare come la Rai fosse un'azienda assai anomala, quando gli chiesi se poteva sistemare in qualche modo il contenzioso relativo alla mia collaborazione aquilana degli anni Sessanta, mi disse paternamente: «Faccia causa all'azienda». E così fu.

I cattolici mantenevano comunque il pieno controllo della Rai grazie alla generazione di Bernabei, che sarebbe scomparsa solo a cavallo del nuovo secolo. Al Tg1 Emilio Rossi si muoveva fuori dagli schemi di Palazzo, ma l'equilibrio, l'autorevolezza e i risultati di ascolto lo ponevano al riparo da qualsiasi critica.

Craxi, invece, era furioso: s'era messo a letto con Barbato socialista e s'era svegliato con Barbato comunista. Il Tg2 alternava infatti ventate femministe e libertarie, nelle quali si riconosceva qualche anima del Psi, a una linea politica sempre più vicina alle posizioni di Botteghe Oscure. Nel '79 Peppino Fiori, acuto biografo di Gramsci e potentissimo vicedirettore del Tg2, si candidò nelle liste comuniste alle elezioni europee e il brillante cronista di politica interna Emanuele Rocco – che Bernabei aveva congelato prima della Riforma nell'innocuo telegiornale pomeridiano con Bianca Maria Piccinino – era «esploso», tornando al suo antico mestiere in Transatlantico con posizioni vicinissime al Bottegone. Craxi era riuscito a imporre una certa correzione di rotta sostituendo Fiori, che aveva scelto il Parlamento, con Luigi Locatelli, ma i rapporti con Barbato erano diventati insostenibili. Lasciata nell'80 la direzione del Tg2, Barbato approdò prima a «Paese Sera» e poi divenne deputato del Pci. Ma dovette dimettersi dopo aver subìto in commissione di vigilanza un processo che non fece onore alla dirigenza socialista.

A fine settembre dell'80 ci fu un ribaltone globale. Piccoli, Forlani e Donat-Cattin vinsero il congresso della Dc sulla base di un «preambolo», scritto dal leader di Forze nuove, che chiudeva la porta ai comunisti. Sergio Zavoli fu candidato dai socialisti alla presidenza al posto di Grassi e Villy De Luca diventò direttore generale, avendo come vice Biagio Agnes, che la sinistra dc aveva tentato invano di promuovere ai vertici del Tg1 (Emilio Rossi aveva chiesto da tempo l'avvicendamento). Al posto di Rossi andò invece Franco Colombo, nonostante la furibonda battaglia condotta da Roberto Zaccaria, che con Nicolò Lipari era consigliere d'amministrazione in quota sinistra dc. Ugo Zatterin diventò direttore del Tg2, Luca Di Schiena del Tg3, Emmanuele Milano di Raiuno, Pio De Berti Gambini di Raidue e Giuseppe Rossini di Raitre.

I comunisti avrebbero dovuto aspettare ancora qualche anno per avere «formalmente» una direzione importante. Ma erano già entrati a pieno titolo nella stanza dei bottoni con la prima ondata lottizzatrice nel '77, dopo i successi elettorali dei due anni precedenti (e avevano resistito nonostante il calo del '79), acquisendo subito una forte influenza. Nei primi quattro anni di vita il Tg2 sposò, come abbiamo visto, le loro posizioni. Nel libro di Maria Grazia Bruzzone, Quercioli racconta di essere stato lui a segnalare al plenipotenziario democristiano sulla Rai Mauro Bubbico i nomi di Grassi e di Glisenti, e di aver fatto assumere una cinquantina di giornalisti, tra cui Sandro Curzi, Antonio Natoli, Giorgio Cingoli.

## Il cinismo televisivo di Pertini

Franco Colombo era un ottimo professionista. La parentela con il ministro democristiano ne aveva favorito la carriera, oltre che i frequenti cambiamenti di sede e di ruolo, ma aveva tutti i titoli professionali per prendere il posto di Emilio Rossi, che, come abbiamo visto, considerava da tempo esaurita la sua esperienza in televisione. E come capita sempre in Rai quando si sa che un direttore deve lasciare, la redazione aveva perso mordente. Del resto, il Tg2 aveva un quinto del nostro ascolto e non era più un concorrente temibile. Il Tg1 che Rossi aveva costruito era una macchina che poteva andare avanti da sola: Colombo seppe tuttavia lubrificarla e restituirle la potenza persa negli ultimi tempi. In base ai criteri della lottizzazione, per la vicedirezione furono scelti un laico come Emilio Fede e un cattolico di sinistra come Nuccio Fava. Sia il primo che il secondo conoscevano bene il mestiere, e Colombo – il quale aveva contatti autorevoli che diedero contributi molto utili all'immagine del giornale – cominciò ben presto a conquistarsi anche le simpatie di quella parte della redazione che non era entusiasta del suo arrivo. Inoltre i «vecchi» avevano accolto favorevolmente l'ingresso di alcuni giovani e bravi praticanti, tra cui spiccavano Enrico Mentana, Vincenzo Mollica e Maurizio Beretta. (Mentana, milanese, era stato vicesegretario della federazione giovanile socialista e veniva considerato in carico a Claudio Martelli. Ce lo trovammo un giorno alla redazione esteri del giornale, diretta da Ottavio Di Lorenzo, alla scrivania appena lasciata da Pasquale Guadagnolo, un altro intelligente socialista martelliano, tornato a Milano a occuparsi delle istituzioni culturali della città.) Esistevano, dunque, nel Tg1 di Colombo, tutte le premesse per un ottimo lavoro comune.

A parte la consueta razione di terrorismo con la quale eravamo ormai abituati a convivere, i pochi mesi della sua direzione furono caratterizzati da un'emergenza: il terremoto in Irpinia. E Colombo, purtroppo, mi ci spedì.

Lo decise un paio di giorni dopo il sisma quando si constatò che il disastro era – per dimensioni, oltre che per numero di vittime – enormemente superiore a quello friulano e che i soccorsi erano tardivi. Gli spostamenti compatibili con la diretta serale erano possibili soltanto con gli elicotteri militari, visto che le strade dissestate erano ingombre di colonne di soccorso che si ostacolavano a vicenda. Lo Stato – che in Friuli si era comportato magnificamente – dette pessima prova di sé e noi facemmo servizi mediocri. Per quanto mi riguarda, non riuscii a rappresentare fino in fondo la catastrofe dei soccorsi. Sulla piaga dell'oggettiva inefficienza cadde come acqua bollente la memorabile requisitoria di Sandro Pertini, che rilasciò un'esplosiva intervista al telegiornale senza nemmeno avvertire il governo. Forlani, l'allora presidente del Consiglio, ne fu informato dal «quirinalista» del Tg1 Claudio Angelini, incontrato per caso nel cortile del Quirinale.

Pertini si era conquistato un'enorme popolarità grazie anche al suo cinismo mediatico. L'abilità nello smarcarsi dalle correnti eternamente in lotta del Psi l'aveva reso un celebre battitore libero: prima presidente della Camera, poi presidente della Repubblica. Detestava Bettino Craxi, e a fare le spese delle sue sfuriate era il direttore del Tg2. Craxi ne ricambiava l'odio, e ripeteva di sognare il momento in cui un «socialista» sarebbe andato al Quirinale, giacché considerava Pertini un libero professionista che lavorava in proprio. (Il segretario socialista si vendicò per mano di Zatterin alla fine del mandato di Pertini: fu trasmessa integralmente sul Tg2 una devastante conferenza stampa in cui il capo dello Stato si era lasciato andare con i giornalisti, furibondo perché a ottantanove anni vedeva sfumare l'agognata riconferma. Usciva così male da quell'incontro che il Tg1 non mandò in onda il servizio per una forma di riguardo nei suoi confronti.)

*La cattiva televisione di Vermicino*

Pertini non amava i bambini, ma se ne circondava in continuazione al Quirinale perché l'immagine del nonno solo apparentemente burbero gli moltiplicava i consensi. In privato insolentiva tutti, in pubblico non apriva bocca se non c'erano le telecamere. Lo notai seguendolo in un viaggio in Germania, quando interruppe la sua risposta al tripudio di novecento operai italiani perché non vedeva il microfono e non s'era accorto che gli pendeva sulla testa. Quella gente sarebbe stata gratificata di un saluto meno caloroso se la televisione non fosse stata pronta ad amplificarlo.

Il presenzialismo di Pertini lo fece cadere, nel giugno del 1981, nella trappola di Vermicino, un paese a pochi chilometri da Roma dove si consumò la sorte di Alfredino Rampi, caduto in un pozzo. L'episodio di Vermicino rappresenta il più colossale e doloroso infortunio della storia della Rai. Un normale fatto di cronaca, seppure angoscioso, diventò una tragedia nazionale per una serie di equivoci alimentati involontariamente da due persone, Elveno Pastorelli e Sandro Pertini.

Il primo, ottimo comandante dei vigili del fuoco di Roma, era grande amico di Biagio Agnes e amava la televisione. Ci era stato utilissimo in molte circostanze drammatiche e noi lo ricambiavamo intervistandolo dopo ogni «brillante operazione». Ci fu un momento in cui sembrava che Alfredino, precipitato in un cunicolo costruito dal diavolo, potesse essere salvato. Pastorelli lo fece sapere e la televisione si preparò a una grande diretta. Zavoli e De Luca suggerirono di mandare me, ma una curiosa premonizione mi indusse a un rifiuto che si sarebbe rivelato provvidenziale. Fu dunque inviato Piero Badaloni, un astuto e brillante cronista subito ribattezzato dai nemici «vermicino», il quale si trovò prestissimo sul posto il presidente della Repubblica Sandro Pertini, invitato per santificare, con un bacio al bambino salvato, il felice esito dell'eroica operazione di recupero. L'operazione, tuttavia, procedeva con ritmi assai più lenti del previsto e a un certo punto si bloccò.

Tg1 e Tg2 erano entrambi presenti con un'interminabile edizione straordinaria che fu interrotta dai telegiornali serali. Alle otto e mezzo della sera scongiurai il direttore di «staccare la spina». Lui l'avrebbe fatto, ma Zatterin gli disse che il Tg2 sarebbe andato avanti, perciò anche il Tg1 fu costretto a continuare fino al tragico epilogo, che ebbe luogo durante la notte e al quale assistettero trenta milioni di spettatori. Fui tra i pochi a spegnere il televisore al termine del telegiornale.

## Il ciclone P2 su televisione e giornali

Pochi giorni prima della tragedia di Vermicino, Franco Colombo saltò sulla mina della P2. Negli elenchi della loggia massonica di Licio Gelli, trovati nella residenza del Venerabile a Castiglion Fibocchi, in Toscana, comparivano i nomi di parecchi giornalisti. C'erano il direttore del «Corriere della Sera» Franco Di Bella (che nel '77 aveva sostituito Piero Ottone, vincendo la concorrenza di Alberto Ronchey) e il suo editorialista politico Alberto Sensini (che, pentitosi subito dopo l'iscrizione, fu «sospeso» dalla loggia), Maurizio Costanzo (che allora lavorava per la Rizzoli e aveva fatto un'importante intervista a Gelli per il «Corriere della Sera»), Roberto Ciuni, Gino Nebiolo, Roberto Gervaso, Paolo Panerai, Massimo Donelli, Paolo Mosca, Giampaolo Cresci.

Tra gli editori, c'erano invece Angelo Rizzoli (proprietario del «Corriere della Sera») e il suo direttore generale Bruno Tassan Din, il patron della «Gazzetta del

Popolo» Lodovico Bevilacqua e Silvio Berlusconi. Tra i nomi più illustri della Rai, c'erano il vicepresidente Giampiero Orsello (che fu subito scagionato), il direttore del Tg1 Franco Colombo e quello del Gr2 Gustavo Selva.

Costanzo fu il solo ad ammettere immediatamente l'iscrizione alla loggia, riconoscendo la propria leggerezza in una drammatica e salvifica intervista di Giampaolo Pansa per «Retequattro», la televisione di Caracciolo e della Mondadori. La maggioranza degli altri negò una vera affiliazione e, in seguito, fu pressoché interamente scagionata. La stessa natura di «organizzazione criminale» della loggia P2 (ritenuta per alcuni anni responsabile delle stragi e delle peggiori nefandezze accadute in Italia) fu successivamente derubricata a «comitato d'affari». Ma lo scandalo fu enorme e servì a regolare parecchi conti editoriali e, soprattutto, politici. Colombo e Selva furono rimossi dai rispettivi incarichi, nonostante formidabili resistenze politiche. Il sospetto di far parte di una loggia segreta certo non garantiva l'autorevolezza e l'indipendenza di un direttore di giornale e di una testata Rai (nel programma di Gelli era scritto: «Occorrerà dissolvere la Rai-Tv in nome della libertà d'antenna ex articolo 21 Cost.»). La cosa certa è che la loro caduta – e quella di tanti altri – fu salutata con molto sollievo da comunisti e sinistra democristiana. Selva, in particolare, nei quattro anni di direzione aveva dato al Gr2 una forte connotazione anticomunista e, al Bottegone, il suo giornale veniva chiamato «Radio Belva». Comunque sia, la vicenda della P2 fu una bruttissima pagina della storia italiana.

Vicedirettore vicario di Colombo al Tg1 era Nuccio

Fava, promosso da Rossi quando Milano si trasferì all'Iri. Tutti, dunque, ci aspettavamo che sarebbe stato chiamato lui alla direzione. Ma il direttore generale De Luca non si fidava di Fava, mentre si fidava moltissimo di Emilio Fede. D'altra parte, il primo aveva guidato la rivolta interna contro Colombo, esponendosi molto, e De Luca ebbe gioco facile nel sostenere che a Fede sarebbe risultato più agevole ricomporre una redazione divisa. Così, Fava se ne andò a dirigere l'ufficio propaganda della Dc e Fede si trovò – sia pure ad interim – su un trono che non rientrava nelle sue aspirazioni più realistiche.

Emilio fece un giornale più leggero di quello dei suoi predecessori, ma la qualità complessiva rimase inalterata. Tenne buona la redazione inondandola di promesse («Ah, potessi farti vicedirettore» mi diceva ogni giorno...) e mantenne un rapporto eccellente con tutti i politici che contavano. In una sola giornata gli ho sentito dire al telefono un «noi» di affettuosa complicità a Bettino Craxi, a Flaminio Piccoli e al segretario socialdemocratico Pietro Longo. La sua dimestichezza con Mariapia Fanfani lo portava spesso la sera a cucinare gli spaghetti con lei e il senatore. In realtà, De Luca preferì lui a Fava perché, come tutti i direttori generali della Rai, aveva la segreta aspirazione di fare anche il direttore del Tg1 ed era legato a Fede da un'antica familiarità. D'altronde, l'interim di Emilio rendeva il direttore generale il vero responsabile politico del prodotto. Trascorsero così quattordici mesi, ma Fede – che pure faceva il direttore a tutti gli effetti – non ebbe mai la soddisfazione di veder benedetta la sua nomina da un'investitura ufficiale.

De Luca, forse, avrebbe tentato di forzare le cose, ma fu stroncato da un infarto una mattina d'estate del 1982, e tutto cambiò. Dopo la breve parentesi dorotea di Flaminio Piccoli, Ciriaco De Mita diventò segretario della Dc, inaugurando sette anni di dominio incontrastato della sinistra interna sul partito e sul governo. E il successore di De Luca non poteva essere quindi che Biagio Agnes, vicedirettore generale e amico da sempre del nuovo leader. Direttore del Tg1 fu nominato Albino Longhi, un giornalista mantovano vicino alla sinistra cattolica che aveva maturato molta esperienza in Rai dirigendo sedi e redazioni, da Palermo a Trieste. Fava tornò a una vicedirezione «forte» ed Emilio Fede faticò non poco per limitare la sua retrocessione al precedente ruolo di vicedirettore, che aveva conquistato con Colombo. Tornò in video, ebbe la delega a occuparsi delle rubriche e mise a frutto la sua indiscussa popolarità portando al successo una trasmissione a quiz («Test») che procurò più di un problema al grande Mike Bongiorno, signore indiscusso del nascente Canale 5.

### E Biagio gridò: «Chillo ha da murì»

Biagio Agnes, detto Biagione per la corporatura massiccia e l'approccio cameratesco, era nato in provincia di Avellino, come Ciriaco De Mita, Nicola Mancino e Gerardo Bianco. Professionalmente veniva dalla gavetta. Dopo l'esperienza nei giornali campani, aveva lavorato a Radio Cagliari prima di approdare a Roma, dove, come abbiamo visto, fu caporedattore e poi vicedirettore del telegiornale di Fabiani e di De Luca. La Riforma l'aveva sacrificato e Agnes era dovuto andarsene a Napoli a dirigere per tre anni il centro di produzione televisiva. Riemerso nel '79 come primo direttore del Tg3, grazie al «compromesso storico» s'era trovato alle costole come condirettore Sandro Curzi, indicato dal Pci. Il vecchio tandem con De Luca s'era ricostituito poco dopo al settimo piano di Viale Mazzini. Agnes era un eccellente organizzatore, con un carattere che eufemisticamente si può definire franco. Borbottava i complimenti e ululava i rimproveri. Le pareti del quarto piano di via Teulada a decenni di distanza ne rimandano ogni tanto l'eco, tra gli sguardi perplessi degli impiegati che oggi occupano quelle stanze, del tutto ignari delle battaglie – talvolta gloriose – che vi si svolgevano. Biagio le attraversava spesso con un frustino in mano: era segno di buonumore, eppure ciascuno di noi redattori era convinto che prima o poi qualche colpo di nerbo ci sarebbe piovuto sul sedere, anche se questa affettuosa iniziativa correzionale non era del tutto in linea con il contratto nazionale di lavoro e nemmeno con quello integrativo dei giornalisti Rai.

Nonostante Agnes avesse diviso il mondo in amici e nemici, è difficile ancora oggi trovare qualcuno dei suoi collaboratori che ne parli male. Nei suoi sette anni di direzione generale – la più forte, dopo quella di Bernabei – egli per primo si trovò a dover rintuzzare il formidabile attacco scatenato dalle televisioni commerciali di Silvio Berlusconi. «Chillo ha da murì» era il suo grido di battaglia. E nonostante tale esito fosse altamente improbabile, noi tutti lo seguivamo convinti (ieri come oggi) che il primato della Rai non dovesse essere messo in discussione.

Poiché le leggi non possono ostacolare il progresso,

ma solo regolarlo, il vecchio esempio di TeleBiella era stato clonato in tutta Italia. Le cifre sono incerte, ma una ricerca sostiene che nell'82, quando Agnes diventò appunto direttore generale della Rai, le emittenti televisive locali superavano addirittura il migliaio (le radio erano il doppio) e che almeno la metà aveva una programmazione regolare. Non c'era alcuna regolamentazione, il caos nell'etere era assoluto e la Rai – che formalmente manteneva il monopolio del mercato – aveva perso il quindici per cento dell'ascolto. I grandi gruppi finanziari e editoriali erano scesi in campo in forze. Rizzoli, Mondadori, Rusconi, Agnelli e De Benedetti consorziavano piccole antenne con le concessionarie di pubblicità, in attesa che una legge regolamentasse il mercato.

Rizzoli aveva fatto nell'80 il passo più lungo, mettendo in onda nello stesso orario dei telegiornali serali della Rai un Tg diretto e parzialmente condotto da Maurizio Costanzo. Si chiamava «Contatto», durava tre quarti d'ora, i commenti sui fatti di cronaca e di costume erano di Costanzo, mentre le notizie erano lette da Marco Raviart, lo speaker più popolare dei vecchi telegiornali, escluso dal video della Rai da quando, con la Riforma, erano stabilmente entrati in servizio i giornalisti-conduttori. L'esperimento Rizzoli durò poco, perché la Rai chiese e ottenne l'immediato intervento «oscurante» della Corte costituzionale, che confermò il divieto di interconnessione tra stazioni locali per la diffusione contemporanea di un programma televisivo su tutto il territorio nazionale.

*La discesa in campo di Berlusconi*

In questo mondo si muoveva un uomo, con un nome meno prestigioso di altri, che s'era alzato mezz'ora prima dei concorrenti e aveva le idee più chiare. L'imprenditore edile Silvio Berlusconi s'era guadagnato una certa notorietà e una cospicua disponibilità finanziaria costruendo il quartiere residenziale modello di Milano 2 e altri complessi urbanistici innovativi. Per questo nel '77, a soli quarantun anni, era diventato cavaliere del lavoro. Fin dal 1974 aveva rilevato la proprietà di TeleMilano e nel '78 aveva cominciato a trasmettere via etere. L'anno successivo – ben consapevole del fatto che una televisione non esiste senza un magazzino programmi – aveva costituito una società, Rete Italia, in grado di approvvigiornarsi anche sul mercato internazionale. Nell'80 Berlusconi diventò il primo e unico vero concorrente della Rai. Trasformò TeleMilano in Canale 5, comprò un pacchetto di trecento film dalla Titanus e acquisì i diritti del «Mundialito», un importante torneo internazionale di calcio che si sarebbe svolto a fine anno in Sudamerica e a cui avrebbe partecipato anche l'Italia. La legge, naturalmente, non gli consentiva di trasmettere le partite in diretta, ma per la prima volta la Rai aveva perso i diritti sulla nazionale italiana. Li riconquistò dopo una laboriosissima trattativa e Canale 5 trasmise in differita gli altri incontri.

La guerra televisiva era cominciata e per la Rai sarebbero venuti anni durissimi. A cominciare dall'81, quando dovette spendere molto più del previsto per assicurarsi i diritti sulle partite del campionato nazionale di calcio. Canale 5, pur senza diffusione diretta nazionale, con le sue cassette registrate e mandate in onda simultaneamente da diverse stazioni italiane riusciva intanto a raggiungere il venti per cento degli ascolti della Rai, incamerando centinaia di miliardi di pubblicità grazie alla nuova società Publitalia '80 e a metodi di vendita degli spot decisamente innovativi.

Quando Agnes entrò, a fine luglio dell'82, nella stanza dei bottoni di Viale Mazzini, a Berlusconi s'erano affiancati due forti concorrenti, che avevano deciso di lasciare il gruppo degli imprenditori prudenti per navigare in mare aperto: Edilio Rusconi con Italia 1 e la Mondadori di Mario Formenton con Retequattro (con una forte partecipazione di Carlo Caracciolo e dell'editore Perrone). Le due emittenti cercarono di allearsi contro Berlusconi, ma l'avversario aveva già occupato ogni possibile terreno di scontro. Aveva stipulato accordi con tutte le grandi catene televisive americane, comprato format che Fatma Ruffini avrebbe adattato al mercato italiano, strappato alla Rai il suo mito più grande, Mike Bongiorno, acquistato giganteschi pacchetti di film firmando gli assegni quando la Rai doveva ancora riunire il suo consiglio d'amministrazione per approvare la spesa, e soprattutto aveva spopolato nella pubblicità.

La Sipra, concessionaria della Rai, aveva approfittato del monopolio assoluto imponendo ai maggiori investitori un pedaggio che costoro avevano sempre subìto e mai intimamente accettato. La società era infatti concessionaria anche di tutti i quotidiani di partito. Vuoi che trasmetta i tuoi spot alle otto e mezzo di sera? Allora compra una pagina sul «Popolo» e sull'«Unità», mezza paginetta sull'«Umanità» socialdemocratica e sulla «Voce repubblicana». E così via. L'arrivo di Berlusconi offrì a un mercato bloccato un'alternativa insperata e clamorosa. Il Cavaliere diventò amico personale degli inserzionisti più importanti, concordò con loro palinsesti e telepromozioni, rivoluzionò il mercato con la politica degli sconti e dei pagamenti anche in natura e, già nel 1983 – con un fatturato di cinquecento miliardi –, superò i concorrenti della Sipra acquisendo quasi metà dell'intero portafoglio pubblicitario televisivo e ingraziandosi il mondo politico con spot elettorali a prezzi stracciati.

### E Craxi salvò il Cavaliere

La struttura dei palinsesti studiata da Berlusconi fin dall'inizio degli anni Ottanta era geniale, fatta su misura per incamerare centinaia di miliardi di pubblicità. Canale 5 non avrebbe potuto trasmettere i telegiornali perché non aveva il permesso della diffusione diretta, ma poiché l'informazione dei Tg costa più di quanto rende e apre per gli editori quella partita – spesso rognosa – del dare e dall'avere con il mondo politico, Berlusconi avrebbe aspettato addirittura il '92 per far nascere il telegiornale della sua rete principale. Tuttavia, fin dall'83 aveva compensato la carenza d'informazione garantendosi la collaborazione di tre delle firme più prestigiose del giornalismo italiano: Indro Montanelli, Arrigo Levi e Giorgio Bocca, ai quali, in seguito si aggiunse Guglielmo Zucconi. Più tardi avrebbe gratificato il mondo politico con quelle che in gergo si chiamano «marchette»: una serie di servizi ben fatti, popolari e leggeri, trasmessi da «Parlamento in», una rubrica condotta da Emilio Carelli, Rita Dalla Chiesa e Cesara Buonamici.

Ma era nell'intrattenimento che il Cavaliere aveva stroncato le velleità di Retequattro e di Italia 1, giungendo a insidiare il primato della Rai. «Uccelli di rovo», con il bacio tra padre Ralph (che poi si ravvederà diventando vescovo) e la bella Maggie, sbaragliò Retequattro e i suoi «Venti di guerra» con Robert Mitchum, mettendo definitivamente in crisi la rete di Mondadori, sfortunatissima per aver ingaggiato Enzo Tortora – da opporre a Mike Bongiorno – ed esserselo visto sfilare dai carabinieri che lo arrestarono per fatti di camorra dai quali il popolare presentatore sarebbe stato tardivamente scagionato.

All'inizio dell'83 Edilio Rusconi fu il primo a capire che la televisione rischiava di far saltare un patrimonio editoriale costruito con genio e fatica e s'affrettò a vendere Italia 1 a Berlusconi. Un anno e mezzo dopo, nell'estate dell'84, il Cavaliere comprò anche Retequattro, che Mario Formenton fu costretto a cedergli – anche con qualche appoggio della sinistra – perché i debiti dell'emittente avevano ormai messo in crisi la Mondadori. Secondo quanto mi avrebbe raccontato molti anni dopo lo stesso Berlusconi, i periti avevano valutato Retequattro meno di quanto serviva a Formenton per rimettere in sesto i conti dell'intero gruppo editoriale. La riunione decisiva stava volgendo al peggio, quando l'editore chiese di incontrare Berlusconi a quattr'occhi e gli disse: «Se la cifra è questa, è inutile vendere la televisione. La Mondadori morirebbe comunque». Fu a quel punto che il Cavaliere decise di pagare la somma necessaria al salvataggio della casa editrice che anni dopo sarebbe diventata sua: quattro volte, si racconta, i trentacinque miliardi pagati a Rusconi.

Con la «interconnessione funzionale», cioè spedendo le cassette con i programmi alle stazioni trasmittenti convenzionate e mandandoli in onda sostanzialmente alla stessa ora, i grandi network avevano aggirato la sentenza della Consulta che assicurava alla Rai il monopolio delle trasmissioni nazionali via etere. Appena Berlusconi ebbe acquisito le due reti concorrenti diventando il vero signore del mercato pubblicitario, tre pretori (di Torino, Roma e Pescara) gli mandarono in frantumi il giocattolo. Come sarebbe accaduto ripetutamente in seguito, occupandosi di Berlusconi la giustizia entrò (non sappiamo se involontariamente) in un'accesa disputa politica. Il Cavaliere era infatti protetto da Craxi, ormai salito a palazzo Chigi dopo la pesantissima sconfitta democristiana alle elezioni dell'83, ed era aspramente combattuto da De Mita e dalla sinistra democristiana. Il decreto pretorile, impedendo la diffusione nazionale dei programmi, avrebbe sostanzialmente costretto la Fininvest a chiudere. Non c'era una legge che regolasse un mercato ormai esploso e si rivelava del tutto anacronistico gestire un settore che valeva migliaia di miliardi richiamandosi alle sole sentenze della Corte costituzionale sul monopolio della Rai.

Mobilitando sapientemente le proprie star, Berlusconi portò l'Italia in piazza per protestare contro l'oscuramento delle sue televisioni (la stessa cosa avrebbe fatto dieci anni dopo quando la sinistra tentò di azzopparlo con un referendum anti-Fininvest). Craxi rientrò precipitosamente da un viaggio all'estero per firmare un decreto legge che stabiliva la regolarità dell'interconnessione. Alla fine lo stesso Walter Veltroni, responsabile del settore media per conto del Pci, si rassegnò alla nuova situazione. De Mita cercò di ostacolare il decreto fino all'ultimo (la Dc, tanto per cambiare, era spaccata in due), ma poi ottenne una ragionevole contropartita: il rafforzamento dei poteri del direttore generale della Rai (cioè di Agnes), che altrimenti sarebbe rimasto in balìa di un consiglio d'amministrazione (643111) estremamente politicizzato e cronicamente diviso. Il Pci ebbe invece in cambio un assegno postdatato, la direzione del Tg3 nazionale, che avrebbe messo all'incasso nell'87.

Sarebbe tuttavia scorretto sostenere che Berlusconi debba la sua fortuna a Craxi. Craxi lo salvò, ma Berlusconi si era costruito la sua fortuna televisiva lavorando molto meglio degli altri grandi editori italiani.

### La bassa stagione dei telegiornali

Noi «aziendalisti» della Rai consideravamo comunque il Cavaliere un nemico e non sopportavamo l'arroganza manifestata in certe occasioni da Craxi, che pure si sarebbe rivelato un bravo presidente del Consiglio. Ci sembrò, per esempio, di pessimo gusto che il giorno in cui i giornalisti della Rai indissero uno sciopero generale egli invocasse la convenzione tra lo Stato e la nostra azienda, che assicurava al governo il diritto di accesso in casi di emergenza, per costringerci a trasmettere un surreale servizio che lo riguardava.

La guerra tra Rai e Fininvest si combatteva esclusivamente nel settore dell'intrattenimento e per noi fu un colpo durissimo, nell'87, il passaggio alla concorrenza di Pippo Baudo e di Raffaella Carrà con un contratto multimiliardario (a Baudo fu dato quale compenso anche un palazzo, che il presentatore avrebbe restituito a Berlusconi nel momento in cui tornò anticipatamente in Rai). Tutte le risorse della Rai erano concentrate su film, fiction e varietà. Il deficit dei nostri conti cresceva e l'informazione era la Cenerentola.

Per i telegiornali della Rai gli anni tra l'82 e l'87 rappresentarono un periodo di bassa stagione. Nell'82 accettai senza entusiasmo di passare a condurre il telegiornale delle 20: il mio posto di caporedattore ai servizi speciali serviva ai socialisti per Alberto La Volpe e avevo dovuto sloggiare. (Biagio Agnes e Vittorio Citterich cercarono invano di convincermi ad accettare la direzione del quotidiano cattolico «Avvenire».) Così cominciai il mio nuovo lavoro nella vetrina più importante del Tg, che sarebbe durato per otto anni.

In quei cinque anni, direttore del Tg1 fu Albino Longhi, che sarebbe stato richiamato altre due volte nel quindicennio successivo. Longhi ha sempre saputo destreggiarsi abilmente nel mondo politico, facendosi scudo di una solida dignità professionale. Cattolico di sinistra, era detestato da Emilio Fede, che lo considerava un criptocomunista. «Ho sentito un consigliere d'amministrazione del Pci» raccontava nei frequenti sfoghi con i colleghi «parlare di lui come del *nostro* Albino.» Restammo impressionati dal discorso d'investitura che Longhi fece in assemblea. Lo conoscevamo poco, era il primo direttore che non veniva dalle nostre file e fummo presi in contropiede da una sua frase che suonava più o meno così: se a qualcuno la mia linea non va bene, si accomodi pure.

Durante la sua gestione, la politica interna era controllata da Fava, vicedirettore forte. Sul piano della completezza dell'informazione, furono fatti passi indietro. Nel Tg1 che riferiva sul congresso democristiano del '76 andarono in onda i fischi a Rumor e l'assalto di noi cronisti ai leader della Dc, in quello sul congresso dc dell'84 non andarono in onda i fischi a Ciriaco De Mita durante un memorabile incidente con Franco Marini. La cronaca era gestita ottimamente da Roberto Morrione: l'unico problema è che, al suo confronto, sia D'Alema sia Fassino sono dei rinnegati socialdemocratici, visto che Roberto dava una lettura ideologica persino degli incidenti stradali, e chi veniva da destra aveva sempre torto.

La pacificazione redazionale compiuta da Longhi fu piuttosto una normalizzazione anestetica, che coinvolse negli stessi anni anche il Tg2 di Zatterin. Entrambi i telegiornali vengono non a caso definiti «grigi e piatti» da Maria Grazia Bruzzone (*L'avventurosa storia del Tg in Italia*). In realtà, Longhi era una creatura di Agnes come Fede lo era di De Luca. Avendo lasciato il cuore in via Teulada, entrambi i direttori generali si erano scelti interlocutori molto sensibili alla loro visione del mondo, innanzitutto di quello politico. E prendevano le decisioni più delicate, come quella di Agnes di non mandare in onda un'intervista di Enzo Biagi a Gheddafi dopo che questi aveva lanciato un missile contro Lampedusa e s'era aperta una pesante crisi internazionale. «Longhi» raccontò poi Fabrizio Del Noce, acerrimo nemico del direttore, «minacciò le dimissioni, ma si guardò bene dal darle.»

## Mastella e Intini, due divinità

Ugo Zatterin direttore del Tg2 era un'invenzione di De Luca e andava benissimo a Craxi. Il suo compito era di riportare in area socialista un telegiornale che, con Barbato, era scivolato vistosamente verso il Pci. Zatterin era un giornalista di notevoli capacità e di grande esperienza, ma muoversi in quegli anni «bulgari» non era facile. Per i giornalisti della Rai Clemente Mastella, portavoce di De Mita, e Ugo Intini, portavoce di Craxi, erano autentiche divinità. Quando poi al Tg2 arrivava la voce di Claudio Martelli, era come se si squarciassero le nubi per la dettatura dei dieci comandamenti. Identico ruolo rivestiva per i giornalisti comunisti Walter Veltroni, che ebbe una parte decisiva, come vedremo, nella Grande Spartizione dell'87. Erano gli anni del grande flirt tra De Mita e Scalfari, che gli telefonava ogni mattina e cercava di suggerirgli – di persona o attraverso «la Repubblica» – la linea politica. E mentre legioni di uomini della finanza, della cultura e della moda – nella «Milano da bere» e nella Roma dell'hotel Raphael – s'inchinavano ai piedi delle piramidi erette dall'architetto Panseca per la gloria di Bettino, pullman di giornalisti della Rai e dei grandi quotidiani andavano ogni anno a Nusco per la mitica festa di San Ciriaco.

A me veniva affettuosamente rimproverata da alcuni colleghi la non frequentazione di questo mondo. «Ciriaco ti stima» mi disse uno dei nostri cronisti parlamentari «ma tu non ti fai mai vedere...» In realtà, anche in quel periodo grigio in cui m'alternavo nella conduzione dell'edizione più importante del Tg1 prima con Fede e Valentini, poi con Frajese, Citterich e Angela Buttiglione, la mia polizza d'assicurazione si chiamava Agnes. Mi conosceva da quando ero un praticante, sapeva che cosa sapevo e non sapevo fare, mi sorvegliava da lontano e alla fine del decennio – sempre con De Mita segretario – giunse a immaginare di affidarmi la direzione del Tg1 ben prima di quando l'avrei effettivamente ottenuta, in un contesto politico totalmente diverso.

Furono anni drammatici per l'Italia. Il terrorismo colpiva ancora. La mafia era così forte da permettersi il massacro di Carlo Alberto Dalla Chiesa e della sua giovane moglie Emanuela, uccidendo l'uomo-simbolo della lotta vittoriosa alle prime Brigate rosse. Gli strascichi della vicenda P2 avevano prodotto durissimi regolamenti di conti nel modo della politica, del giornalismo e della finanza. Il suicidio simulato di Roberto Calvi, trovato morto sotto il ponte dei Frati neri a Londra, aveva aperto la voragine del Banco Ambrosiano. E, in Italia, la guerra tra Craxi e De Mita si trasformava ogni giorno di più in uno scontro finale.

### Da «Ping pong» a «Quelli della notte»

Nei primi anni della direzione Longhi considerai un sopruso aver dovuto lasciare la direzione dei servizi speciali del Tg1, e la notorietà che mi dava l'essere in video ogni sera alle 20 non mi ripagava della nostalgia delle buone trasmissioni di approfondimento di cui ero responsabile. Con «Tam tam», curata da Nino Criscenti ed ereditata dalla gestione Rossi-Milano, cercammo di ripercorrere il glorioso cammino del vecchio «TV7»: i tempi erano cambiati, molti temi relegati nelle rubriche negli anni Sessanta erano ormai trattati nei telegiornali, ma riuscimmo a produrre comunque puntate di qualità. «Ping pong» – una rubrica di dibattiti che condussi in prima serata tra l'estate e l'autunno dell'82 – fu il luogo di confronti memorabili. Come quello tra Andreotti e Giampaolo Pansa alla democristiana Festa dell'Amicizia dell'82, pochi giorni dopo l'assassinio di Dalla Chiesa (10 milioni e mezzo di spettatori, un record assoluto). Il dibattito tra Giovanni Berlinguer e Carlo Casini sull'ancora fresca legge sull'aborto. Il confronto tra Carlo De Benedetti e Gianni De Michelis, espressione di due modi antitetici di concepire l'impresa e la politica. E l'animatissimo scontro tra Bruno Trentin, capo dei metalmeccanici Cgil, e Luigi Arisio, leader dei quadri Fiat, nel secondo anniversario della «marcia dei quarantamila». Nel nostro studio, a confrontarsi con Pierantonio Graziani e con me, venne per la prima e unica volta Vladimir Zagladin, l'ambasciatore del Cremlino presso i «partiti fratelli». Parlò dell'eurocomunismo, dei primi cambiamenti nel mondo dovuti al pontificato di Giovanni Paolo II e del colpo di Stato che, per ordine di Mosca, il generale Jaruzelski aveva compiuto a Varsavia sciogliendo Solidarność, il sindacato del papa. «L'Afghanistan diventerà il vostro Vietnam?» gli chiesi. «No» rispose Zagladin. «Non lo sarà mai.»

Su Raitre, l'unico programma di grande successo di quegli anni fu «Il processo del lunedì» di Aldo Biscardi. Su Raidue, Giovanni Minoli fece di «Mixer» il luogo di dibattito per quei grandi personaggi che non sono mai stati attratti dal confronto con altri interlocutori e hanno sempre invece gradito l'intervista individuale. Giovanni Agnelli è uno di questi. L'ho intervistato molte volte negli ultimi venticinque anni, ma non ha mai accettato di partecipare a un dibattito se non con personalità estranee alla politica e all'impresa italiana, come è accaduto nel 2000 a Cernobbio quando accettò di incontrare, per «Porta a porta», il commissario europeo Mario Monti. Nell'82, quando conducevo «Ping pong», chiesi all'Avvocato se avrebbe accettato un confronto sul futuro dell'automobile. In cuor mio pensavo ingenuamente che l'interlocutore giusto sarebbe stato il presidente dell'Alfa Romeo (la Fiat l'avrebbe comprata soltanto nell'86). Agnelli mi rispose: «Lei pensa al presidente dell'Iri?». E alla fine, cortesemente, declinò. Presidente dell'Iri era diventato quell'anno Romano Prodi.

Per noi del telegiornale, Prodi era quasi uno di famiglia. Quando avevamo bisogno di un chiarimento in materia economica, gli telefonavamo a tutte le ore, anche la domenica, anche a casa. E lui era sempre disponibilissimo e assai cortese. «Vieni a "Ping pong"?» gli chiesi. E per la prima volta rifiutò, aprendosi a un lungo sfogo. Sentiva moltissimo il peso di essere azionista della Rai e di non poter far nulla per modificare le regole del gioco, esclusivamente politiche. La nostra è infatti ancor oggi la sola azienda al mondo in cui l'azionista non nomina gli amministratori.

Gianfranco Funari spopolava tra molti contrasti su Raidue con il suo programma «Aboccaperta» e sulle televisioni commerciali esplodeva il successo di una inarrestabile televenditrice, Wanna Marchi. Era l'85, e mentre Enzo Biagi, con grande scorno dei giornalisti interni, apriva per la prima volta una striscia di seconda serata su Raiuno («Linea diretta»), alla stessa ora su Raidue trionfava uno dei programmi meglio riusciti nella storia dell'intrattenimento televisivo: «Quelli della notte» di Renzo Arbore e Ugo Porcelli con Riccardo Pazzaglia (il «filosofo»), Andy Luotto (l'«arabo»), Giorgio Bracardi, Massimo Catalano, Nino Frassica, Roberto D'Agostino, Marisa Laurito e Simona Marchini. Fu un successo tale (lo share arrivò al livello record del 51 per cento) che, dopo una replica l'anno successivo con «Indietro tutta», nei successivi quindici anni Renzo Arbore, malgrado i ripetuti inviti dei dirigenti Rai, non ha mai voluto firmare un altro programma seriale. Nell'aprile del 2002 dirà a «Sette», il settimanale del «Corriere della Sera», per presentare l'iniziativa della vendita con il quotidiano delle videocassette di «Quelli della notte»: «La televisione di oggi rappresenta l'Italia che non amo: quella dove si ride contro e non assieme agli altri».

«Siete contenti che hanno ammazzato Lima?»

*«La Carrà resta alla Rai»*

Dopo otto anni, nell'ottobre dell'86, Sergio Zavoli lasciò la presidenza della Rai per tornare alle grandi inchieste televisive. Politicamente, i suoi rapporti con Craxi si erano logorati da tempo: il presidente del Consiglio teneva apertamente per Berlusconi e la «guerra delle star», come abbiamo visto, stava dissanguando la Rai. Basta rileggere il titolo in prima pagina della «Repubblica» del 3 marzo 1984: *Zavoli non cede a Craxi: «La Carrà resta alla Rai»*: Sottotitolo: *La Dc: inammissibile l'intervento di palazzo Chigi.* Per non perdere la show-girl, Agnes aveva rilanciato sulle offerte di Berlusconi facendole sottoscrivere un contratto triennale di un paio di miliardi che, all'epoca, fece scalpore. Craxi cercò di bloccare l'accordo, sostenendo che era immorale per il servizio pubblico spendere una tale somma. In realtà, poiché l'intrattenimento era ed è il maggiore veicolo pubblicitario della televisione, Berlusconi tentò – senza riuscirvi – di soffocare le enormi potenzialità commerciali della Rai, togliendole ogni reale velleità di concorrenza.

Alla scadenza del contratto, nell'87, in una trionfale

conferenza stampa all'hotel Excelsior di Roma, annunciava il passaggio – a cifre stratosferiche – alla Fininvest
di Pippo Baudo e Raffaella Carrà. Corteggiatore irresistibile, il Cavaliere inondò la soubrette di rose, oltre che
di soldi. Baudo ebbe per tre anni un ingaggio complessivo di una decina di miliardi (circa il doppio alla valutazione di oggi). Anche Enrica Bonaccorti varcò il Rubico-
ne. La Rai rispose comprando da Cecchi Gori per 170
miliardi un pacchetto di film (c'era roba buona, ma non
solo) per il quale Berlusconi aveva offerto circa la metà.
Le polemiche furono fortissime. Infatti, se Berlusconi
era sponsorizzato da Craxi, Agnes e Cecchi Gori lo erano da De Mita.

Al posto di Zavoli diventò presidente della Rai Enrico Manca, il quale era di gran lunga il socialista che conosceva meglio sia la Rai sia Craxi. Di Bettino era stato
dieci anni prima il grande elettore durante la guerra
per la segreteria socialista, convinto che fosse un candidato debole e condizionabile. Dovette accorgersi a sue
spese che Craxi era di tutt'altra pasta, ma ora il segretario gli ricambiava il favore, pur sapendo che Manca
non sarebbe certo stato un re travicello nelle mani della
lobby di via del Corso. Intendiamoci: Manca non fece
nulla che dispiacesse a Craxi, ma essendo uscito ed entrato dalla Rai più di una volta, sapeva perfettamente
dove mettere le mani.

Sponsor del nuovo presidente, era stato il suo direttore generale. Quando capì che la sorte di Zavoli era se-
gnata, Biagio Agnes cercò infatti di scegliersi il socialista
con cui avrebbe dovuto convivere. Anche Bernabei aveva fatto la stessa cosa con Paolicchi, ma Agnes sapeva
bene che ora i tempi erano cambiati. Scongiurò, comun-

que, la nomina di Pierre Carniti, già leader della Cisl e degnissima persona. Voleva evitare – non senza qualche ragione – che un elefante, sia pure di gran razza, mandasse in frantumi la cristalleria Rai. Fin dalla sua fondazione, la bottega di viale Mazzini mostra infatti in vetrina i bicchieri composti come soltanto i più audaci e bravi giocolieri da circo sanno fare. Basta un soffio e il castello va in frantumi. Manca era politicamente un interlocutore forte, ma conosceva Agnes da quando, entrambi caporedattori del telegiornale, erano dirimpettai nelle prime due stanze del corridoio di sinistra al quarto piano di via Teulada e si dividevano la segreteria. Ciascuno recitava la propria parte, ma ciascuno – da attore professionista – conosceva in anticipo anche le battute dell'altro.

## «*Mai una lottizzazione così perfetta*»

Craxi non aveva chiuso brillantemente il suo pur notevole quadriennio a palazzo Chigi. Celebrò a Rimini, prima delle elezioni del 1987, un congresso memorabile sia per la scenografia imperiale di Panseca – che per Bettino fece assai più di quanto Piacentini avesse fatto a suo tempo per Benito – sia per le tesi riformiste che anticipavano una strada intrapresa quasi quindici anni dopo dai D'Alema e dai Fassino, ma allora fortemente osteggiata dal Pci. Le urne gli dimostrarono tuttavia che l'onda lunga socialista non riusciva a sfondare il muro del 14 per cento, poco più della metà del Pci, ormai ridimensionato al 26,6, e assai meno della metà della Dc che, dopo aver perso con la batosta dell'83 palazzo Chigi, era ora risalita al 34,3 per cento e reclamava di nuovo la guida del governo con la «staffetta» per De Mita.

Intendiamoci, Craxi in quattro anni aveva ridotto di sei punti la distanza tra Pci e Psi, ma dopo una delle permanenze più lunghe della storia repubblicana a palazzo Chigi sperava in un risultato migliore. Visto che il cielo minacciava pioggia (arrivata puntualmente meno di due anni dopo con il ritorno di Forlani alla segreteria dc) era bene piazzare alcuni paletti ai vertici della Rai. E lo si fece a crisi di governo aperta, suscitando più di un mormorio. Nacque così quella che Aldo Grasso, nella sua *Storia della televisione italiana*, definisce «una lottizzazione mai stata così esplicita e tutto sommato perfetta». D'altra parte, Manca fu chiaro: «La tessera di partito non è stata una carta d'ingresso per avere posti di responsabilità, ma naturalmente non è stata neanche la condizione per porre dei veti».

Alla direzione del Tg1 andò Nuccio Fava, alla prima rete Giuseppe Rossini (sostituito, al momento della pensione, da Carlo Fuscagni, che nel frattempo aveva fatto esperienza in Fininvest). Al Tg2 fu nominato Alberto La Volpe e alla seconda rete Luigi Locatelli (poi sostituito da Giampaolo Sodano). Alla guida del Tg3 fu designato Sandro Curzi e alla terza rete Angelo Guglielmi.

Per le nomine di area democristiana e socialista non ci furono troppi problemi. Fava era stato politicamente assai vicino a Moro e ne aveva mutuato la complessità di linguaggio. Morto il segretario della Dc, il suo rapporto preferenziale era con gli Zaccagnini, i Granelli, i Bodrato, ma, pur non avendolo mai amato fino in fondo, Agnes e De Mita non avevano scelta: Fava era il vicedirettore in carica, aveva fatto certamente una carriera più lenta e ordinata di tanti socialisti, socialdemocratici e repubblicani, aveva un buon rapporto con la redazione e, soprattutto, era il migliore esponente su piazza della sinistra dc. Di quel «salotto della sinistra dc» che De Mita in fondo non amava, ma di cui doveva tenere conto. Nemmeno La Volpe era un craxiano della prima ora (d'altra parte, tolti i Martelli e gli Intini, gli avanguardisti erano pochi, visto che Craxi era stato eletto segretario perché contava poco e nella speranza che continuasse a contare poco), ma si era assolutamente adeguato (*primum vivere*) e avrebbe fatto telegiornali che lo stesso Bettino non avrebbe potuto immaginare più diligenti.

## La prima volta del Pci

I problemi maggiori li incontrò il Pci per la nomina di Curzi (per Guglielmi, da sempre intellettuale d'area e in Rai dal '62, nel partito non c'erano stati troppi dibattiti). Come scrivono Claudio Ferretti, Umberto Broccoli e Barbara Scaramucci nel loro libro *Mamma Rai*: «I giornalisti comunisti ricordano con angoscia la drammatica riunione a Botteghe Oscure, con Veltroni, Curzi e Bernardi [*capo della delegazione comunista in consiglio d'amministrazione*] schierati a favore della nuova Raitre e Giulietti, Morrione e altri nettamente contrari a quello che definivano un "ghetto dorato" e che chiedevano posizioni di potere nelle altre due reti. Una frattura che resterà negli anni a dividere le strategie della sinistra in tutto il settore radiotelevisivo».

Sul nome di Curzi ci fu battaglia perché qualcuno nel Pci voleva ripescare Andrea Barbato, altri avrebbero gradito la nomina di Miriam Mafai. Racconta lo stesso Curzi a Maria Grazia Bruzzone: «Dalla mia c'erano Ingrao, Pajetta e lo stesso segretario Natta, che diceva:

"Non capisco perché per una volta che offrono qualcosa a un comunista, dobbiamo fargli l'esame del sangue"». Le nomine dei comunisti furono in ogni caso
trattate personalmente da Agnes con Walter Veltroni. Il
direttore generale della Rai teneva per Curzi, che conosceva ormai come le sue tasche, e aveva ottenuto che
anche negli altri telegiornali andassero direttori che
avevano già lavorato con lui.

Scrisse l'indomani Enzo Forcella sulla «Repubblica»:
«È necessario ricordare tutti gli articoli, i discorsi, i convegni, le tavole rotonde, le manifestazioni di piazza con
cui da anni si denuncia il sistema delle lottizzazioni, la ta-
glia della sponsorizzazione politica che chiunque voglia
fare carriera (e spesso anche soltanto entrare) in un'a-
zienda pubblica è costretto a pagare? Bene, per quanto riguarda i comunisti, questa denuncia diventerà d'ora in
poi più imbarazzante. Almeno alla Rai la partita è chiusa.
Accettano la regola della spartizione, prendono atto che
la "diversità" non paga: ovvero che non si può stare al
tempo stesso dentro e fuori il sistema. Così, conseguente-
mente, per trattare alle migliori condizioni il loro ingresso nella "stanza dei bottoni"». Le condizioni furono buone: oltre all'intera terza rete (Tg3 nazionale e Raitre), i
comunisti portarono a casa una vicedirezione generale
e la presidenza della Rai Corporation, ambasciata della
nostra cultura negli Stati Uniti e polmone finanziario allora molto potente. Ma, come abbiamo visto, avevano altre truppe scelte in ottima posizione.

Guglielmi ammise più tardi senza alcuna difficoltà
che la sua designazione si doveva al Pci, anche se per ragioni di incomprensibile pudore psicologico i quattro
consiglieri d'amministrazione comunisti si astennero al

momento delle nomine. Curzi, da parte sua, era fin dalla nascita un'autentica «bandiera rossa». Con in tasca la tessera del Pci già da ragazzo, aveva collaborato con Radio Praga, era stato all'«Unità» e a «Paese Sera», e successivamente una delle avanguardie comuniste alla Rai. Prima di tornare al servizio attivo come vicedirettore di Longhi, Fava – come abbiamo visto – era stato dirigente dell'ufficio propaganda della Dc, pur mantenendo il ruolo di dipendente Rai. Alcuni anni dopo, sempre nella stessa posizione contrattuale, sarebbe stato commissario del suo partito in Calabria, dove nel 2000 avrebbe corso per la presidenza della regione nelle file del Ppi. La Volpe era consigliere comunale socialista di Bastia Umbra e poi sarebbe diventato parlamentare dei Ds. Tutti egregi professionisti, intendiamoci, ma tutti militanti politici dichiarati.

Allora nessuno fiatò e, come disse Manca, nessuno avrebbe dovuto farlo. Tuttavia, quando cinque anni dopo parlai della Dc come «editore di riferimento» del primo canale (come il Psi lo era per il secondo e il Pci per il terzo), pur essendo stato assunto alla Rai per concorso pubblico e non avendomi mai visto alcuno entrare nemmeno per una volta in una sezione del partito o partecipare a una qualunque riunione politica, mi fu gettata addosso una croce che, a un decennio di distanza, qualche anima bella prova a rimettermi sulle spalle.

Ma di questo converrà riparlare.

## Ghirelli, Craxi e le donne

La Volpe sostituì alla direzione del Tg2 Antonio Ghirelli, che nell'86 aveva preso il posto di Zatterin. Ghirelli aveva diviso la sua lunga vita professionale di giornalista tra la politica e lo sport. Chiamato da Pertini a dirigere il servizio stampa del Quirinale, ne fu bandito dopo un incidente di cui peraltro portava solo marginalmente la responsabilità e fu chiamato da Craxi a palazzo Chigi come portavoce. Persona deliziosa, si faceva perdonare l'estremo disagio che ci procurava trasmettendoci le notizie più importanti che riguardavano il presidente del Consiglio pochi minuti prima della messa in onda del telegiornale della sera.

Nel suo libro, Maria Grazia Bruzzone sostiene che Ghirelli arrivò a dirigere il Tg2 grazie a Serenella Carloni, la potentissima segretaria di Craxi. In una lettera al «Foglio» lui definì questa ricostruzione «spazzatura» e, nell'aprile del 2002, in un'intervista a Claudio Sabelli Fioretti per «Sette» chiosava: «La mia carriera non si discute. Quando Craxi mi ha fatto direttore del Tg2, sono stato io che ho fatto un piacere a lui, non viceversa». Ghirelli riconosce tuttavia di aver assunto come notista politico Onofrio Pirrotta, marito di Serenella Carloni, su richiesta del segretario socialista. Pirrotta era simpaticissimo: le sue note in video trasudavano amore per Craxi almeno quanto a suo tempo quelle di Fava trasudavano amore per Moro (Fava, in realtà, ha dovuto occuparsi molto più di De Mita, ma l'amore per De Mita era frutto di un dovere d'ufficio, quello per Moro era autentico incanto).

Un giorno Ghirelli disse: «Al Tg2 sì che mi sono divertito, sono riuscito a farlo molto più craxiano dell'"Avanti!"», il quotidiano del Psi di cui avrebbe assunto la direzione dopo aver lasciato quella del Tg2. Pirrotta (e non solo lui) talvolta esagerava, in compenso Ghirelli cercò di dare ritmo a un telegiornale che ne aveva poco. Racconta a Sabelli Fioretti: «Chiamavo qualcuno e gli dicevo: guarda che fai degli errori di sintassi. Lui telefonava a Martelli e gli diceva: "Ha detto Ghirelli che sei uno stronzo e non conti niente". Un'azienda sovietica. C'era un redattore, Enrico Messina, che riferiva a Biagio Agnes tutto quello che dicevo».

Ghirelli ebbe il merito di fare massicce assunzioni femminili: «Lilli Gruber lavorava a Bolzano. Me la segnalò un suo amico, capo della segreteria di redazione... Vidi delle cassette e rimasi fulminato. Cazzo, fatela partire subito. Poi ho preso anche Carmen Lasorella, meno brava ma bellissima. E poi anche la moglie di un nostro compagno che lavorava a Trento, Maria Concetta Mattei. Mi avevano colpito i suoi occhi chiarissimi».

Carmen «esplose» nel giornale delle 13, che per il secondo canale era quello di maggior ascolto. Aveva molto successo anche come corrispondente di guerra: gli equipaggi delle navi erano pronti a scambiarsi cannonate pur di averla a bordo. Lilli cominciò con il Tg di mezzasera, che sul primo canale era condotto da Enrico Mentana. Si appoggiava di tre quarti sulla scrivania (la famosa «posizione Gruber») e un uso sapiente del «gobbo» le consentiva di guardare lo spettatore in modo diretto e felino. Intere legioni di spettatori maschi le ululavano da casa la loro ammirazione, come lupi in amore, avvinghiandosi alle poltrone.

Arrivò in video anche un'altra bella ragazza, Lorenza Foschini, che pur andando in onda in tarda serata, beneficiava del traino di «Quelli della notte» con Renzo Arbore. Lorenza ha belle gambe che, per la prima volta nella storia della televisione, si intravedevano sotto una scrivania trasparente. Lorenza è anche brava, ma le gambe furono il suo biglietto da visita. Tutto questo può apparire deplorevolmente antifemminista, ma come ha detto nell'aprile del 2002 l'onorevole Daniela Santanché, commentando i pubblici complimenti di Silvio Berlusconi a un paio di magnifiche gambe viste nella prima fila della platea al secondo congresso di Alleanza nazionale, «il fisico è il nostro biglietto da visita». Angela Buttiglione, che da quasi vent'anni andava in video al Tg1, mai avrebbe immaginato che il mondo potesse capovolgersi fino a questo punto.

## Curzi, la rivoluzione in Tv

Anche al telegiornale di Sandro Curzi arrivò un gruppo di belle donne: Federica Sciarelli, Daniela Vergara, Anna Scalfati, Bianca Berlinguer, Mariolina Sattanino e Rosanna Cancellieri, che ancora non finiva ogni primavera sui giornali per il «primo topless della stagione» (una specie di tuffo di Capodanno nel Tevere, al femminile). Nel loro libro Ferretti, Broccoli e Scaramucci ricordano anche che Curzi «assunse all'esterno soprattutto i figli dei giornalisti "storici" della sinistra (e, di figli illustri, il Tg3 ne ha avuti effettivamente molti) bilanciandoli sempre con qualche redattore democristiano della destra del partito, almeno nei primi anni». Le regole del gioco, peraltro, prevedevano che costoro non contassero nulla, come non contavano nulla i comunisti Roberto Morrione e Stefano Gentiloni nei telegiornali di Bernabei.

Ma il Tg3 fece notizia per un'altra storia: la rivoluzione televisiva. Curzi portò in Tv l'informazione «militante», come egli stesso la chiamava. Giacomo Devoto, nel suo dizionario, definisce «militante» l'impegno «in una partecipazione attiva e costante, nell'ambito di funzioni o rapporti d'ordine culturale o politico». I telegiornali di Bernabei erano stati «militanti» in favore della cultura e della politica democristiane, nel senso che enfatizzavano le informazioni favorevoli al governo e minimizzavano quelle contrarie. Bernabei equilibrava i telegiornali con «TV7» e gli speciali che approfondivano le grandi questioni sociali in modo quasi sempre scomodo per le classi dirigenti.

Nel primo decennio successivo alla Riforma si era drasticamente ridotta la forbice tra le due linee informative: i telegiornali erano diventati più aperti ai grandi temi, gli speciali proponevano un'informazione complementare più che alternativa. Emilio Rossi, in particolare, dette al Tg1 un carattere istituzionale che, tra alti e bassi, non è mai venuto meno. L'informazione non sconfinava mai nella propaganda: se Rossi voleva privilegiare l'ideologia cattolica e liberale, gli era sufficiente mandare un bravo inviato a Varsavia per raccontare come il generale Jaruzelski doveva soffocare per ordine di Mosca i germi libertari distribuiti da Lech Wałesa. Andrea Barbato – che fece il telegiornale e i programmi più vicini al Pci prima dell'arrivo di Curzi – consentiva che Emanuele Rocco virasse decisamente a sinistra la nota politica e diede spazio a inchieste schierate. Per questo condannò il Tg2 fin dalla nascita ad avere un quarto dell'ascolto del Tg1.

Una fortissima differenza di audience tra i due giornali continuò anche con le direzioni di Zatterin e di Ghirelli, che impressero ai giornali un'impronta fortemente craxiana. Benché gli elettori della Dc non fossero il quadruplo di quelli della sinistra, i telespettatori di ogni opinione politica avevano imparato che (salvo macroscopiche eccezioni), se volevano sapere che cos'era successo, la maggior approssimazione alla verità veniva dal primo canale. Ma mai, soprattutto negli ultimi anni, il Tg2 si pose come problema principale la delegittimazione degli avversari.

Curzi modificò completamente questo quadro. Fino ad allora i suoi colleghi – con sfumature diverse, con maggiore o minore buon gusto – si erano limitati a favorire gli amici. «Telekabul», come fu definito il Tg3 (con riferimento alla capitale afghana occupata allora dai sovietici), cominciò a picchiare duro sugli avversari politici. In questo senso si può dire che l'informazione aprì la strada a ciò che qualche anno dopo avrebbe fatto la magistratura. Durante la Prima Repubblica, gran parte dei procuratori sono stati vicini al potere governativo e lo hanno protetto. Ma non sono andati a caccia dell'avversario, salvo limitatissime e gravi eccezioni (come l'ingiusta incriminazione del governatore della Banca d'Italia Paolo Baffi e l'altrettanto ingiusto arresto del direttore generale del Tesoro Mario Sarcinelli, nel '79, per la vicenda del Banco Ambrosiano). Dall'inizio degli anni Novanta, invece, alcuni magistrati di orientamento antigovernativo non si sono limitati a proteggere gli amici, hanno piuttosto badato a distruggere gli avversari.

### La piazza diventa soggetto politico

Scrive nel suo libro Maria Grazia Bruzzone: «Curzi è l'assertore di un'informazione emotiva, apertamente schierata e "faziosa" (ma lui preferisce l'aggettivo "militante"), che usa la diretta come un'arma, un lanciafiamme per sfondare il muro della compiacenza fintoneutrale e infondere aggressività alle interviste, si tratti dei politici o della famigerata "ggente"».

Sull'uso del «cittadino comune» e sulla sua possibile strumentalizzazione si può tenere un intero ciclo di seminari universitari. Durante il corso del 1968, il modo migliore per non disturbare personalità con interviste che non sarebbero mai andate in onda era rubare qualche battuta, nei mercati, alla «*ggente*», come l'avrebbe chiamata Curzi. Ci accorgemmo subito che le persone fermate per strada possono essere lo strumento perfetto per trasmettere non quello che pensano loro, ma quel che vogliamo noi.

Innanzitutto le risposte sono funzionali alle domande. Se chiedo a qualcuno: ritiene corretto licenziare una persona senza giusta causa?, la totalità delle risposte prevedibili è «no». Se monto le risposte tagliando le domande, posso tranquillamente sostenere che tutti sono contrari a qualsiasi riforma dell'articolo 18 dello Statuto dei lavoratori. Senza arrivare a questo livello estremo di manipolazione, se rivolgo a dieci persone la stessa innocente e corretta domanda su qualunque elemento di possibile conflitto sociale e ottengo cinque risposte orientate in un senso e cinque nell'altro, mi sarà sufficiente montare in numero maggiore quelle a me gradite per dare una certa impronta al servizio. Senza contare che avvicinare la «gente» sulla strada o al mercato non ha alcun senso: il caso è l'esatto contrario della campionatura statistica. E se vado a scegliermi la «gente» non in un posto neutro (il mercato), ma dove so che sta la «mia» gente e la raccolgo per un «mio» programma, anzi per processare le vittime designate del mio programma («Samarcanda»), ecco che mischio all'informazione la forma più clamorosa di propaganda politica.

Curzi ebbe la straordinaria abilità di affidare alla sua «*ggente*» il compito di rappresentare l'opinione pubblica. Probabilmente il popolo di sinistra aveva voglia di movimento. Probabilmente giornali dissacranti e di successo come «Cuore» e «Tango» erano i padri dei «girotondi» del 2002, Sergio Staino e Michele Serra erano gli antenati di Nanni Moretti e di «Pancho» Pardi. Fatto sta che ogni sera alle 19, premendo sul telecomando il tasto della terza rete, non si assisteva a un telegiornale ma al racconto di una rivoluzione autoalimentata. E non solo perché i fluviali editoriali del direttore erano simpatici comizi (a me sarebbe stato rimproverato un brevissimo commento in cui, alla morte di Mario Scelba, ne riconoscevo l'integrità morale) o perché la presenza in video di Achille Occhetto superava di gran lunga quella di qualunque alta carica dello stato e di qualunque altro leader politico. La vera rivoluzione stava altrove. Arrivava un fax in redazione e Curzi gridava «la *ggente* ci scrive», arrivavano dieci fax e Curzi gridava al «popolo dei fax». La piazza diventava il più importante soggetto politico italiano. E Curzi si rivelava un autentico genio della comunicazione politica.

## *I processi di «Samarcanda»*

Il direttore del Tg3 aveva due dioscuri, entrambi cresciuti nell'estrema sinistra: Corradino Mineo e Michele Santoro. Mineo, siciliano di Partanna, oggi tranquillo corrispondente da Parigi, era arrivato alla Rai dal «manifesto». Curzi gli affidò, come vicedirettore, la responsabilità della politica: scelta ardita, visto che, in confronto al suo collaboratore, lui era un uomo di destra e che talvolta restava impressionato dalla «levità» del suo linguaggio (per esempio, durante la crisi cinese di piazza Tien An Men, Mineo definì i suoi colleghi corrispondenti della Rai «residenti della Cia»). Michele Santoro, campano di Salerno, era stato in gioventù dirigente dell'organizzazione maoista «Servire il popolo» ed era approdato alla Rai dopo una breve esperienza come funzionario del Pci. Nel 1987 Giovanni Mantovani inventò con lui un programma di seconda serata chiamato «Samarcanda», dal nome della mitica città uzbeka di tradizione islamica. Mantovani era cattolico e comunista, come Italo Moretti (che Curzi volle in qualità di suo «uomo immagine»), uno dei tanti giornalisti democristiani che cambiarono opinione tra il '75 e il '76, quando il Pci fu a un passo dalla maggioranza parlamentare. (Allorché cadde Ceausescu, Moretti dimenticò per l'intero telegiornale di dire che era caduto un regime «comunista». Successe un putiferio, scatenato soprattutto da Giuliano Ferrara, che sparava i suoi missili da «Radio Londra», su Canale 5. L'appellativo di Telekabul per il giornale di Curzi diventò un'icona.)

Mantovani condusse il primo ciclo di «Samarcanda», che ebbe subito successo e dall'89 passò in prima serata. Fu poi sostituito da Santoro: lo studio all'inizio era completamente nero («il colore che distingue ... il colore che cancella» dissero gli autori). La «cifra» di «Samarcanda» non era lo studio ma la piazza, con la quale Santoro si collegava continuamente e che incombeva sullo studio (e sui suoi ospiti) da uno schermo gigante. Con il passare degli anni, la piazza di Santoro divenne una gigantesca «*tricoteuse*», come venivano chiamate le donne parigine che si portavano una sedia e il lavoro a maglia nei pressi della ghigliottina e ogni tanto alzavano lo sguardo per gridare «A morte! A morte!» al passaggio del condannato, per tornare subito dopo a sferruzzare.

Lo stesso Mineo, che pure veniva dal «manifesto» e all'inizio restò perplesso per «l'aria da compagno dirigente di "Servire il popolo"» che aveva Santoro, avrebbe annotato in *Giù le mani dalla Tv*, scritto con Sandro Curzi: «"Samarcanda" ora mi piace, anche se ancora non mi convince. Si può raccontare anche la Sicilia – mi chiedo – come fa "Samarcanda": da una parte gli eroi, Orlando, Falcone, Libero Grassi, dall'altra i cattivi? Da palermitano tutto mi sembra più complesso, più sfumato e terribile al tempo stesso, magari più politico. Ma resta il fatto che Santoro la fa vivere la realtà del Sud, quelli come me riescono solo a studiarla, per la storia forse».

E resta il fatto che un'intera classe dirigente fu processata e condannata in diretta televisiva. Prima di essere inquisito, tenuto agli arresti per due anni su richiesta di Caselli e assolto con formula piena dopo sei anni, il ministro democristiano Calogero Mannino fu processato e condannato a «Samarcanda» per aver fatto da testimone non a un mafioso, come si disse, ma alla sposa di un signore che diversi anni dopo si sarebbe scoperto essere un mafioso.

## «*Siete contenti che hanno ammazzato Lima?*»

Quando il 12 marzo 1992 Salvo Lima fu ammazzato a Mondello, Santoro interpellò a gran voce la piazza:

«Siete contenti che hanno ammazzato Lima?». Ci furono naturalmente molte proteste, ma la Rai si limitò a un «fermo richiamo» per bocca del direttore generale Pasquarelli e all'eliminazione della piazza. Cioè a un bicchiere d'acqua fresca. Visto che si era nel pieno di una drammatica campagna elettorale, i responsabili di «Samarcanda» si rifiutarono di proseguire per due settimane senza piazza. Pasquarelli, su richiesta della commissione parlamentare di vigilanza, chiuse allora la trasmissione per quindici giorni e scoppiò la rivoluzione. Al punto che Forlani, segretario della Dc, fece capire di non condividere la decisione del direttore generale, ritenendo che la chiusura per «sole» due settimane avrebbe creato inutilmente dei martiri portando acqua al mulino degli avversari politici del suo partito.

Nel '94, ripensando a quegli anni, nel libro scritto con Mineo, Curzi annotava: «Gli operai, le piazze del Tg3 e di "Samarcanda", le dirette esterne fra la gente e non solo e sempre fra i potenti. Tutto questo è stato "populista", è stato "eccessivamente gridato", è stato "fazioso"? Sì, ma solo se si hanno in testa due idee sbagliate. La prima, che si possa fare un'informazione democratica senza un certo movimentismo, senza sollecitare il protagonismo della gente. La seconda, che il servizio pubblico debba e possa, tutto insieme, improntarsi a un'unica cultura progressista-moderata, talora un po' più progressista, talora un po' più moderata». C'è da obiettare che, in tutte le televisioni pubbliche del mondo occidentale, è stata via via seguita una linea più o meno progressista o più o meno moderata. Solo in Italia c'è stata l'alternativa rivoluzionaria.

Se penso che a «Porta a porta» abbiamo vietato gli applausi, se penso che quando un uomo politico chiede di portare cinque spettatori (silenziosi) tra il pubblico, ci affrettiamo a offrire altrettanti posti (silenziosi) al suo competitore, non credo, in tutta coscienza, che una televisione pubblica possa arrivare dove è arrivata «Samarcanda» a cavallo dello scorso decennio e dove è arrivata Raidue con alcune trasmissioni durante la campagna elettorale 2001 e anche con gli «strappi» della primavera del 2002 come risposta a un errore di Berlusconi. Ma riconosco a Michele Santoro il merito professionale di aver scoperto un nuovo linguaggio televisivo e di aver insegnato qualcosa anche a noi parrucconi moderati.

«Samarcanda» era frutto di una collaborazione tra Raitre e Tg3. Guglielmi, direttore di rete, concedeva volentieri a Curzi spazi per le dirette «rivoluzionarie» e intanto costruiva, a sua immagine e somiglianza, il nuovo canale. Ebbe molte idee innovative, da «Blob» di Enrico Ghezzi a «Telefono giallo» di Corrado Augias, da «Linea rovente», che lanciò in video Giuliano Ferrara, a «Chi l'ha visto?» di Donatella Raffai, fino a «Milano Italia» con Gad Lerner e Gianni Riotta che per primi dettero il giusto risalto al fenomeno della Lega, non mancando contemporaneamente di assestare fendenti al vecchio sistema dei partiti.

## I Tg tra mafia e terrorismo

Mentre Curzi e Santoro facevano la rivoluzione in Tv, mafia e Brigate rosse continuavano ad ammazzare. Le Br avevano aperto nel 1983 la loro campagna contro gli esperti di diritto del lavoro: fu ferito per primo Gino Giugni, padre dello Statuto dei lavoratori, e nessuno avrebbe immaginato che quasi vent'anni dopo, nella stessa ottica, sarebbe stato ammazzato Marco Biagi, autore del Libro bianco sul lavoro. Nell'85, nel pieno della campagna referendaria sulla scala mobile, venne ucciso Ezio Tarantelli, presidente del Centro studi della Cisl. E nell'87 Antonio Da Empoli, consigliere economico di Craxi a palazzo Chigi, se la cavò con qualche ferita perché l'agente che lo scortava freddò uno dei terroristi. Dopo l'assassinio dell'ex sindaco repubblicano di Firenze, Lando Conti (1986) e del generale responsabile degli armamenti dell'Aeronautica, Licio Giorgieri (1987), l'ultimo agguato a un riformatore avvenne il 16 aprile 1988 contro Roberto Ruffilli, senatore democristiano e stretto collaboratore di De Mita, che lo aveva incaricato di studiare una riforma costituzionale. Anche i leader della Dc avevano capito che la macchina della Prima Repubblica non andava più.

Ruffilli stava studiando il motore della Seconda quando gli assassini del Partito comunista combattente bussarono alla porta della sua casa di Forlì, un sabato pomeriggio di primavera. Mentre lavorava, gli teneva compagnia un disco di musica classica. I brigatisti lo fecero inginocchiare e gli spararono alla nuca, e intanto il disco continuava a suonare. Quando la notizia arrivò in redazione, corsi in studio per un'edizione straordinaria. L'archivio del telegiornale non aveva foto di Ruffilli, che pochissimi conoscevano fuori del mondo politico. Presi da un cassetto la «Navicella», l'annuario dei parlamentari, e dissi all'assistente di studio di inquadrare la foto tessera del senatore. Il Tg2 partì tardi e male: si capì subito che la conduttrice non sapeva chi fosse la vittima. Alla sfuriata di La Volpe reagì così: «Ruffilli era democristiano. Fosse stato socialista, gli avremmo fatto vedere noi a quelli del Tg1».

In Sicilia la mafia era implacabile. Tra l'85 e il '90 furono ammazzati due eccellenti funzionari di polizia, Giuseppe Montana e Ninni Cassarà; l'ex sindaco democristiano di Palermo Giuseppe Insalaco; i magistrati Antonino Saetta (con suo figlio) e Rosario Livatino, che seguirono la sorte dei loro colleghi Gaetano Costa, Rocco Chinnici e Giangiacomo Ciaccio Montalto, uccisi qualche anno prima. I regolamenti di conti tra mafiosi aggiungevano morti quotidiani ai «delitti eccellenti».

Anche i delitti minori, che l'indomani venivano liquidati dai giornali tra le brevi di cronaca, al Tg1 trovavano spazio nell'edizione delle 20. C'erano al proposito, in redazione, due scuole di pensiero. La prima, vincente, era guidata dal capocronista Roberto Morrione. Anche l'omicidio più insignificante, a suo avviso, doveva essere trasmesso con rilievo: la mafia si combatte così. La scuola di pensiero perdente faceva capo a me. Sostenevo che si dovesse dare il massimo spazio possibile ai delitti più significativi: il magistrato, l'uomo politico, il commerciante in lotta contro il racket, il pentito, per dimostrare che, com'era accaduto al terrorismo, anche la mafia cominciava ad avere le sue crepe mortali. «La mafia» ripetevo ai miei colleghi «non è solo un problema siciliano e meno che mai solo un problema di polizia. Se non coinvolgiamo l'opinione pubblica nazionale, non la sconfiggeremo mai. Ma se ogni sera – dico, ogni sera – diamo la notizia anche del piccolo regolamento di conti tra mafiosi nell'edizione delle 20, non credete che gli spettatori di Varese e del Nordest possano avere la crisi di rigetto e sostenere che è meglio dimenticarsi della Sicilia?»

La Lega di Bossi stava muovendo i primi passi e noi ne sapevamo pochissimo. Qualche anno dopo avremmo constatato che il temuto distacco psicologico dai problemi meridionali – e specialmente siciliani – sarebbe stato l'anima della spinta secessionista.

### La vera politica si fa in cronaca

Come ricordano Ferretti e i suoi colleghi in *Mamma Rai*, nel 1987 gli spettatori del Tg1 delle 20 erano in media dieci milioni, il doppio del Tg2, che partiva un quarto d'ora prima. Il Tg1 aveva un budget di venti miliardi, il Tg2 di diciannove e mezzo, il Tg3 nazionale, che era appena nato con ascolti molto più bassi degli altri, nell'88 ne ebbe quattordici. In queste cifre è racchiusa l'intera anomalia della Rai. Quale azienda al mondo investe la stessa cifra su due prodotti che fatturano l'uno il doppio dell'altro? È noto che tuttora la Rai sta sul mercato grazie agli ascolti della prima rete e ai milletrecento miliardi di pubblicità che ne derivano. Eppure, la missione storica della seconda rete non è mai stata quella di integrare la prima, sia pure con una linea politico-culturale del tutto diversa, ma di farle concorrenza. La sostanziale parità finanziaria fu uno dei cardini della Riforma del 1975 ma, quindici anni dopo, nulla era cambiato.

La Volpe era arrivato alla guida del Tg2 con molte, legittime velleità innovative. Ma – la valutazione è unanime – fece un telegiornale appiattito su Craxi, come lo era stato quello di Ghirelli, e tutto ciò, come vedremo, ebbe più tardi parecchie conseguenze anche sul Tg1.

Promosse giustamente Lilli Gruber all'edizione serale e portò in video, nelle edizioni minori, un'altra donna, Alda D'Eusanio, occhi bellissimi, molto amica del leader socialista, che non avrebbe tradito – al contrario dei più – nemmeno nei momenti peggiori e per questo subì in Rai un'autentica persecuzione (le avrebbero fatto pagare, in realtà, anche il notevole potere personale acquisito nel 1994-95 grazie alla fortissima intesa con Letizia Moratti per via del comune legame con Vincenzo Muccioli e la comunità di San Patrignano).

Al Tg1 Fava restò, a mio giudizio, vittima di un equivoco di fondo che ha coinvolto anche altri. Era convinto che un telegiornale facesse politica con la politica, cioè che lo spettatore fosse influenzato soprattutto dai servizi sul Palazzo e, grazie a questi, un partito fosse destinato ad acquistare un peso maggiore o minore. Così la sua giornata di direttore era quasi interamente assorbita dai rapporti politici e dal loro trasferimento nel giornale. Niente di strano, intendiamoci: per fare l'esempio più illustre, al «Corriere della Sera» Giovanni Spadolini si comportava esattamente allo stesso modo. Quest'ultimo, tuttavia, immaginava di influenzare le scelte politiche di fondo del Palazzo, mentre molti leader politici s'illudevano – e s'illudono ancor oggi – che il loro consenso elettorale crescesse in proporzione al numero di apparizioni nel telegiornale.

Al di là dell'umana vanità, è invece assolutamente bizzarro immaginare che la presenza nel Tg1 delle 20 in un servizio di un minuto e mezzo garantisca un investimento elettorale maggiore di quella in un servizio sullo stesso argomento (se si tratta di temi ordinari) di cinquanta secondi. I partiti di governo della Prima Repubblica sono rimasti sempre vittime di questa sindrome, senza capire che la copertura «fluviale» di un congresso democristiano o socialista trasmetteva semmai allo spettatore un'immagine di potenza e spesso di arroganza, e che i giudizi finali erano comunque frutto dei contenuti che da quei congressi uscivano appannati.

Si sa, d'altra parte, che l'errore storico della Dc è stato quello di occuparsi prevalentemente di industrie statali e di casse di risparmio, mentre il Pci infilava i suoi uomini nella magistratura, nelle case editrici, nei giornali, facendo un investimento per il futuro enormemente più redditizio e costruendo il cavallo di Troia per abbattere di schianto il Vecchio Regime.

Così, mentre Fava stava attento a dare spazio a De Mita senza litigare troppo con Craxi, il vero padrone del Tg1 era Roberto Morrione, che controllava le redazioni cronaca e società: cioè mafia, terrorismo, cronaca nera e giudiziaria, postumi della P2, droga (a livello repressivo e preventivo), magistratura, scuola, educazione, sanità e perfino la moda. La rappresentazione dell'Italia e l'immagine che se ne faceva il pubblico era più legata ai raffinati «*ragionamendi*» di De Mita (che, in quanto raffinati, erano poco divulgabili dal telegiornale) o da temi che in ogni momento entravano nella vita dei cittadini?

## E Cossiga strigliò la Rai

Morrione lavorava con indiscutibile abilità professionale ma naturalmente, essendo un attivissimo militante del Pci (fu anche segretario della sezione Mazzini del partito), affidava gli incarichi più delicati a colleghi con le sue stesse idee politiche, a Giulio Borrelli (che peraltro mal ne tollerava la forte personalità) e, soprattutto, Ennio Remondino. E proprio quest'ultimo – con la piena copertura di Morrione e di Fava – fu l'autore di una clamorosa inchiesta trasmessa dal Tg1 della sera, in quattro puntate, tra il 28 giugno e il 2 luglio 1990.

La sostanza dell'inchiesta era questa. Richard Brenneke, un ambiguo personaggio americano che ebbe rapporti poco chiari con i servizi segreti Usa, veniva presentato come ex agente della Cia (ma la Cia smentì). Nell'intervista a Remondino disse che fin dall'inizio degli anni Sessanta la P2 aveva ricevuto enormi somme di denaro dalla Cia per alimentare il terrorismo e controllare la situazione politica del nostro paese. Ripresi il mio turno di conduzione quando stava per andare in onda l'ultima puntata dell'inchiesta. Le precedenti non mi avevano convinto per la mancanza di riscontri obiettivi. Lo dissi alla riunione di redazione in cui si confeziona il giornale e alla quale partecipavo in quanto conduttore del Tg1, ma venni zittito da Morrione.

Nell'ultima puntata Brenneke affermava che George Bush senior, quand'era direttore della Cia, sarebbe stato a conoscenza di tali trame eversive. Una rivelazione così clamorosa avrebbe dovuto, il giorno dopo, far rumore su tutti i giornali del mondo, ma nessuno la riprese. In compenso, il presidente della Repubblica Francesco Cossiga si trovò fuori della porta del suo studio al Quirinale un furibondo ambasciatore degli Stati Uniti. Tramite quest'ultimo, il presidente degli Stati Uniti George Bush voleva sapere se davvero gli italiani – visto che il Tg1 non è un foglietto di quartiere – ritenevano che l'inquilino della Casa Bianca fosse un mandante di atti terroristici.

Salutato l'ambasciatore, Cossiga scrisse ad Andreotti, presidente del Consiglio, una lettera di questo tono: se il governo ritiene le accuse fondate, interessi la commissione parlamentare sulle stragi e riveda i rapporti bilaterali con gli Stati Uniti; se invece – dopo attenta valutazione – il governo ritiene «infondate, avventate e temerarie» le informazioni trasmesse dal Tg1, interessi al caso l'autorità giudiziaria e valuti le responsabilità amministrative dei dirigenti della Rai.

La lettera di Cossiga restò riservata per tre settimane, ma quando il 24 luglio «Panorama» ne diffuse il testo ebbe l'effetto di una bomba. Il 31 luglio il Tg1 trasmise un altro servizio confermando le proprie tesi e il 1° agosto Andreotti, alla Camera, definì questa insistenza frutto di un «atteggiamento provocatorio veramente inusuale». Riferì poi che, secondo l'Fbi, alcune delle notizie rivelate dal Tg1 erano state pubblicate da «Playboy» nel 1980 e che a Brenneke era stato negato l'ingresso nella Cia. Andreotti riteneva «del tutto privo di senso comune immaginare che il Congresso americano abbia potuto avallare un'operazione di destabilizzazione» e concluse: «A me sembra che una scrupolosa verifica dell'attendibilità delle fonti in causa, anche attraverso il confronto di posizioni diverse, avrebbe dovuto costituire un dovere di chi, persona ed ente, intende fare dell'informazione una professione». Una settimana dopo, Fava lasciava la direzione del Tg1.

VIII

## Arriva il CAF, cambia la Rai

*Battaglia vinta, casse vuote*

L'ultima frase del capitolo precedente può prestarsi a equivoci. In realtà, come è noto, Nuccio Fava non lasciò la direzione del Tg1 come prezzo da pagare per l'incauta inchiesta su Brenneke, ma perché erano da tempo mature le condizioni per un ricambio. Che infatti non riguardò soltanto il Tg1: l'8 agosto 1990 furono nominati anche i nuovi direttori dei tre giornali radio (Livio Zanetti, Marco Conti e Antonio Ciampaglia), i nuovi responsabili delle due reti radiofoniche e altri dirigenti di primo livello. Fui io a prendere il posto di Fava, che andò a dirigere le tribune politiche.

Da oltre un anno il clima politico del paese era cambiato. Arnaldo Forlani era diventato segretario della Dc nel febbraio dell'89, Giulio Andreotti aveva sostituito De Mita a palazzo Chigi nel luglio successivo, ed entrambi avevano stretto un accordo con Bettino Craxi che sarebbe passato alla storia della politica italiana come CAF (pare che il copyright della sigla sia di Fedele Confalonieri). La Rai aveva le casse vuote: il buco di bilancio superava i 250 miliardi, i debiti a breve e a medio termine sfioravano i 1500 miliardi, anche per la costruzione della nuova cittadella televisiva di Saxa Rubra.

Biagio Agnes fu messo sotto accusa, ma io mi sento tuttora di difenderlo. I debiti erano enormi, è vero, e allora oltre la metà dei proventi della Rai era costituita dal canone, cioè da denaro pubblico. Sono stati necessari molti anni per ripianare quel disavanzo, e il risanamento è avvenuto con il taglio del 20 per cento del personale (non ci fu un'ora di sciopero) e un drastico contenimento delle spese, ma occorre ricordare che, nella seconda metà degli anni Ottanta, a essere in gioco era la vita stessa dell'ente radiotelevisivo nazionale. Pur con le sue macroscopiche insufficienze e le sue desolanti lottizzazioni, la Rai ha offerto e continua a offrire un contributo insostituibile alla ricchezza culturale e informativa del nostro paese. Anche se non mi piacciono le frasi altisonanti, dopo quarant'anni trascorsi in Rai mi sento in tutta coscienza di affermare che essa è sempre stata ed è tuttora un baluardo della libertà.

Se Agnes non ci avesse guidato nelle sue battaglie contro la Fininvest – anche con Pippo Baudo, anche con Raffaella Carrà, che tornarono entrambi in Rai dopo deludenti esperienze nella televisione commerciale –, il servizio pubblico radiotelevisivo sarebbe stato progressivamente ridotto ai livelli dell'americana Pbs: un'eccellente rete con programmi di alta qualità, i cameramen in smoking che riprendono le prime del Metropolitan, ma con un'influenza sull'opinione pubblica e sul mercato televisivo nazionale pari a zero. Silvio Berlusconi sarebbe diventato padrone assoluto del campo, anche se la sua egemonia sarebbe stata necessariamente breve vista la drammatica spaccatura del paese. Se il tentativo di azzoppare Mediaset con il referendum sulla riduzione di una rete e degli incassi pubblicitari, promosso dalla sinistra nel 1995, fu un grave attentato alla libertà d'impresa e d'opinione, altrettanto lo sarebbe stato, alla fine del decennio precedente, costringere la Rai a cedere a un imprenditore privato la leadership assoluta del mercato televisivo.

## Tre reti al Cavaliere, governo in frantumi

Sia la sinistra cattolica che quella di fede o di origine marxista hanno sempre cercato di contrastare l'espansione editoriale di Berlusconi. Per alcuni anni il Cavaliere cercò riparo nella protezione di Craxi e dei democristiani moderati e, alla fine del 1993 – fallito il tentativo di convincere Segni e la Dc a schierarsi contro la sinistra in un sistema bipolare ancora allo stato embrionale –, decise di proteggersi da solo con la sua «discesa» in campo politico. Se non l'avesse fatto, con l'aria che tirava in quegli anni, il suo impero sarebbe stato smantellato in quattro e quattr'otto. Ma occorre dire che, tre anni prima, grazie alla sua forza politica Berlusconi si era assicurato un bel vantaggio.

Un significativo antipasto di quel che sarebbe stata negli anni successivi la grande guerra televisiva si ebbe, infatti, tra la primavera e l'estate del '90, allorché venne presentata in Parlamento la nuova legge sul sistema delle radiodiffusioni firmata dal repubblicano Oscar Mammì, allora ministro delle Poste. La discussione si trascinava da tempo senza che nella maggioranza si trovasse un accordo. Inizialmente sembrava che a Berlusconi sarebbero state riconosciute soltanto due concessioni. «Se non facciamo in fretta» mi disse un giorno Mammì «finirà che dovremo assegnargliene tre.» E così fu. I comunisti tentarono in ogni modo di impedire che la legge passasse e la sinistra democristiana la bombardò di emendamenti per sterilizzarla. Ma Andreotti, d'accordo con Craxi e Forlani, pose la fiducia. La sinistra dc rispose con le dimissioni dei suoi cinque ministri (Martinazzoli, Mattarella, Mannino, Misasi e Fracanzani) e tredici sottosegretari. Il presidente del Consiglio non batté ciglio e l'indomani li rimpiazzò (Marongiu, Rognoni, Bianco, Saccomandi e Piga). Cossiga non sollevò obiezioni e firmò subito il decreto.

Lo scenario televisivo era comunque cambiato già dall'autunno precedente. Da sette anni Agnes, che pure aveva trascorso una vita all'interno dell'azienda, la dirigeva su mandato di De Mita. Il nuovo fronte politico formato da Andreotti, Craxi e Forlani lo cinse d'assedio tagliandogli i viveri. Abbiamo visto che la Rai era pesantemente indebitata, ma il governo si rifiutava di concedere aumenti di canone. Lo stesso successore di Agnes, Gianni Pasquarelli, ebbe a lamentarsi in seguito che dal 1965 l'Iri non sborsava una lira per adeguare il capitale sociale al volume d'affari: all'inizio degli anni Novanta il rapporto tra le due voci era del 3 per cento per la Rai, del 22 per Alitalia, del 28 per Sip, del 34 per Italcable, del 60 per Autostrade. L'Iri si difendeva dicendo che era «scomodo fare il mestiere dell'azionista di una società come la Rai sulla quale non si ha alcun potere», ma per l'azienda la situazione era molto sgradevole.

Agnes aveva però la sensazione che su di lui pesasse anche un veto politico. «Finché sarò qui io» disse nel novembre del 1989 «non arriverà una lira.» E si dimise, ottenendo peraltro, come ottima contropartita, la presidenza della Stet, la finanziaria dell'Iri per le telecomunicazioni.

## Fuori Agnes, dentro Pasquarelli

Al posto di Agnes arrivò Pasquarelli, un giornalista economico umbro, amico di Forlani, che aveva scelto da tempo la carriera manageriale ed era amministratore delegato della Società Autostrade. Pasquarelli aveva lavorato nel nostro telegiornale nei primi anni in cui i giornalisti andavano in video: scriveva la nota economica, in consultazione permanente con il governatore della Banca d'Italia Guido Carli. Divideva la stanza con Mario Pastore, commentatore di politica interna, e con Sergio Telmon, commentatore di politica estera. Pasquarelli dettava i suoi pezzi a una segretaria, che li digitava su un'Olivetti 88 dai caratteri giganteschi (non amava apparire in Tv con gli occhiali). Pastore e Vittorio Citterich venivano a scrivere in redazione, Pasquarelli e Telmon mai. Consideravano la pellicola quasi una contaminazione dei loro elaborati, tant'è che a volte toccava a noi paria doverli coprire con qualche immagine. Ai coraggiosi che lo sfidavano a farsi il lavoro da solo, Telmon ricordava: «Sono un giornalista, io». E lo diceva con il tono che deve aver usato Edmund Hillary, conquistatore dell'Everest, con qualche sherpa impertinente: «Sono un alpinista, io».

Pasquarelli, come tutti noi, era piuttosto vanitoso. Anche lui era affetto dalla «videite» che ci rimproverava («la voglia insaziabile di apparire sul video con la cadenza puntuale e ossessiva con cui il drogato si buca» avrebbe scritto nel suo libro *Rai, addio*). Fu il primo commentatore a truccarsi prima di andare in studio: alle 19.30, puntualmente, lo trovavi nella modestissima toilette del quarto piano intento a spalmarsi sul viso un fondotinta.

In televisione Pasquarelli spiegava l'economia in modo semplice e didascalico, e noi giovani giuravamo che il suo sogno segreto fosse di presiedere una grande banca. Fece invece carriera nell'industria di Stato, e quando arrivò alla guida della Rai dopo aver diretto anche «Il Popolo» (e averlo assai migliorato), non aveva nemici personali. Se li fece naturalmente in seguito, perché è impossibile che un direttore generale non se ne faccia.

Pasquarelli era agli antipodi di Agnes. Segaligno tanto quanto «Biagione» era corpulento, dava l'impressione di stringere la sua cintura di un buco ogni settimana, mentre l'altro l'allargava. Agnes s'accostava alla tavola con allegria, Pasquarelli con rassegnazione. L'uno gridava le sue opinioni, l'altro le sussurrava. Le arrabbiature dell'uno erano tanto rumorose e violente quanto quelle dell'altro erano livide e silenziose. Non c'era, dunque, nessuna ragione perché i due si amassero, e infatti si detestavano cordialmente.

Al contrario di Agnes, Pasquarelli aveva il mito di Ettore Bernabei e pendeva dalle sue labbra. Propose che io dirigessi il Tg1, ma avrebbe preferito Paolo Frajese, che legittimamente nutriva la mia stessa ambizione. Quando Bernabei – che, nei momenti decisivi, aveva continuato a occuparsi di Rai fin dall'indomani delle sue dimissioni – convocò una riunione a casa sua per decidere sulle nomine e sostenne invece la candidatura di Ugo Guidi, vicedirettore di Fava, Pasquarelli non mosse obiezioni. Ho saputo di quella riunione soltanto mentre scrivevo questo libro e non mi sono meravigliato nell'apprendere che dalla mia parte si schierarono Enzo Carra, portavoce di Forlani, e soprattutto Biagio Agnes, che da presidente della Stet si occupava della Rai per conto di De Mita. E veniamo finalmente alle ragioni per le quali Fava, in realtà, non fu estromesso per l'affare Brenneke.

## Cambio al Tg1 e Zanetti «mondato»

Abbiamo visto che nel 1982, quando Agnes arrivò al settimo piano di Viale Mazzini per la doppia coincidenza della morte improvvisa di De Luca e l'ascesa di De Mita alla guida della Dc, non se la sentì di premiare le attese di Emilio Fede di succedere a Franco Colombo e scelse invece Albino Longhi. Qualche tempo dopo, come confessò, se ne pentì e cominciò a pensare a chi avrebbe potuto sostituirlo. E questi non poteva essere che Fava, ma anche su di lui Agnes aveva delle riserve: lo considerava – a torto o a ragione – poco incline a tenere in pugno il giornale, distratto dai convegni ai quali presenziava continuamente. Quando lo nominò direttore, promosse me vicedirettore «ad personam», carica che in un giornale non ha alcun significato, ma in una struttura burocratica come la Rai, in cui si gira in divisa, equivale a un nastrino, se non di merito, almeno di riguardo.

In ogni caso, già prima dell'89, prima cioè che Forlani rilevasse De Mita alla segreteria, Agnes aveva immaginato di sostituire Fava con me. Il conflitto di interessi tra chi scrive e la notizia appena riportata è tale che, pur ricordando benissimo la circostanza, ho ritenuto di doverla verificare di nuovo. E ho avuto due conferme: dallo stesso Agnes e da Marco Follini, allora consigliere d'amministrazione della Rai e anche lui amico personale di De Mita. Questo dimostra che i cambiamenti politici – come confermano le vicende delle ultime nomine Rai (aprile 2002) – sono decisivi per i cambiamenti a Viale Mazzini, ma vanno necessariamente raccordati con situazioni interne consolidate.

Da molto tempo ero considerato il direttore *in pectore* del Tg1. Ma alla Rai questo non vuol dire assolutamente nulla, perché un minuto prima delle nomine tutto può cambiare. E infatti il giorno stesso della mia designazione Roberto Zaccaria, consigliere d'amministrazione della sinistra democristiana e strenuo sostenitore di Fava, fece di tutto perché la riunione venisse aggiornata.

Fui dunque nominato a maggioranza direttore un pomeriggio d'estate, l'ultimo utile prima delle ferie. «Il nome di Vespa» scrivono nel loro libro Ferretti, Broccoli e Scaramucci «è professionalmente il più forte, come viene riconosciuto dai consiglieri comunisti, che però non votano a favore ritenendo ingiustificato l'allontanamento di Fava, che diventa direttore delle Tribune e dell'Accesso.» Dello stesso tono il commento della «Repubblica» del 9 agosto, giorno successivo alle nomine. «Più che sulla persona del suo successore (le doti professionali di Bruno Vespa sono riconosciute un po' da tutti), è sul significato politico della sostituzione di Fava dopo la vicenda Cia-P2 che è ruotata la discussione e che si è imperniato il voto contrario dei comunisti. Pasquarelli ha spiegato, invece, che non c'è alcun intento punitivo nella decisione di spostare Fava dal Tg1 alla direzione delle Tribune politiche, che risponderebbe a logiche aziendali.»

Lo stesso giorno fu nominato direttore del Gr1 Livio Zanetti, una firma storica dei settimanali italiani, già direttore dell'«Espresso». Aveva sessantacinque anni e nessuna esperienza radiofonica, ma mentre per la mia nomina si titolò *La Dc vincente riconquista il Tg1*, sulla sua nessuno mosse obiezioni. Saggio atteggiamento, visto che Zanetti era un ottimo professionista. La ragione di quel silenzio, in verità, era un'altra. Quando un giornalista della carta stampata viene a dirigere una testata della Rai (cosa possibile, ieri come oggi, soltanto in virtù di un gradimento politico), i suoi colleghi sono rispettosamente restii ad appiopppargli qualunque etichetta, facendo intendere al lettore che è stata la colomba dello Spirito Santo a scendere in picchiata sul consiglio d'amministrazione del servizio pubblico radiotelevisivo. (La prima eccezione si è avuta solo a metà maggio 2002 con la nomina dei nuovi direttori dei Tg. Stefano Marroni, ottimo inviato di politica interna alla «Repubblica», è stato indicato per il Tg2 in quota ds.)

Zanetti aveva poi un altro vantaggio: era stato indicato dai repubblicani. E si sa che i La Malfa (padre e figlio) avevano una dote in comune con Nostro Signore, quella di mondare i lebbrosi. Era sufficiente che dicessero a qualcuno: «Lo voglio, sii mondato» (Marco 1,40), e quello era mondo. E siccome il Signore raccomandava ai lebbrosi di correre dai sacerdoti perché fossero testimoni della purificazione, così fece anche Zanetti: il 10 agosto annunciò solennemente al «Corriere della Sera» che non aveva «alcun debito di gratitudine verso chi mi ha designato». Il favore, insomma, non lo aveva ricevuto, ma l'aveva fatto lui all'intera comunità nazionale.

In altre occasioni, Zanetti fece qualche allusione di troppo alla differenza tra chi era stato mondato e chi non aveva avuto questa fortuna, e allora lo chiamai al telefono: «Tu non sei iscritto al Pri e io non sono iscritto alla Dc. Tenendo conto dei vent'anni di età che ci separano e del fatto che tu hai lavorato solo nei giornali e io quasi soltanto in televisione, credo che le nostre carriere siano ugualmente dignitose. Siamo stati nominati in quanto professionisti. Ma poiché il nostro consiglio d'amministrazione è espressione dei partiti, la tua nomina ha una caratura politica come la mia. Scusami, ma non mi sento di appartenere a una categoria inferiore». Da quel momento, con me Zanetti fu sempre garbatissimo. Come ho già ricordato in *Telecamera con vista*, si complimentò perfino per la mia scelta, come musica di attesa del centralino di direzione del Tg1, del primo movimento del *Concerto in si minore per violoncello* di Antonio Vivaldi.

*Morrione sbatte la porta*

Se Giorgio La Malfa non avesse indicato Zanetti, l'ex direttore dell'«Espresso» non sarebbe mai diventato capo del Gr1. La mia candidatura alla direzione del Tg1 era «naturale», ma se Arnaldo Forlani, allora segretario della Dc, avesse detto: «Vespa lì non va», non vi sarei potuto andare. Questo criterio ha accompagnato senza eccezioni l'intera storia della Rai e sempre l'accompagnerà, finché editore ne sarà il Parlamento con le sue variabili maggioranze politiche. D'altra parte, ogni editore di giornale costruisce le sue redazioni secondo la linea che intende imprimergli. Il «Corriere della Sera» che Giulia Maria Crespi affidò a Piero Ottone licenziando Indro Montanelli è diversissimo da quello che Angelo Rizzoli affidò a Franco Di Bella, ma anche da quello che Cesare Romiti fa dirigere da Ferruccio de Bortoli. E «Il Messaggero» rivoluzionario di Sandrino Perrone, che negli anni Settanta mise letteralmente alla porta Luigi Barzini jr, impedendogli di prendere legittimo possesso della sua stanza di direttore, è tutt'altra cosa rispetto al giornale moderato diretto da Paolo Graldi. Si obietta: sì, però la Rai è un servizio pubblico. Giusto, ma chi è l'editore di un servizio pubblico? Chi nomina gli amministratori dell'Alitalia e delle Ferrovie?

Dissi al periodico specializzato «Prima comunicazione» nell'aprile del 1991, nei mesi ancora sereni della mia direzione: «La lottizzazione è arrivata a un punto estremo. L'azionista della Rai è il Parlamento e il sindacato di controllo che siede in Parlamento comprende i cinque partiti della maggioranza di centrosinistra e il Pci». Aggiungevo che anche le assunzioni sono quasi sempre vincolate politicamente e che, per quanto mi riguardava, cercavo di contenere i danni scegliendo all'interno di una certa area, ma di testa mia (in realtà, mi limitai a trasferire al Tg1 gente che ne aveva fatto richiesta, provenendo quasi interamente da altri settori dell'azienda). L'essenziale era che nessuno potesse dire di non aver lavorato con me per le sue idee politiche. E nessuno lo ha fatto.

Lo stesso Ennio Remondino, autore dell'inchiesta su Cia-P2 che aveva messo in pericolo i rapporti tra Italia e Stati Uniti, diventò subito quell'eccellente inviato nelle zone calde della terra che è tuttora. Ci furono polemiche perché tolsi a Roberto Morrione le competenze sul settore «società», lasciandogli la cronaca. Ma esistono giornali in cui il responsabile della giudiziaria è anche il responsabile dei settori «scuola» e «medicina»? Gli avessi lasciato la «società» togliendogli la cronaca, Morrione avrebbe potuto legittimamente sospettare che volessi tagliargli le unghie sulle grandi inchieste giudiziarie e sulla mafia, che politicamente contano assai più dei resoconti dal Palazzo. Feci esattamente il contrario, ma lui lasciò per protesta il Tg1 e molti dei suoi amici lo rimproverarono: avrebbe continuato a sovrintendere al settore più delicato del giornale e, di lì a poco, alle cronache di Tangentopoli, a proposito delle quali peraltro avremmo avuto pochissimo su cui discutere: non c'è stato avviso di garanzia o arresto di cui il Tg1 non abbia dato un'informazione ampia e completa.

## E Luca Giurato andò in video

La lottizzazione mi assegnò tre vicedirettori. Ero d'accordo su Enrico Messina, amico di Agnes e di De Mita, che aveva fatto il capocronista al Tg2. Mi piovvero addosso inoltre Luca Giurato, già notista politico della «Stampa», poi direttore del Gr1 in quota socialdemocratica, e Giuseppe Mazzei, indicato dai repubblicani. Con una durissima battaglia, riuscii a trattenere anche Ottavio Di Lorenzo, già vicedirettore di Fava. Era liberale, e la divisione dei lotti non ne prevedeva la presenza al Tg1. Ma perderne l'esperienza professionale era un vero peccato, e così restò. Dovette convincersi di avermi fatto un grande favore perché, al momento del bisogno, non mosse un dito per sostenermi. Ma, tra i beneficati, non fu certo il solo.

Al Tg1 la redazione è attiva venti ore su ventiquattro. La prima edizione va in onda alle 6 del mattino, l'ultima dopo l'una di notte. E poi ci sono un'infinità di rubriche. Quattro vicedirettori non sono uno scandalo. Rinunciai, tuttavia, all'apporto operativo di Giurato, al quale chiesi di inaugurare un'innovativa rassegna stampa notturna in collegamento con i direttori dei principali quotidiani. Da allora non ha più abbandonato il video ed è uno dei pochissimi a mostrarmi tuttora gratitudine. I migliori servizi di politica interna erano opera di Clemente Mimun e di Daniela Tagliafico, socialista il primo, comunista la seconda, entrambi eccellenti professionisti. Con loro provai a raccontare il Palazzo in modo un po' più colorito, per vivacizzare i resoconti inevitabilmente noiosi. Mimun era capo degli «speciali», ma restò poco con me: fu infatti chiamato a raddrizzare le sorti del servizio politico del Tg2, quindi seguì da vicedirettore Enrico Mentana alla nascita del Tg5 e, dopo otto anni di onorata direzione del Tg2, è tornato al Tg1 da direttore nell'aprile del 2002.

Nel suo libro sulla storia dei telegiornali, Maria Grazia Bruzzone mi attribuisce la qualifica di «tecnico». In effetti, sapendo che presto avrei avuto la concorrenza del Tg5, dovetti guardare alla struttura dei telegiornali anche in chiave tecnica, cioè in funzione degli ascolti, e non solo in chiave politica come era avvenuto fino ad allora. La netta separazione fra telegiornali e il resto della programmazione non consente ai giornalisti di impadronirsi dei meccanismi che regolano gli spettacoli e che invece sono indispensabili per far sì che il pubblico segua un Tg possibilmente dall'inizio alla fine. Una collaborazione a «Domenica in» per un ciclo di interviste mi consentì di guardare come Gianni Boncompagni costruiva le sue scalette e come le esaminava alla luce dei risultati. Appena nominato direttore del Tg1, poi, mi assicurai la collaborazione di Luigi Ricci, toscano, un esperto di statistica di cui nessuno dei miei dieci successori ha voluto fare a meno. Ogni giorno Ricci mi illustrava l'andamento degli ascolti del Tg con un grafico identico a quelli usati per Boncompagni. Questo mi consentiva, senza rinunciare ovviamente ad alcuna notizia, di impaginare secondo un criterio nuovo, «ingabbiando» sempre i servizi più deboli tra quelli più forti.

### Arriva Lilli, parte Sposini, Del Noce furioso

L'analisi «tecnica» del pubblico, molto diverso per ciascuna edizione del telegiornale, mi convinse anche a compiere la rivoluzione più appariscente: il massiccio inserimento di donne nella conduzione dei Tg. A convincere Lilli Gruber bastarono un paio di telefonate. Lei altoatesina, io abruzzese di montagna: poche parole per offrirle il telegiornale delle 13.30 e un ruolo da inviato speciale che al Tg2 non aveva. Le dissi che un giornalista acquista sul campo il prestigio che gli consente di stare credibilmente in video e lei ne è stata sempre consapevole. Le consentii di crescere professionalmente, ricevendone in cambio servizi scrupolosi e documentati.

Maria Luisa Busi lavorava a tempo determinato nella redazione del Tg del mattino. Non l'avevo mai vista quando il vicepresidente della Rai, il socialdemocratico Leo Birzoli, mi chiese se potevo fare qualcosa per lei.

Prima d'incontrarla, chiesi al suo caporedattore come se la cavava. «Non male» fu la risposta. Ma appena aprì la porta della mia stanza, capii che quel viso avrebbe sfondato in video. La Busi ebbe immediatamente la conduzione del telegiornale di mezzogiorno e, subito dopo, di quello delle 13.30, accanto alla Gruber e a Tiziana Ferrario. Birzoli dovette sentirsi potentissimo, in realtà il viso di Maria Luisa si raccomandava da solo. Anche lei deve essersene convinta, a tal punto che è stata l'unica, tra le «rivoluzionarie», a non comunicarmi qualche elemento di riflessione o di ripensamento dopo la «rivolta» del '92 e le mie dimissioni dell'anno successivo, convinta di cavalcare come una valchiria verso il suo eterno Walhalla di gloria. Che Wotan la protegga sempre.

Chiesi anche a Carmen Lasorella di venire al Tg1. E Carmen accettò in un incontro pomeridiano riservato in un ristorante deserto di piazza Mazzini. Ma Alberto La Volpe, direttore del Tg2, non aveva ancora digerito la fuga della Gruber e chiese al presidente Manca, socialista come lui, di impedire la fuga di Carmen. Ed ebbe soddisfazione. Dopo un anno persi Lamberto Sposini, che faceva molto bene la «line» della notte ma voleva il video delle 20. Gli dissi di no e lui andò al Tg5. Non mi sono mai pentito di quella scelta: Sposini è bello, ma continuo a ritenere che sia molto più bravo a organizzare un telegiornale che a condurre un programma, come ha dimostrato nel suo recente, breve e sfortunato ritorno al Tg1.

Allora il Tg1 delle 20 era condotto da Paolo Frajese, Angela Buttiglione e Piero Badaloni, le sole tre persone in grado in quel periodo di far fronte a un'emergenza. Valorizzai Badaloni anche in altre trasmissioni, e questo gettò nella costernazione sia Frajese sia Fabrizio Del Noce, inviato in Medio Oriente. Nonostante fosse candidato a dirigere il Tg1 al mio posto, con me Frajese si comportò sempre con grande correttezza e Del Noce con assoluta amicizia. Entrambi mi dissero di diffidare di Badaloni, e quando questi partecipò al ribaltone del '92, mi sbeffeggiarono con una gag ripetuta ogni volta che m'incontravano insieme e che – a richiesta – Del Noce è ancora prontissimo a rappresentare da solo, dopo la morte del povero Paolo.

### Niente intervista per La Volpe

Emilio Fede aveva assunto intanto la direzione del Tg4, testa di ponte dell'informazione Fininvest. Aveva una struttura organizzativa semplicissima e lo studio dentro la redazione. Bastava accendere una telecamera ed era in onda. Così, la notte del 17 gennaio 1991, fu il primo a dare la notizia dell'attacco americano a Saddam Hussein. Era collegato con Silvia Kramar, la corrispondente del «Giornale» negli Stati Uniti, che stava guardando la Cnn. Peter Arnett, l'unico inviato al quale Saddam consentiva di trasmettere, vide arrivare i missili su Baghdad e lo gridò in onda. La Kramar lo gridò a Fede. E Fede fu il primo a dare la notizia agli italiani. Avevo appena preso sonno e, quando qualche istante dopo mi svegliarono, anche i nostri trasmettevano un'edizione straordinaria con le immagini della Cnn. Mentre mi vestivo per correre in via Teulada (avremmo trasmesso per tutta la notte), il pensiero corse ai tre nostri inviati a Baghdad – Fabrizio Del Noce, l'operatore Franco Stampacchia e il tecnico Werther

Valzania – che, con Stefano Chiarini del «manifesto», erano i soli giornalisti italiani rimasti in Iraq, anche per mia responsabilità.

La decisione era stata presa da cinque mesi. Il 13 agosto, durante la mia prima riunione da direttore del Tg1, avevo fatto portare le carte geografiche dell'intera area mediorientale e assegnato i diversi servizi. Da alcuni giorni le truppe di Saddam avevano invaso il Kuwait e presi atto che nessuno dei nostri era lì. «Titolare» del Medio Oriente era Del Noce, il secondo inviato era Antonio Caprarica, già redattore dell'«Unità», poi brillante corrispondente da Londra. Proposi a entrambi di chiedere il visto per Baghdad con una premessa: se per caso la crisi dovesse finire in una guerra, sareste disposti a restare? La risposta fu affermativa. Qualche giorno dopo Del Noce era il primo giornalista italiano ad atterrare a Baghdad. Intanto, insieme a quarantacinque altri giornali italiani e a centinaia di testate di tutto il mondo, chiedemmo di intervistare Saddam Hussein.

In novembre la crisi stava precipitando e il governo di Baghdad si mosse. L'ambasciatore iracheno a Roma era amico personale del direttore del Tg2, Alberto La Volpe, così offrì a lui l'intervista a Saddam. La Volpe si consultò con il Psi, prese atto che il suo partito e il governo erano contrari e vi rinunciò. Avrei scoperto questo passaggio soltanto a fine dicembre, quando scoppiò un'enorme polemica dopo la mia intervista al leader iracheno, e Gennaro Acquaviva, capo della segreteria di Craxi, disse alla «Stampa» che il Psi era contrario a un'operazione che servisse «a fare da megafono alle tesi altrui». A me non era nemmeno passato per la testa di interpellare il governo, e meno che mai un partito, sull'opportunità di intervistare l'uomo del giorno. L'Italia era alleata degli Stati Uniti e pronta a intervenire militarmente per far cessare l'invasione del Kuwait, ma America e Gran Bretagna erano molto più esposte di noi e nessuno aveva immaginato di censurare la Bbc e le grandi catene televisive Usa.

### A colloquio con Saddam Hussein

Quando l'addetto stampa dell'ambasciata irachena mi disse che avremmo potuto fare l'intervista, accettai immediatamente. «Bene, verrà Del Noce» dissi. «No, deve venire lei» mi fu risposto. «Ma Del Noce ne sa più di me» obiettai. «Deve venire lei, che è il direttore» fu la replica. Gli iracheni non potevano immaginare che un direttore di telegiornale perde tre quarti del suo tempo a sbrigare pratiche burocratiche, e quello, per me, era un periodo molto difficile. Quanto a me, sapevo benissimo che per gli arabi lunedì non è mai lunedì, tant'è che mi ero sempre rifiutato di andare a Tripoli per intervistare Gheddafi (l'avevo fatto solo in collegamento da Roma), visto che una volta Alberto La Volpe era stato rispedito a casa dopo una settimana di inutile attesa. Provai a proporre Sergio Zavoli. «Per gli italiani è una specie di Dio in terra, quasi un pari grado di Saddam» dissi. «Niente da fare: il direttore è lei, e deve venire lei.» Avvertii Pasquarelli e partii.

Usammo un aereo privato perché l'aeroporto di Baghdad era chiuso. L'aereo era di una compagnia che faceva capo a Giuseppe Ciarrapico, andreottiano della prima ora, e questo innescò sospetti sul fatto che Andreotti fosse stato informato della missione. In realtà, il presidente del Consiglio non sapeva nulla dei preparativi, così come noi non sapevamo che l'aereo era di Ciarrapico: lo scoprimmo solo quando chiedemmo di parlare con chi controllava la compagnia per farci dimezzare le spese di assicurazione, diventate iugulatorie nel timore di una guerra imminente.

Il primo viaggio avvenne a fine novembre e si concluse ad Amman, dove fummo raggiunti da una telefonata degli iracheni: Saddam aveva rinviato l'intervista. Lasciai Del Noce e i due tecnici, che in ogni caso avrebbero dovuto raggiungere Baghdad, e rientrai a Roma. Ormai tutti erano a conoscenza di dove eravamo stati e la tensione si tagliava a fette. Ad aggravare la situazione ci si era messo il sequestro da parte irachena di un'intera colonia di occidentali. Saddam aveva trasferito un folto gruppo di americani e di inglesi residenti nel suo paese in zone vicine a possibili obiettivi militari, facendone in sostanza degli «scudi umani» per impedire agli occidentali l'attacco. Trattò meglio gli italiani, ospitati a spese del nostro governo in un albergo di lusso. Nessun altro cittadino straniero ebbe un simile riguardo dal proprio paese, ma i nostri connazionali – che in parte si distrassero organizzando commerci poco eleganti – levarono al cielo i lamenti più alti, approfittando del megafono costituito dai gruppi pacifisti che andavano e venivano dall'Iraq, con grande soddisfazione di Saddam e grande scorno di palazzo Chigi.

Era infatti la prima guerra alla quale gli italiani avrebbero partecipato dal 1945 – sia pure con pochissimi mezzi – e l'idea che la nostra politica internazionale potesse disturbare dei «figli di mamma» aveva gettato nella costernazione una parte dell'opinione pubblica del nostro paese. Il governo mi scongiurò di evitare l'intervista a Saddam, quasi che da questa potesse dipendere la vita dei nostri soldati. Alla fine mi fu chiesto almeno di sospenderla, in attesa della liberazione degli ostaggi. Non ebbi alcuna difficoltà a farlo, visto che il rinvio l'aveva deciso il presidente iracheno. Ma appena i nostri furono rilasciati, sollecitammo il nuovo appuntamento con il rais, che fu fissato per il 20 dicembre. Mi guardai bene dal chiedere permessi e partii di nuovo per l'Iraq.

### Governo contro Tg1: intervista bloccata

Per quattro giorni restai sequestrato nell'albergo Al Rasheed, dov'erano alloggiati tutti i giornalisti stranieri, tra cui Del Noce – che chiamava «canile» il nostro rifugio – e dove ci venivano serviti pasti a prezzi stellari, con cibo verosimilmente trafugato dal Kuwait. Ogni giornalista, per muoversi, doveva avvertire i custodi del «canile». Per me il problema non si poneva, visto che dovevo rendermi disponibile in qualunque momento il rais avesse deciso di ricevermi. Incontrai i ministri degli Esteri e delle Informazioni, ma di Saddam nessuna traccia. L'antivigilia di Natale decidemmo di andarcene. I nostri piloti, però, scoprirono che non potevamo farlo: i piani di volo erano stati bloccati. Eravamo venuti in Iraq per intervistare Saddam e non potevamo lasciare il paese senza averlo fatto.

Quello stesso giorno fummo ricevuti dal rais, dopo la più accurata perquisizione corporale alla quale sia mai stato sottoposto. Nel timore che qualcuno di noi fosse

James Bond, ci sequestrarono tutti gli effetti personali, orologi, penne e taccuini compresi, perché potevano contenere armi o esplosivi. A Del Noce fu consegnato un cronometro per misurare la durata dell'intervista, a Stampacchia fu sequestrata la telecamera: giravano o-peratori iracheni.

Saddam fu molto cordiale, per come poteva esserlo un sovrano con i giornalisti di un paese in guerra con il suo. Sapeva di avere alle spalle la simpatia di centinaia di milioni di musulmani, felici che qualcuno di loro fa-cesse finalmente vedere i sorci verdi agli americani. E non faceva nulla per nasconderlo.

Era un bell'uomo, assai più prestante di quanto ap-parisse in televisione. Del Noce, che veste Caraceni, gli fece i complimenti per lo splendido abito che indossa-va. «È di un sarto francese» ci confessò Saddam. Gli dissi che il papa pregava perché fosse risparmiata la guerra. Sorrise e apprezzò. Avevo dovuto consegnare una scaletta delle domande, sulla quale non erano state sollevate obiezioni. Ne aggiunsi altre durante l'intervi-sta, senza problemi. Gli feci notare che il sequestro di ostaggi (aveva fermato anche un gruppo di italiani) poteva costargli l'accusa di criminale di guerra. Non si offese. Tutti i giornalisti che lo avevano intervistato, avevano potuto farlo nella loro lingua madre, io fui co-stretto a farlo in inglese, perché l'ambasciata italiana non mi procurò un interprete, a rimarcare l'irritazione del governo per quella nostra visita. E dovetti ribattere ad alcune accuse di Saddam contro l'Italia per evitare di essere processato, al ritorno, come traditore o quan-tomeno come collaborazionista. Parlammo per cento minuti, senza interruzioni.

La notte stessa rientrammo a Roma e l'indomani, 24 dicembre, programmammo la messa in onda dell'intervista per la prima serata di venerdì 28 dicembre. Non sapevo che, durante la mia assenza, Alberto La Volpe aveva scatenato l'inferno. Ma come, aveva detto al governo e ai vertici della Rai, io mi comporto bene, chiedo il permesso di intervistare Saddam e, dinanzi al veto politico, mi ritiro in buon ordine senza fiatare, e adesso Vespa va a Baghdad e fa tranquillamente quello che avrei dovuto fare io? Non sia mai detto. Il presidente Andreotti e il ministro degli Esteri De Michelis gli dettero ragione e incaricarono Pasquarelli di bloccare la mia intervista.

Maledicendo il momento in cui – sia pure malvolentieri – mi aveva proposto per la direzione del Tg1, il direttore generale mi invitò a pranzo proprio venerdì 28 dicembre al «Passetto», uno storico ristorante a due passi da piazza Navona, che trovammo semideserto. Fingendo di consumare un pasto anoressico, Pasquarelli dette il via a un minuetto in cui gli aspetti comici si intrecciavano con quelli drammatici. «Tu sai che quell'intervista non può andare in onda» attaccò, consapevole di infilarsi in un vicolo cieco. «Ti rendi conto di quello che mi stai chiedendo?» replicai. Era stato il governo a chiederglielo, adducendo come motivazione il fatto che l'Italia sarebbe stata fino al 31 dicembre presidente di turno della Comunità europea e la mia intervista avrebbe rischiato di vanificarne gli sforzi di mediazione. In realtà era soltanto un pretesto, come fu chiaro quando dissi a Pasquarelli: «Gli Stati Uniti e i principali paesi europei hanno già trasmesso l'intervista dei loro giornalisti a Saddam. La presidenza dell'Italia si chiude fra tre giorni, rinviamo tutto alla settimana prossima».

*Del Noce, lo «scudo umano»*

Quando ci alzammo da tavola, dopo il mio pasto e il digiuno di Pasquarelli, non avevo capito se e quando l'intervista sarebbe andata in onda. In compenso, la sera stessa nel telegiornale avrei fatto seguire la mia versione dei fatti al comunicato del direttore generale, che la legge indica come responsabile dell'intera programmazione della Rai e che quindi aveva il potere giuridico di fare quel che fece Pasquarelli (allo stesso modo si era comportato Agnes bloccando l'intervista di Biagi a Gheddafi durante la crisi dei missili su Lampedusa). Espressi in video «la mia sorpresa e il mio pieno dissenso per l'iniziativa» e misi a disposizione il mio mandato di direttore, ringraziando i colleghi del Tg1 per la qualità e l'abnegazione con cui svolgevano il loro lavoro e i trentuno milioni di spettatori che seguivano le undici edizioni del nostro telegiornale consentendoci proprio in quei giorni di battere i record storici di ascolto.

L'indomani eravamo in prima pagina su tutti i giornali. «La Repubblica» titolò: *Pasquarelli ordina: censurate Saddam. I socialisti contro Vespa e la Rai blocca l'intervista. Il direttore del Tg1 obbedisce, ma minaccia di dimettersi.* Per la sinistra diventai un eroe, per il governo e la maggioranza un rompiscatole, per Pasquarelli un incubo. L'intervista fu trasmessa l'11 gennaio, però in seconda serata, per punizione. Ma la videro ugualmente cinque milioni di spettatori.

Il governo iracheno, furibondo per i ritardi nella messa in onda dell'intervista, rinnovò immediatamente i visti a Del Noce e alla troupe un minuto dopo la trasmissione. I nostri sbarcarono a Baghdad il 13 gennaio, mentre arrivava l'ordine di rimpatrio per quasi tutti i giornalisti occidentali. L'ultimatum dell'Onu a Saddam per il ritiro dal Kuwait scadeva il 16 gennaio alle 8 del mattino, occorreva quindi prendere una decisione sull'impiego dei giornalisti. In una drammatica riunione dei direttori di testata, Curzi e La Volpe annunciarono che avrebbero ritirato i loro inviati e accusarono me di voler usare i miei come «scudi umani». Mossi questa obiezione: «Dobbiamo compiere una scelta di campo precisa. Dobbiamo decidere se la Rai è solo l'azienda di Baudo e della Carrà o se al suo interno i giornalisti che decidono di fare fino in fondo il loro mestiere di testimoni possono farlo. Le maggiori televisioni del mondo sono a Baghdad: quelle commerciali americane e le televisioni pubbliche europee. Abbiamo coperto questa crisi per primi e per cinque mesi. Non me la sento di dire che abbiamo scherzato. Il Tg1 resta».

Stavolta Pasquarelli si comportò con saggezza: «Decidano i direttori di testata» disse. Del Noce, Stampacchia e Valzania restarono volontariamente. Il 15 gennaio, mentre partivano gli ultimi voli da Baghdad, chiesi loro in amicizia se davvero se la sentivano. Risposero di sì senza esitazione. I rischi c'erano, ma sapevamo tutti che solo un macroscopico errore avrebbe indirizzato i missili americani sull'albergo Al Rasheed, facendo strage dei giornalisti occidentali. E poi, che cosa sarebbe stata l'invasione sovietica dell'Ungheria senza i racconti di Indro Montanelli e le immagini del nostro Vittorio Mangili? E il Vietnam senza Egisto Corradi, senza Oriana Fallaci e, perché no?, senza il nostro Marcello Alessandri? E la recentissima guerra di Bosnia, senza che la televisione ne documentasse gli orrori?

La redazione era d'accordo con la mia scelta, ma questa certo mi pesava. Così la notte del 17 gennaio non riuscivo a staccare gli occhi dal televisore mentre gli americani bombardavano un paesaggio a me notissimo: le telecamere della Cnn erano sulla terrazza di Al Rasheed. Sapevo che Del Noce era lì e che non avrebbe potuto trasmettere subito, ma ero certo che l'avrebbe fatto appena possibile. Il servizio, non ricordo per quali vie, arrivò l'indomani. Quando vidi il reportage, mi chiusi nella mia stanza e piansi. Senza freni e con un po' d'orgoglio.

# IX

# Cade la Prima Repubblica della Tv

*La guerra, i cattolici, il papa*

Durante la guerra del Golfo il Tg1 tenne una posizione favorevole all'intervento. Le grandi firme del giornalismo italiano collaboravano con noi nella rubrica «L'opinione», all'interno del telegiornale delle 20, e Arrigo Levi, tornato in video alla Rai dopo molti anni, era in gran spolvero e commentava con l'abituale e autorevole chiarezza le varie fasi della crisi. Avevamo permesso a milioni di italiani di conoscere le posizioni di Saddam Hussein, ma trovavamo giusto che, con l'assenso delle Nazioni Unite, l'Occidente restituisse al Kuwait l'indipendenza perduta. Nessuno ha mai imposto all'Italia di entrare nella Nato, né nella comunità di difesa dell'Unione europea occidentale. «Ma se vogliamo far parte del club» dissi una sera «dobbiamo pagare le quote di frequenza.»

Questa frase e l'impostazione del telegiornale urtarono i pacifisti e una parte del mondo cattolico. Mario Agnes, direttore dell'«Osservatore romano», commentò criticamente il mio editoriale, ma dal chiarimento maturato in un incontro successivo nacquero una stima e un'amicizia che non avrebbero più subìto incrinature. Alcuni miei colleghi cattolici, invece, approfittarono di quella circostanza per seminare i primi germi della rivolta che sarebbe scoppiata dopo le elezioni del 1992. (Avrei scritto dieci anni dopo in una lettera – mai pubblicata – al direttore di «Famiglia Cristiana»: «Si è mai chiesto perché un giornalista cattolico non è mai arrivato alla guida di un grande quotidiano, non è mai diventato un riconosciuto "opinion maker" e perché la sua vita in televisione è molto più difficile di chi cattolico non è? Statisticamente è impossibile che siamo tutti stupidi o incapaci. È vero che tradizionalmente la grande stampa è di proprietà e di cultura laiche. È vero che la sinistra è stata tradizionalmente più attenta a coltivare i veri centri di potere: i democristiani occupavano le banche, i comunisti si interessavano a editoria e magistratura. Ma è anche vero, purtroppo, che i cattolici sono stati specialisti nel tagliarsi le gambe a vicenda, nel delegittimarsi, nel chiudersi dentro il loro steccato: nel fare, cioè, esattamente l'opposto di quello che – se non ho capito male in questi anni – sostiene Giovanni Paolo II fin da quando faceva il vescovo in Polonia».)

Mi fu di grande conforto in quel periodo una visita, con la mia famiglia, a Giovanni Paolo II. Fummo invitati ad assistere alla messa dell'alba nella cappella privata del pontefice. Trovammo il papa in ginocchio che pregava, con la testa raccolta fra le mani. Era un monumento alla sofferenza: guardandolo, capimmo improvvisamente quanto fosse insopportabile per lui l'idea stessa della guerra, quanto fosse lancinante il dolore della ferita che si apre allorché alle parole subentrano le armi. Alla fine della messa il pontefice si avvicinò a noi per lo scambio di piccoli doni e don Stanislao gli disse: «Santità, il Telegiornale Uno è stato sempre molto sensibile alle posizioni della Santa Sede, anche durante la guerra del Golfo». Io restai impietrito, il papa sorrise.

## Coniglietto e Coniglione

Giampaolo Pansa chiamava Arnaldo Forlani «coniglio mannaro». Chiamò me «coniglietto mannaro, che col suo sguardo bovino-umidoso fa a dovere il lavoro ordinatogli dal coniglione Arnaldo». Il resto dell'articolo, pubblicato dall'«Espresso» il 23 dicembre 1990, aveva, se possibile, un tono anche peggiore, tant'è che, dopo un lungo processo, Pansa venne condannato per diffamazione. Una metà del risarcimento andò in beneficenza, l'altra servì a comprare un'automobile che chiamammo Giampaola. La cosa mi dispiacque, perché Pansa aveva firmato i migliori reportage della situazione italiana negli anni Settanta (solo recentemente, dopo una lunga e devastante parentesi «talebana», è tornato alle lucide analisi di trent'anni fa), ma quel suo sciagurato articolo è una spia del clima di ostilità, sconfinante talvolta nel linciaggio, che caratterizzò i primi anni Novanta e che è tornato a respirarsi nel nostro paese dopo la vittoria del centrodestra alle elezioni politiche del 2001.

Il fatto è che Coniglietto conosceva così poco Coniglione che, quando lo cercò per *Telecamera con vista* nell'estate del '93 (cioè a un anno dalle sue dimissioni dalla segreteria democristiana e a sei mesi dalle mie dalla direzione del Tg1), dovette farsi dare il numero di telefono da un collega e l'indirizzo dal diretto interessato. Arrivato in un grande ufficio semideserto nei pressi del Parlamento, conobbi Maria Venturi, la segretaria che da decenni seguiva il leader democristiano dappertutto. Ho già precisato che, se Forlani avesse posto il veto alla mia candidatura, non sarei mai diventato direttore del Tg1, ma questo non significa affatto che ci conoscessimo bene. Il suo simpatico assistente, Elio Pasquini, mi aveva fatto sedere alla sua destra a un paio di cene con altri giornalisti alle Feste dell'Amicizia, ma prima dell'intervista per quel libro non avevo mai incontrato Forlani a quattr'occhi e mai avevo avuto colloqui politici con lui. E, meno che mai, negli sporadici incontri collettivi con i colleghi era stata pronunciata la parola «Rai».

Nei trenta mesi della mia direzione Forlani mi fece due telefonate: la prima per complimentarsi per la nomina («Mi hanno detto che sei la persona giusta per quell'incarico»), la seconda per farmi sapere che gli dispiaceva che mi fossi dimesso. Da direttore l'ho chiamato una o, al massimo, due volte per avere qualche informazione di prima mano non ricordo su quale argomento. Nell'anno che precedette la mia nomina andai due volte a pranzo con Enzo Carra, il suo portavoce. Chi lo conosce sa che è molto reticente a parlare e che ha un certo pudore per i discorsi espliciti. Mi fece capire che la mia nomina sarebbe stata di loro gradimento e che sarebbe stato contento se avessi preso con me Maurizio Bertucci, il quale aveva lavorato con lui e con Gianni Letta al «Tempo» e si era poi trasferito al Tg3. Nominai Bertucci segretario di redazione (era il lavoro che aveva fatto meglio). Tutto qui.

Anche Carra, durante la mia direzione, si fece vivo sporadicamente e con discrezione. Tutt'altro che asfissiante fu pure Ugo Intini, suo collega del Psi. Più insistenti, invece, erano gli uomini dei piccoli partiti di governo: avevano il problema della «visibilità» (ancora immutato dieci anni dopo) e sollecitavano in continuo l'apparizione dei loro leader nelle edizioni principali.

A tutti – grandi e piccoli – proposi ingenuamente il seguente patto: lasciamo perdere la litania quotidiana del «pastone», la marmellata politica con le solite dieci facce. «Quando fate qualcosa di importante, anziché venti secondi al giorno vi do due minuti interi. Non perdete in quantità, migliorate in qualità del messaggio.» Nemmeno a parlarne: volevano gli uni e gli altri. Rispetto ai tempi di Fava, che aveva una sua specialissima formazione culturale, la pagina politica fu tuttavia drasticamente ridotta e nessun servizio (compresi i miei editoriali) durava più di settanta secondi.

### «Vuoi fare un favore ad Andreotti?»

Andreotti non si fece mai vivo. In compenso c'era un'enorme quantità di persone che, all'esterno del telegiornale, pretendevano di parlare in suo nome e in suo nome chiedevano piccoli favori. Un giorno mi dissero che il presidente avrebbe gradito che una sua amica, già caporedattore in un'altra testata, assumesse da noi la guida della redazione esteri. L'incarico era ricoperto da un collega della sinistra democristiana, che non era Walter Cronkite, ma nemmeno l'altra era Barbara Walters. Andai a palazzo Chigi da Andreotti, gli esposi le ragioni per cui giudicavo sconveniente l'avvicendamento e lo trovai perfettamente d'accordo. Ebbi per di più la sensazione che il suo interesse per la signora fosse modesto. Fu in ogni caso la prima e unica volta che parlai con un leader politico di problemi interni alla Rai. Anzi, fu la prima e unica volta, nei miei primi trent'anni di Rai, che ebbi un colloquio a quattr'occhi con un leader politico. Se ho commesso degli errori, se qualche volta non ho mantenuto il necessario equilibrio, la colpa è soltanto mia: non ho mai ceduto a pressioni esterne. E non posso dire, in coscienza, di averne subite di apprezzabili.

C'è tuttavia da chiedersi perché, tra il 1994 e il 2002, ho conosciuto tutti i leader della cosiddetta Seconda Repubblica assai meglio di quanto non abbia conosciuto, nei trent'anni precedenti, quelli della Prima. Per due ragioni, credo: è cambiata la politica ed è cambiata l'informazione televisiva. Gli uomini della Prima Repubblica non avevano alcun interesse a confrontarsi tra loro e ad aprirsi con il pubblico attraverso la televisione. Protetti dal sistema proporzionale e dalla rete di alleanze politiche che ne derivava, i leader del centrosinistra al massimo potevano formare un governo con o senza i liberali, con l'appoggio pieno dei repubblicani o con il loro sostegno esterno. Sembrò rivoluzionaria l'ascesa a palazzo Chigi di Giovanni Spadolini (1981) e di Bettino Craxi (1983), ma gli equilibri di fondo non mutavano. I comunisti godevano di una magnifica rendita di posizione: anche quando non appoggiavano il governo, dalla metà degli anni Settanta non c'era legge di qualche rilevanza finanziaria che non avesse il loro sostegno determinante.

La democrazia imperfetta, come veniva chiamata, finiva per garantire tutti. Il consiglio d'amministrazione della Rai (643111) ne era il simbolo più evidente. Nel dopoguerra il paese era stato trasformato da povera contrada agricola in grande nazione industriale dalla capacità riformatrice della Dc e dalla vocazione liberale dei piccoli partiti di governo. Ormai, però, perdeva colpi e nessuno sembrava avvedersene. Era sufficiente parlare per cinque minuti con due uomini di grande intelligenza personale e politica come Paolo Cirino Pomicino e Gianni De Michelis per constatare che, fino all'ultimo, furono convinti che ogni problema potesse essere risolto. D'altra parte, il problema della scarsa competitività all'estero della grande industria italiana non era stato sistematicamente risolto con continue svalutazioni della lira?

### «Porta a porta», impensabile in quegli anni

Nemmeno i comunisti volevano uscire dalla loro trincea: c'era voluto il coraggio – o forse l'incoscienza – di Bettino Craxi per abbattere il tabù del punto unico di scala mobile, e anche allora i terroristi avevano colpito ogni timido accenno riformatore. I missini erano completamente emarginati: frustrato dall'opposizione democristiana qualunque tentativo di sdoganamento anticipato, davano quasi l'impressione di crogiolarsi masochisticamente nel disgusto e nella protesta ormai fini a se stessi.

La struttura dei telegiornali, garantendo alle diverse voci politiche una rappresentanza proporzionale (con l'esclusione del Msi), non è mai stata, nemmeno nei tempi migliori, uno stimolo al cambiamento. E non esistevano le trasmissioni di approfondimento di cui oggi sono pieni i teleschermi. Dall'82 in poi, per una decina d'anni, ho cercato di far incontrare in un dibattito televisivo De Mita e Craxi, Andreotti e Berlinguer, Forlani e Natta, Craxi e Occhetto. La cosa era semplicemente impensabile.

Un innovatore come Mario Segni era guardato con profonda diffidenza dal suo stesso partito. Commise l'indelicatezza di abbandonare la Dc nel momento in cui la barca affondava e non ha mai saputo capitalizzare l'enorme patrimonio di fiducia che, per qualche tempo, gli italiani gli hanno accordato. Ma è merito suo se i referendum hanno cambiato il nostro sistema politico. Se nel '93 non ci fosse stata l'elezione diretta dei sindaci, con i primi faccia a faccia televisivi, Gianfranco Fini non si sarebbe certo affermato in poche settimane come leader politico d'alternativa. Se nel '94 non si fosse votato con il sistema maggioritario, probabilmente Silvio Berlusconi starebbe ancora occupandosi dei palinsesti di Canale 5.

Da allora la televisione è diventata uno straordinario strumento di colloquio tra i politici e il paese. Ha seguito e raccontato, passo dopo passo, la drammatica rivoluzione italiana dell'ultimo decennio. Ha ridotto enormemente la distanza tra i leader e la gente e ci ha consentito di conoscerli e di mostrarli finalmente da vicino, come politici e come uomini. Nella Prima Repubblica una trasmissione come «Porta a porta» sarebbe stata semplicemente inconcepibile.

L'unico che seppe approfittare della Tv nella sua opera di demolizione del Palazzo fu Francesco Cossiga. Il capo dello Stato fu la sola autorità istituzionale e politica a telefonarmi per congratularsi subito dopo la mia nomina (Forlani lo fece alcuni giorni più tardi). Mi chiamò la sera stessa e mi colpì il suo lunghissimo sfogo contro la classe di governo, contro la Dc, contro Nuccio Fava per l'inchiesta su Cia-P2. Quando l'indomani andai a salutare Fava, ricevetti l'ammonimento opposto: «Sta' attento a Cossiga. Vedrai che le dimissioni di Leone, pure drammatiche, furono niente rispetto a quello che ci combinerà questo qua».

## Cossiga, picconatore in Tv

Come vedremo tra poco, io stesso fui vittima di alcune pesantissime esternazioni del presidente della Repubblica, ma nel '93, quando lo incontrai per *Telecamera con vista* e gli chiesi perché ce l'avesse con me, Cossiga restò molto sorpreso. «Ma guardi che io non ce l'avevo con lei» rispose «glielo dico onestamente. Ce l'avevo con la dirigenza Rai. ... Vespa, io la conosco bene. Non dovevano mandarla in quella fossa di leoni senza darle i poteri per gestirla. Sapevo quanto lei soffrisse in quella gabbia di matti. Certo, facemmo un salto enorme perché lei fu un direttore molto più responsabile del suo predecessore. Durante la sua direzione non vi furono mai fatti come quelli che portarono l'ambasciatore americano nella mia anticamera a chiedere se eravamo impazziti a dire che Bush era stato il mandante di atti di terrorismo...»

Il chiarimento con Cossiga avvenne alcuni mesi dopo le mie dimissioni. Nell'estate del '90, quando andai a dirigere il Tg1, Cossiga non era ancora il terribile «picconatore» dei due anni successivi. Anzi, dalla sua elezione, nell'85, in pubblico aveva quasi sempre taciuto, per marcare la sua distanza da un comunicatore fluviale come Pertini. «Devi aiutarlo a costruirsi un'immagine presso il grande pubblico» dicevo ormai da anni al suo paziente capo ufficio stampa Ludovico Ortona. «Non può presenziare a cerimonie e funerali e starsene sempre zitto.» Niente.

Nell'autunno del '90 Cossiga mi rilasciò finalmente per «Domenica in» la sua prima ampia intervista televisiva. Qualcuno vi intravide i germi delle imminenti picconate, ma, onestamente, nessuno pensava a quanto sarebbe accaduto di lì a poco. Il presidente della Repubblica si lasciò andare per la prima volta durante una seduta del Consiglio superiore della magistratura. Costituzione alla mano, egli considerava la magistratura un ordine e non un potere dello Stato, e il Csm un organo di «alta amministrazione» – come prescrive la Carta costituzionale – e non un organismo politico a tutti gli effetti quale esso è diventato ormai da decenni. Purtroppo Cossiga non si limitò a dire la sua ai membri del Consiglio. Glielo gridò sotto l'occhio delle telecamere che registravano l'incontro. Diventò prima rosso in volto, poi paonazzo, infine vermiglio. Guardammo il filmato in redazione con molto imbarazzo.

Intanto il Pci aveva cominciato la sua opera di delegittimazione di Cossiga (ne avrebbe chiesto l'incriminazione davanti alla Corte costituzionale nella sua veste di Alta Corte di giustizia) e Roberto Morrione, mio capocronista, mi suggerì di mandare in onda le grida di Cossiga, che erano in effetti un clamoroso autogol. Sotto il profilo strettamente professionale, aveva ragione, ma in quel caso mi preoccupai del trauma istituzionale che quelle grida avrebbero prodotto. «È il capo dello Stato ed esce malissimo da questa situazione» dissi a Morrione. «Per questa volta, proteggiamolo.» (Come abbiamo visto, Longhi aveva fatto la stessa cosa nelle ultime settimane di mandato di Pertini.) Claudio Angelini fece un servizio in cui l'esternazione di Cossiga fu riferita in tutti i suoi scomodi dettagli. Il volto paonazzo del presidente parlava da solo, anche se le grida furono risparmiate allo spettatore. Invano, però, visto quello che sarebbe accaduto nei mesi successivi.

### Quirinale contro Tg1

Il 16 maggio 1991 alcuni sicari della 'ndrangheta uccisero un uomo di una cosca rivale, gli mozzarono la testa e si divertirono a centrarla in un macabro tiro a segno. Poi tentarono di ammazzarne anche i figli. Nel pomeriggio scrissi un breve editoriale per l'edizione serale del telegiornale in cui sollecitavo un gesto forte da parte dello Stato. «Quando torna dagli Stati Uniti» concludevo «il presidente della Repubblica vada a Taurianova, bussi a ogni porta, entri in ogni casa, lui, Cossiga, e chieda: tu hai visto niente? E non se ne vada fino a quando qualcuno non gli risponde. Nel pieno del dibattito sulla Seconda Repubblica, sarebbe bello intanto salvare la Prima.» I rapporti tra la Dc e Cossiga, che ormai si definiva ex democristiano, erano pessimi e dagli Stati Uniti il presidente commentò: «Figuriamoci se non vado a Taurianova. Ma per chi mi ha invitato a farlo è successo che mamma ha chiamato e picciotto ha risposto». I «picciotti» saremmo stati io e Pippo Baudo, che aveva invitato Cossiga a una maggiore «compostezza istituzionale». La polemica montò a tal punto che i socialisti, i quali appoggiavano Cossiga in chiave antidemitiana, mi criticarono aspramente e un quotidiano in genere ben informato come il «Corriere della Sera» pubblicò un pezzo di brillante fantascienza a firma Francesco Merlo secondo cui il mio intervento e quello del popolare presentatore televisivo sarebbero stati concordati in un vertice democristiano.

Alla fine dell'estate, al convegno della sinistra dc di Lavarone, De Mita attaccò frontalmente il presidente della Repubblica e fu applaudito. (La rottura tra i due era piuttosto recente, visto che nell'85 De Mita aveva compiuto un capolavoro politico, raggiungendo sul nome di Cossiga un accordo preventivo con il Pci e facendolo eleggere alla prima votazione: circostanza del tutto eccezionale nella tradizione parlamentare italiana.) L'inviato del Tg1, Francesco Pionati, che di De Mita era un figlioccio, mandò in onda una sintesi dell'intervento e gli applausi.

Io ero in ferie e vidi il servizio a casa, ma non me ne dissociai, e Cossiga mi mosse un attacco pesantissimo, ai limiti della diffamazione. Risposi per le rime: «Secondo la Costituzione, il presidente della Repubblica non è responsabile per gli atti compiuti nell'esercizio delle sue funzioni. Per questo non è perseguibile legalmente». Quando, per telefono, lessi a Pasquarelli la mia replica, mi immaginai che impallidisse, ma alla fine non sollevò obiezioni. Capivo il suo tormento. Cossiga non parlava con me, né io con lui, e a farne le spese era il direttore generale. Il capo dello Stato lo svegliava ogni mattina con fluviali esternazioni sul mio conto, e Pasquarelli era sfinito. Ma il peggio doveva ancora venire.

Quando sentì al telegiornale la mia gelida replica, Claudio Angelini propose a Cossiga, senza consultarmi, un'intervista «riparatrice». Al momento della registrazione, però, l'umore del presidente doveva essere cambiato, perché il povero Angelini registrò venticinque minuti di contumelie contro Pionati e il sottoscritto. La conclusione, lapidaria, era la seguente: «Questa Rai non merita il denaro dei contribuenti».

*E Cossiga se ne andò in diretta Tv*

Quando la cosa si seppe, ci fu una sollevazione in mio favore. Arrigo Levi parlò di «inammissibile intervento intimidatorio del capo dello Stato» e Gianfranco Piazzesi, in un editoriale per il «Corriere della Sera», scrisse che se Cossiga voleva davvero parità polemica, avrebbe dovuto dimettersi e accettare la mia querela. Il presidente pretendeva peraltro che l'intervista venisse trasmessa integralmente.

Cossiga chiamò Pasquarelli, minacciando di far ricorso a quell'articolo della convenzione tra lo Stato e la Rai che riconosce – in casi eccezionali – al capo dello Stato e al presidente del Consiglio il diritto d'accesso agli schermi dell'ente televisivo nazionale. Da parte mia, gli feci sapere tramite Angelini che gli avrei accordato al massimo tre minuti: andarono in onda tre minuti e venti secondi.

Passarono altri mesi di gelo e di telefonate mattutine a Pasquarelli, finché all'inizio del '92 Cossiga mi chiamò direttamente al telefono: «Accetta di farmi un'intervista insieme con i suoi colleghi del Tg2 e del Tg3? Lo chiedo prima a lei perché so già che gli altri due mi diranno di sì». «Volentieri, presidente» risposi. «A patto che sia un'intervista vera.»

Cossiga dava per scontato l'assenso di La Volpe (i socialisti, come abbiamo visto, s'illudevano che il capo dello Stato fosse un ariete contro la Dc, senza capire invece quanto profetica fosse la sua intuizione sull'agonia dell'intero sistema) e quello di Curzi (i comunisti, pur attaccandolo duramente per la vicenda Gladio, utilizzavano il Tg3 come cassa di risonanza per le sue «picconate», sapendo benissimo che alle imminenti elezioni politiche avrebbero potuto passare all'incasso. Curzi era inoltre amico personale del presidente della Repubblica, un privilegio che alcuni anni dopo avrei condiviso anch'io).

L'intervista sollecitata da Cossiga fu un'intervista vera. Non mosse obiezioni quando gli dissi che, dopo venti minuti, il pubblico comincia ad annoiarsi e rispose con franchezza alle mie obiezioni sulle «picconate» quotidiane. Difese la scelta del nuovo e, quando gli obiettai che prima di demolire la vecchia casa è meglio costruirne un'altra, fece capire che considerava la crisi del sistema dei partiti un processo ormai irreversibile. Poco tempo dopo, le elezioni politiche del 5 aprile gli diedero ragione. Nel giro di un anno, la successiva crisi del CAF, con l'elezione di Oscar Luigi Scalfaro al Quirinale, e i colpi di Tangentopoli avrebbero sepolto la Prima Repubblica.

Cossiga se ne andò in diretta televisiva. Ci aveva chiesto di trasmettere un messaggio al paese nel pomeriggio di sabato 25 aprile. Si collegarono le tre reti Rai e le tre reti Fininvest, e il capo dello Stato invitò personalmente i sei direttori ad assistere alla lettura del messaggio. Entrando nel suo studio, dalla solennità dell'apparato capimmo che si sarebbe dimesso. In quarantaquattro minuti demolì il sistema dei partiti, dopodiché pregò alcuni di noi di accompagnarlo in una stanza attigua. Disse a un valletto: «Per oggi, niente spumante di Stato. Porti champagne millesimato. Pago io». Bevemmo un calice di Krug, ci salutò con molta cordialità e scese da solo nel cortile percorrendo lo scalone d'onore. Dopo aver ascoltato l'inno nazionale con la mano sul petto, salì in automobile e scomparve, salutando la gente del pomeriggio festivo che non sapeva di aver incontrato un ex presidente della Repubblica.

*Tg2 e Tg3 militarizzati...*

La mia personale estraneità al Palazzo, sia nel periodo precedente sia in quello successivo alla mia nomina a direttore del Tg1, era una forza professionale destinata a trasformarsi ben presto in grande debolezza politica e aziendale. Se il forte carattere «istituzionale» del Tg1, sin dalla sua nascita, ha sempre impedito a chiunque di utilizzarlo come una clava, l'avvicinarsi delle elezioni politiche del '92 aveva accentuato, per contro, gli aspetti faziosi del Tg2 e, soprattutto, del Tg3. I leader democristiani erano poco più giovani di Bernabei e ne avevano ammirato da vicino la gloria. Da molti anni la grande stampa non era loro amica, ma non si sarebbero mai aspettati di accendere un qualsiasi canale televisivo e vedersi massacrare come nemmeno il più severo tra i quotidiani nazionali avrebbe osato fare.

Il Tg2 si limitava a riportare con ossessiva e ossequiosa puntualità anche il più banale intervento di Craxi, spesso in apertura dell'edizione di prima serata. La Volpe, pur facendo un giornale assolutamente ortodosso, non era molto amato dal segretario del Psi e si appoggiava al vecchio amico Manca. In redazione tutti i posti di comando e di sottocomando erano saldamente presidiati da socialisti, che però, come spesso accade quando si è in molti a pensarla allo stesso modo, erano profondamente divisi. Giuliana Del Bufalo aveva conquistato i galloni di vicedirettore e non era certo tipo da collaborare con La Volpe. Lorenza Foschini era in grande sintonia con Craxi (insieme con Giovanni Minoli fece anche uno spot elettorale per il Psi) e aveva molto potere.

Potentissima era anche Maria Giovanna Maglie, ex comunista venuta dall'«Unità» e inviata con pieni poteri a New York. La Maglie era brava (lo è tuttora, come si vede dai suoi articoli per il «Foglio»), ma spendeva una fortuna, e mise letteralmente in crisi la struttura americana della Rai. Per arginarne la disinvoltura, dovemmo fare una riunione di tutti i direttori di testata perché le esigenze della Maglie in fatto di parrucchieri, truccatori e studi a disposizione non solo avevano fatto esplodere il budget del Tg2, ma avevano fatto lievitare anche le richieste dei tecnici che lavoravano per noi. La incontrai a Baghdad mentre lasciavo l'albergo dopo l'intervista con Saddam. Al confronto, l'ingresso di Wanda Osiris sarebbe passato inosservato. Con un'irresistibile carica di simpatia, ci disse che sarebbe stata raggiunta da un camion partito dalla Giordania con i vini, gli champagne e le prelibatezze di cui una vera signora non può fare a meno. «Sarò costretta a passare qui il Natale e il Capodanno» spiegò «dunque...»

A completare il quadro delle donne socialiste in carriera c'era Alda D'Eusanio, che in seguito avrebbe rotto

con le altre. In ogni caso, le vecchie avanguardie femminili comuniste (la decana Manuela Cadringher, Ilda
Bartoloni, Bimba De Maria) furono sostanzialmente
emarginate.

Il Tg3 colpiva ogni giorno il governo con tiri mirati
d'artiglieria. Occhetto veniva intervistato pressoché
quotidianamente sugli argomenti più disparati, ma
Curzi – che conosce il mestiere – nella sua lotta antigo-
vernativa era sapientemente pluralista, usando ieri
una «picconata» di Cossiga, oggi un attacco di Fini, domani un'intemerata di Bossi. Queste durissime repri-
mende erano alternate a tutte le notizie sgradevoli che
era possibile raccogliere nell'arco della giornata: dal-
l'incidente sul lavoro alla Usl che non funziona. E, il
giovedì, arrivavano i bombardieri pesanti di «Samarcanda» a fare strage.

### ... e la Dc processò il Tg1

Così, un sabato di novembre del '91, in una sala dello
splendido hotel Vittoria di Sorrento affacciata sul golfo
di Napoli, fu celebrato quello che i giornali definirono il
«processo al Tg1». Nella città campana si svolgeva un
importante convegno del «Grande centro», la corrente
largamente maggioritaria della Dc. Ero andato per dare
un'occhiata e fui invitato a pranzo in modo del tutto
estemporaneo, come capitava sempre in quel partito.
Era il primo pranzo del genere al quale partecipavo (e
sarebbe stato, per mia fortuna, anche l'ultimo) ed ero
piuttosto imbarazzato. Scelsi un posto defilato accanto
a Rosa Russo Jervolino, con la quale avevo maggiore
familiarità.

A un certo punto cominciò a parlare Gava. Sono stato a lungo ammalato, disse, ho guardato molto la televisione e trovo che il livello dei programmi della Rai si sia molto abbassato. Gava se la prese soprattutto con Raiuno: secondo lui, i valori nei quali si riconosce il modo cattolico erano stati annacquati, appiattiti, talora stravolti. Tuttavia, il leader dei dorotei non faceva un discorso etico. La sua preoccupazione era politica e venne raccolta a mezza bocca da diversi dirigenti. Fu Remo Gaspari, ministro di lungo corso e capo della corrente in Abruzzo, a riassumere quei malumori con una battuta efficace: «Abbiamo fatto assumere tanta gente, ma si vede subito che la terza rete è più efficace. Sono bravissimi a far vedere tutto quello che non funziona in Italia: una mosca che vola la fanno diventare un dirigibile... E invece su Raiuno niente: non emerge l'immagine di questo paese che è cresciuto ed è una potenza mondiale».

La mia risposta ai preoccupati commensali di Sorrento fu più o meno la seguente: «Fin dalla sua nascita il Tg1 è un giornale diverso dagli altri. È professionalmente più attento e tempestivo, è politicamente più equilibrato. Il nostro ascolto, che in questo periodo tocca il suo massimo storico, non sarebbe così alto se il prodotto non fosse giudicato qualitativamente migliore degli altri. L'offerta di informazione è così ampia che l'unica ragione per sceglierci è la qualità. Non a caso, quando accade un avvenimento che coinvolge fortemente l'opinione pubblica (ultimo, in ordine di tempo, la guerra del Golfo), i nostri ascolti crescono. È il segnale più evidente del fatto che la gente si fida di noi. Certo, il Tg1 non è un giornale politicamente neutro, ma l'assenza di settarismo, che per voi è un limite, per noi costituisce un duplice vanto: il primo è che così ci sentiamo perfettamente coerenti con la nostra etica professionale, il secondo è che è proprio la credibilità del prodotto complessivo a rendere accettabile e spesso condivisa la nostra linea. Rompere questo equilibrio può essere devastante». Annotai in *Telecamera con vista*: «Vengo ascoltato con rispetto, ma anche con molto scetticismo. La dirigenza democristiana mi scambierebbe su due piedi con un Santoro cattolico, tanto le bruciano i processi di "Samarcanda". E posso capirla».

## Parte il Tg5 di Mentana

Il Tg5 andò in onda per la prima volta il 13 gennaio 1992. Lo condusse, nell'edizione principale delle 20, Enrico Mentana, che ne era anche il direttore e che nel 2002 avrebbe festeggiato il decennale, battendo ogni record in fatto di direzione italiana di testate televisive. Mentana era la persona giusta al posto giusto. Era socialista e Berlusconi, allora, non avrebbe potuto fare una scelta diversa. Ed era bravo. Come conduttore s'era fatto le ossa nelle edizioni notturne del Tg1. Parlava un linguaggio sciolto e informale, perfetto per una televisione commerciale. Gianni Letta, che gli ha sempre tenuto una mano paterna sulla spalla, lo pescò al Tg2, dove Mentana era arrivato per fare il vicedirettore ma aveva subito litigato con la fazione craxiana vincente ed era stato emarginato. L'intera nomenklatura socialista mi aveva ripetutamente chiesto di riprenderlo al Tg1. E l'avrei fatto senza difficoltà se i «senatori» della mia testata non si fossero ammutinati. «O lui o noi» mi dissero. Era un bluff, naturalmente, non avendo altro

posto in cui lavorare. Ma avevo già tante grane e l'idea
di procurarmene un'altra non mi rallegrava. (Quello
che terrorizzava i miei colleghi erano le sue battute mi-
cidiali, seguite da risate demoniache di autocompiaci-
mento. Erano convinti che, se Enrico fosse venuto da
noi, nel giro di un mese anche gli uscieri sarebbero andati in giro a raccontare l'ultimo massaggio di carta vetrata sulla schiena di Tizio e di Caio.)

In ogni caso, Mentana se ne andò al Tg5 portandosi
dietro come vicedirettore Clemente Mimun, che due anni dopo sarebbe andato a dirigere il Tg2 e, dieci anni dopo, il Tg1 («Clemente e io» disse Mentana in questa
occasione «siamo come Michael e Ralf Schumacher: fratelli, ma avversari durissimi»). Emilio Fede, *senior editor*
dei telegiornali Fininvest, non gradì naturalmente l'arrivo di Mentana sul canale più importante della casa e
disse ai dirigenti, tra il serio e il faceto, che se ne sarebbero pentiti. In questo spirito, appena Enrico fu assunto
da Canale 5 nell'estate del '91, durante un bagno a Capri
con Adriano Galliani, braccio destro e socio del Cavaliere nella società che gestiva i mezzi tecnici di produzione
e di trasmissione, Emilio e io improvvisammo una gag.
Fede le sparava sempre più grosse contro Mentana e io
gli facevo da spalla. Il povero Galliani prese tutto per
oro colato e ci mancò poco che annegasse.

Nel primo giorno di trasmissione, il Tg5 delle 20 ebbe tremila spettatori in più del Tg1: 7.382.000 contro
7.379.000. Il «sorpasso» fece sensazione, ma non si sarebbe mai più ripetuto nell'ultimo anno della mia direzione. Anzi, il distacco fu sempre fortissimo a nostro
favore. Mentana partiva ogni sera in vantaggio per il
traino della «Ruota della fortuna» di Mike Bongiorno,

che allora viveva i suoi momenti di gloria, ma dopo pochi minuti noi lo superavamo, pur avendo il deserto prima del Tg, e alla fine del telegiornale il nostro vantaggio era netto. La domenica, quando Mike non andava in onda, la differenza tra i due telegiornali era di alcuni milioni di spettatori.

In coincidenza con la nascita del Tg5, il Tg1 subì una radicale operazione di *restyling*. Il logo cambiò da Tg1 in Telegiornale Uno, il tradizionale mappamondo acquistò sfumature di colore diverse per ogni edizione della giornata, alle spalle del conduttore apparve uno schermo gigantesco che mostrava una redazione virtuale al lavoro (l'idea fu di Gianni Boncompagni, che girò la scena a Cinecittà e, per evitare polemiche, prestò gratuitamente la sua opera). Le conduttrici ottennero uno spazio che non avrebbero più avuto. Il primo giorno della nuova formula, tutti i telegiornali furono condotti da donne: alle 13.30 si alternarono regolarmente Lilli Gruber, Maria Luisa Busi e Tiziana Ferrario, alle 18 andò in onda Claudia D'Angelo, alle 20 Angela Buttiglione, mentre la mezzasera e la notte furono affidate a Manuela Lucchini. Le conduttrici si lasciarono fotografare, per una copertina del «Radiocorriere», mentre mi portavano in trionfo. Pochi mesi dopo, quasi tutte mi votarono contro nell'assemblea di redazione.

## Quando Chiesa fece il nome di Craxi

Il Tg5 partì al momento giusto. L'opinione pubblica mal sopportava il Palazzo e Mentana l'accontentò, abolendo praticamente la pagina politica. E gli spettatori del nuovo telegiornale lo scelsero soprattutto per questo. Lo previdero le ricerche di mercato, lo confermarono i dati di ascolto. (Giorgio Gori, a lungo direttore di Canale 5, ha detto a Maria Grazia Bruzzone che un servizio su un'accesa polemica tra il presidente della Repubblica Cossiga e il presidente della Camera Nilde Iotti convinse 1.200.000 spettatori del Tg5 a cambiare canale.)

È possibile che la data di partenza del telegiornale di Mentana, a tre mesi dalle elezioni politiche, non fosse casuale, ma la struttura stessa del giornale non gli consentiva di fare più di tanto da sponda al governo («Un Tg commerciale deve farsi ascoltare da tutti» ripeteva Berlusconi) e, in ogni caso, l'esplosione di Tangentopoli trasformò nel giro di pochi mesi in maniera traumatica e definitiva il quadro della politica italiana. Mi dissero nel '93 alcuni colleghi del Tg5: «Noi abbiamo avuto una fortuna sfacciata. Anzi, due: l'esplosione di Tangentopoli, che per un giornale di cronaca è il pane quotidiano, e la scomparsa del Psi, che ci ha permesso di occuparci di Tangentopoli come si deve».

Eppure l'arresto di Mario Chiesa, il 17 febbraio, segnò per il Tg5 un grosso infortunio. Nonostante il presidente del Pio Albergo Trivulzio fosse una delle persone più in vista di Milano, nessuno di noi capì dove avrebbe portato quell'indagine. Ma mentre il Tg1 fece un servizio, il Tg5 se la cavò con poche righe e non disse nemmeno che Chiesa era socialista. Commentammo in redazione: «Se continuano così, questi si suicidano». Non si suicidarono. Pochi mesi dopo, quando Tangentopoli cominciò a travolgere il sistema politico, Mentana piazzò una postazione fissa davanti al palazzo di Giustizia e Andrea Pamparana riferì con puntualità sull'andamento dell'inchiesta con un'impaginazione più aggressiva di quella del Tg1. (Tutti i telegiornali, in verità, avevano un uomo fisso a palazzo di Giustizia: per il Tg1 c'era Maurizio Losa, il Tg4 di Emilio Fede lanciò Paolo Brosio.)

Il 3 giugno 1992 Mario Chiesa fece entrare nell'inchiesta il nome di Bettino Craxi. Il leader socialista era stato incauto nel definire Chiesa «un mariuolo» e questi – che aveva diretto la campagna per far eleggere Bobo Craxi in Consiglio comunale – non si sentì più vincolato ad alcuna forma di riservatezza. Mancava poco al telegiornale delle 20 quando Losa mi disse di aver avuto da un collega la fotocopia parziale del verbale dell'interrogatorio di Chiesa. Anche gli altri telegiornali avevano la notizia, ma nessuno si decideva a trasmetterla. Tacque il Tg3 di Curzi, tacque il Tg2 di La Volpe. Avrebbe taciuto il Tg5 di Mentana. Tacevano le agenzie di stampa.

Chiamai Craxi attraverso la «batteria» del Viminale, il centralino riservato del governo. Non gli avevo mai parlato al telefono, né l'avevo mai incontrato a quattr'occhi, come invece sarebbe accaduto spesso dopo la sua caduta e la sua fuga in Tunisia. Lui non mi amava. Mi aveva attaccato personalmente sull'«Avanti!» con il suo celebre pseudonimo di Ghino di Tacco e io avevo replicato attraverso l'Ansa accusandolo di avere una concezione «bulgara» dell'informazione, come dimostrava il Tg2. (Pasquarelli, come sempre, s'era guardato bene dal difendermi.)

Quella sera dissi a Craxi che sapevamo ciò che aveva detto Chiesa e che l'Ansa avrebbe battuto poco dopo la notizia. Lui rispose che le accuse di Chiesa erano una mascalzonata, ma non lo smentì. E questo mi convinse a trasmettere sia la notizia sia la sua reazione, anche se poco dopo il segretario socialista mi richiamò per dirmi che l'Ansa non aveva «battuto un bel niente». (L'agenzia fece di peggio: la trasmise dopo di noi, citando il Tg1 come fonte.) Se avessi sbagliato, ci avrei rimesso la testa. Ma non sbagliai, e presso la direzione generale si rafforzò la mia fama di «scoopista» in senso deteriore. In Rai, purtroppo, è assai più conveniente «bucare» le notizie che – acquisite soggettivamente – possono procurare problemi di qualsiasi natura ai vertici dell'azienda. Ma questo vale anche per i quotidiani: basta vedere come i grandi giornali «impaginarono» l'arresto o le semplici indagini a carico dei loro editori.

## *Uccidono Falcone? Meglio uno show*

Dopo l'arresto di Chiesa, i procuratori di Milano si fermarono in attesa delle elezioni politiche del 5 aprile. Il crollo del centrosinistra li convinse a schiacciare l'acceleratore. «Quando, dopo le elezioni, capimmo che il quadripartito non avrebbe raggiunto la maggioranza in Parlamento» mi avrebbe detto sette anni dopo il procuratore Gerardo D'Ambrosio, vice di Borrelli nel '92 e coordinatore di Mani pulite, «intuimmo che era il momento di dare un'accelerazione all'inchiesta: gli imprenditori si sarebbero sentiti scoperti, senza protezione, e avrebbero collaborato alle indagini. L'intuizione si rivelò ottima. Avemmo un formidabile appoggio dai media e qui fuori cominciò a formarsi la coda degli imprenditori che volevano parlare. Mani pulite visse improvvisamente il suo momento magico.»

Tra i media che appoggiarono la prima fase di Mani pulite ci fu il Tg1. Demmo puntualmente notizia di tutti gli arresti e di tutte le incriminazioni e, quando ce ne furono, trasmettemmo anche le reazioni degli inquisiti.

Venti giorni dopo le elezioni, i procuratori milanesi arrestarono un socialista di primo piano, Matteo Carriera, e due uomini che avevano contato parecchio nel Pci, Epifanio Li Calzi e Sergio Soave. Ma per il primo editoriale di sostegno alla campagna moralizzatrice di Tangentopoli aspettai che arrestassero anche qualche democristiano. Cosa che avvenne puntualmente all'inizio di maggio con Maurizio Prada e Gianstefano Frigerio. Il pluralismo delle tangenti era compiuto. E demmo un pubblico sostegno a Di Pietro.

Avrei cominciato a nutrire i primi dubbi sulla gestione di Mani pulite l'anno successivo, dopo il suicidio in carcere di Gabriele Cagliari, ma ormai mi ero dimesso dalla direzione. Tuttavia, il 6 dicembre 1992, a pranzo per la prima volta con Di Pietro, gli avevo espresso alcune perplessità sul primo caso di carcerazione «anomala», quella del costruttore Salvatore Ligresti, grande amico di Craxi. Con un'evidente forzatura del codice, Ligresti era stato tenuto in carcere un mese e mezzo in più del massimo previsto ed era stato rimesso in libertà solo dopo aver detto ai magistrati alcune delle cose che volevano sentirsi dire. Di Pietro non commentò la vicenda, ma l'anno successivo, sempre durante un incontro a pranzo – avvenuto casualmente nello stesso giorno del suicidio di Gabriele Cagliari –, si dissociò completamente dalla gestione della custodia cautelare del presidente dell'Eni.

Nel suo libro Maria Grazia Bruzzone ricorda che il

Tg1 aprì l'edizione delle 20 con gli avvisi di garanzia agli ex sindaci socialisti di Milano Carlo Tognoli e Paolo Pillitteri, mentre il Tg5 in quell'occasione e nelle settimane successive glissava sugli uomini del Palazzo privilegiando l'arresto dei grandi imprenditori, come Mario Lodigiani e soprattutto Enso Papi, il capo del ramo Fiat nel settore edile. Berlusconi si toglieva qualche sassolino dalla scarpa, e poteva permetterselo. Quando, nel luglio del '93, chiesi a Di Pietro come mai lo lasciassero in pace, la risposta fu: «Berlusconi finanzia i partiti regalandogli spot televisivi. E questo non è reato».

Il più grosso errore mediatico e professionale di quel periodo fu commesso dalla Rai – e da Fininvest – sabato 23 maggio 1992. Alle 18, sull'autostrada che collega Palermo all'aeroporto di Punta Raisi, la mafia fece saltare in aria l'automobile di Giovanni Falcone e una delle due auto della scorta. Oltre al magistrato, morirono sua moglie Francesca Morvillo, l'autista Giuseppe Costanza e i tre poliziotti che precedevano l'auto del magistrato. La conferma definitiva che Falcone era stato ucciso arrivò poco prima del telegiornale delle 20. Aprimmo l'edizione in anticipo e la prolungammo più del solito, ma non fu possibile trasmettere immediatamente le immagini.

Oggi non ci sarebbero dubbi sulla necessità di smontare il palinsesto e di andare avanti a oltranza. (Tra il marzo e l'aprile del 2002, due mostri sacri dello spettacolo come Raffaella Carrà e Pippo Baudo hanno ceduto il passo a due «speciali» in prima serata di «Porta a porta» su due temi – l'arresto della mamma di Cogne e l'impatto dell'aereo da turismo sul grattacielo Pirelli di Milano – di rilievo infinitamente minore rispetto alla strage di Capaci.) Ma allora – nonostante l'avessi scongiurato fino alle lacrime di annullare «Scommettiamo che?», lo show del sabato sera con Fabrizio Frizzi – il vicedirettore generale per la televisione Giovanni Salvi impose la trasmissione dello spettacolo e lo stesso Pasquarelli s'inchinò a questa decisione.

Dopo discussioni selvagge ottenni di avere due minuti (due, mi fu ordinato) di edizione straordinaria nell'intervallo dello spettacolo. (Il povero Frizzi ricorda ancora con angoscia quella tragica serata. Era sposato con Rita Dalla Chiesa, figlia del generale ucciso dieci anni prima dalla mafia. Rita raggiunse il marito in camerino e gli chiese com'era possibile andare in onda con gli scherzi, i giochi e le risate mentre l'Italia viveva una delle sue più grandi tragedie. Ma allora chi comandava in Rai aveva la testa regolata su un orologio in ritardo di un secolo rispetto al paese.)

*E la Lega fu discriminata*

La situazione politica italiana era profondamente mutata con le elezioni del 5 aprile 1992. La Dc restava largamente il primo partito con il 30 per cento dei voti. Nonostante avesse perso quattro punti e mezzo rispetto a cinque anni prima, il suo distacco nei confronti dei comunisti (che avevano appena cambiato il nome del loro partito in Partito democratico della sinistra) era al massimo storico: 29,7 contro 16,1. Cinque anni prima il Pci aveva dieci punti e mezzo in più del Pds e la crisi della sinistra era marcata dal fatto che Rifondazione comunista, nata nel '91 dopo lo strappo di Occhetto alla Bolognina, aveva recuperato, con il 5,6 per cento, solo metà di quel salasso. I socialisti avevano perso due deputati, i socialdemocratici uno, repubblicani e liberali ne avevano guadagnati sei. L'Msi era sceso da 35 a 34 deputati, cedendo il posto di quarto partito del Parlamento alla Lega di Umberto Bossi, che conquistò quasi il 9 per cento con 55 deputati.

Mi sono sempre rimproverato il gravissimo errore professionale di aver sottovalutato all'inizio il fenomeno leghista. La scrivania di direttore del più importante organo di informazione italiano non è, evidentemente, quell'osservatorio privilegiato che si immagina. Il mio fu un classico errore «romano»: mi muovevo poco e avevo pochissimi contatti diretti con quel mondo della piccola e media impresa del Nord che avrebbe avuto un'influenza decisiva nel trasformare la politica del nostro paese. Più grave è che l'urgenza del cambiamento non fosse avvertita dai dirigenti dei principali partiti di governo: essi erano convinti che il fenomeno della Lega sarebbe stato passeggero come quello dell'«Uomo qualunque», il movimento fondato da Guglielmo Giannini alla fine del 1945.

La Lega fu oggettivamente discriminata nei notiziari televisivi della campagna elettorale del '92, mentre non lo furono affatto i repubblicani, che beneficiarono anzi di uno dei servizi del Tg1 più efficaci ed eleganti dell'intera campagna. Ma Giorgio La Malfa era caratterialmente incontentabile. Passato all'opposizione nel '91 perché i socialisti avevano posto il veto su Giuseppe Galasso come ministro delle Poste (la compensazione con le Partecipazioni statali per Adolfo Battaglia non era stata giudicata sufficiente), aveva preso di mira il Tg1 e il suo direttore.

In quei mesi ero in difficoltà sia per l'atteggiamento sempre più militante del Tg3 (abbiamo già parlato del processo alla Dc condotto da «Samarcanda» dopo l'assassinio di Salvo Lima) sia per l'ormai totale militarizzazione del Tg2. Racconterà Alberto La Volpe a Maria Grazia Bruzzone: «Il *bon ton* l'aveva rotto il Tg3, e per farci sentire dovevamo gridare sempre più forte». L'arresto del «mariuolo» Mario Chiesa, liquidato in apparenza da Craxi come un piccolo episodio di malcostume locale, aveva in realtà messo in serio allarme il leader socialista. Egli scelse perciò di giocare in casa tutta la prima parte della campagna elettorale. Ogni giorno teneva un comizio nella cintura milanese e ogni sera il Tg2 ne riferiva con ampiezza nei servizi dell'inviato Dario Carella, che lasciò per l'occasione il suo lavoro di capocronista della redazione lombarda. La mia cautela aveva messo in difficoltà i democristiani, al punto che anche un uomo prudente come Forlani una volta sospirò: «Il Tg1 ha il vezzo del pluralismo…». Non ricevetti nessuna pressione diretta, ma a un certo punto mi chiesi se fosse giusto che il partito di maggioranza relativa avesse nella mia testata un trattamento sostanzialmente uguale agli altri, mentre il Tg2 e il Tg3 si comportavano in modo completamente diverso.

## L'editore di riferimento

Fu così che anch'io decisi di seguire il giro elettorale di Arnaldo Forlani. Anche se i servizi trasmessi riguardavano soltanto i comizi tenuti nelle località maggiori, non c'è dubbio che il segretario della Dc cominciò ad apparire nel Tg1 con una certa regolarità, tanto che il capo della sua segreteria politica affermò un giorno in Transatlantico: «Anche il Tg1 si sta dando da fare bene. Finalmente...». La battuta, riportata sulla «Stampa» da Augusto Minzolini, mandò su tutte le furie Giorgio La Malfa, che la giudicò «un fatto senza precedenti».

Quando, durante la trasmissione del pomeriggio elettorale, gli chiesi di commentare i risultati, La Malfa dichiarò in diretta: «Onorevole Vespa, lei è stato sconfitto come l'onorevole Forlani. Se ne deve andare». Io replicai a botta calda: «Se in Rai c'è stata lottizzazione, onorevole La Malfa, il suo partito l'ha fatta come gli altri e peggio degli altri. Non faccio nomi per non danneggiare dei colleghi. Ma, se vuole, li farò volentieri in un dibattito televisivo con lei sulla lottizzazione della Rai». La cosa sarebbe finita lì se l'indomani non avessi provveduto a riattizzarla io stesso con uno scivolone.

In un'intervista Corrado Ruggeri del «Corriere della Sera» mi chiese: «Questi risultati elettorali modificano sensibilmente gli equilibri che ti hanno portato alla direzione del telegiornale. Forlani, il segretario della tua direzione, ha detto che è pronto a dimettersi. Che senso ha, per te, restare?». Avrei potuto rispondere con cauta ipocrisia: «Sono stato nominato da un consiglio d'amministrazione e rispondo a un direttore generale. Ho un mandato di tre anni che vorrei completare. Ma se il consiglio d'amministrazione ha fondati motivi per sostituirmi, faccia pure». Invece risposi provocatoriamente: «Fare il direttore del telegiornale ha lo stesso senso che fare il direttore del "Corriere della Sera" o della "Stampa" nel momento in cui la Fiat è in una posizione debole di mercato. L'editore della Rai è il Parlamento, l'editore di riferimento per questo giornale, secondo gli accordi

tra gli azionisti, è la Democrazia cristiana, che resta leader del mercato. Rimango dove sono fino a quando l'a-
zienda non deciderà diversamente». Fu questo uno dei
casi in cui la verità indossa i panni dell'imprudenza e
perfino dell'arroganza. «Il re è nudo» mi disse Enzo Biagi «ma quando glielo dici, s'incazza.»

Successe il finimondo. La reazione più emblematica
fu quella del Pds: «Si pone seriamente il problema di
autonomia di una parte così rilevante del servizio pubblico». E le riunioni a Botteghe Oscure per la nomina di
Curzi e di Guglielmi? E i dibattiti a via del Corso per la
nomina di La Volpe? Fu proprio La Volpe l'unico a difendermi: «L'Italia è un paese di marziani» dichiarò alla «Repubblica». «Non capisco chi si stupisce. La regola è questa. E lo sanno tutti. Qualcuno forse ignora che
il consiglio d'amministrazione della Rai è nominato
dai partiti?» Poco più tardi Guglielmi affermò: «Mi ha
nominato il Pci, ma non mi ha chiesto niente in cambio». Allora nessuno fiatò.

Il 10 aprile «la Repubblica» ospitò un mio intervento
in prima pagina. Ricordai, se ce ne fosse stato bisogno,
che da quindici anni il consiglio d'amministrazione della Rai era diviso tra i cinque partiti di maggioranza e il
Pci, e aggiunsi: «Non è affatto detto che questo sia il
sistema migliore. Ma nessuno ne ha proposto un altro
compatibile con la legge attuale. Da anni sostengo, peraltro, che all'interno di questa logica che certo non ho
inventato io, il problema è di garantire dovunque la scelta di professionisti bravi e rispettosi dello spirito del servizio pubblico. Il Parlamento si è garantito affidando la
gestione dei radiotelegiornali a persone di opinioni diverse, ma vuole giustamente che una informazione plu-

ralista sia garantita all'interno di ogni testata. E qui, grazie al Cielo, è il pubblico che fa le sue scelte. "La Repubblica" è diretta e redatta da uomini di sinistra, ma è letta da tantissima gente che di sinistra non è: segno che il prodotto funziona. Il Telegiornale Uno è diretto da un cattolico, ma certo non sono tutti cattolici i ventiquattro milioni di spettatori che lo scelgono ogni giorno. È il segnale indiscutibile che il mio giornale non "appartiene" a nessuno e che il prodotto funziona».

Ho trascritto queste osservazioni perché le condizioni del servizio pubblico sono rimaste le stesse, nonostante una legge del '93 abbia stabilito che siano i presidenti delle Camere a designare i membri del consiglio d'amministrazione, opportunamente ridotti a cinque. I direttori vengono scelti con gli stessi criteri di dieci e di venticinque anni fa. Sta a loro rispettare le diverse opinioni degli ascoltatori e dei telespettatori.

Nell'intervento sulla «Repubblica» riportai anche una lettera inviatami da Salvo Mazzolini, il nostro corrispondente dalla Germania: «In riferimento al tuo recente scambio di idee con La Malfa, leader di un partito per il quale voto da sempre e continuerò a votare anche in futuro, desidero darti atto dei tuoi innegabili sforzi per introdurre maggiore professionalità all'interno di un sistema di informazione televisivo sottoposto a regole per le quali sono certo che la tua insoddisfazione è pari alla mia».

## I peccati mortali di un direttore

I giornalisti che lavorano alla Rai hanno antenne assai sensibili ai cambiamenti. Poiché i risultati elettorali facevano capire che presto sarebbero mutate le cose anche da noi, una parte dei giornalisti cattolici del Tg1 si unirono a quelli della sinistra per scavarmi la fossa. Federico Scianò rinunciò perfino alla desiderata corrispondenza da Pechino per guidare con Borrelli le truppe in battaglia. Studiarono molti scenari in una serie di riunioni «segrete», ma commisero un solo grande errore di valutazione. Immaginarono, complice Pasquarelli, che al posto mio sarebbe potuto venire un altro come me (che, mandato via Vespa, sarebbe potuta diventare direttore del Tg1 – dico un nome a caso – Angela Buttiglione). I miei colleghi non capirono che stava cambiando l'Italia e, dopo diverse e tormentate esperienze, molti di quelli che guidarono la rivolta interna sono venuti a parteciparmi con amicizia alcune riflessioni autocritiche. Nessuno di essi ha mai potuto lamentare una censura e una vera discriminazione da parte mia. Ma, allora, perché oltre la metà della redazione voleva il cambiamento?

Il mio non è certo l'osservatorio più imparziale, tuttavia credo che si siano incrociate ragioni diverse. La prima: il mio cattivo carattere. Se un redattore faceva un buon servizio, lo inseguivo fin sulla luna per complimentarmi con lui. Se ne faceva uno di cattiva qualità, glielo dicevo con molta franchezza. Sbagliavo, nei toni e nella sostanza. È proprio della natura umana dimenticare gli elogi e ricordare i rimproveri. Un direttore che vuole limitare il numero dei potenziali nemici non deve mai esprimere quello che pensa. Deve complimentarsi, se necessario, anche con chi gli è capitato tra i piedi per sovrana sventura.

Ad aggravare la mia posizione c'è inoltre l'incapacità congenita di promettere quel che so di non poter mantenere. E, per un direttore, questo è un peccato mortale.

Una redazione va blandita nella sua interezza con suprema, dolcissima ipocrisia. Tutti noi giornalisti ci sentiamo prime donne: se veniamo promossi, non saremo grati al direttore, ritenendolo un atto dovuto da parte sua e immaginando che, se l'ha fatto, avrà avuto i suoi interessi; se non veniamo promossi, cercheremo di favorire un sollecito ricambio della direzione perché solo al successore potremo chiedere quello che abbiamo chiesto al direttore in carica e che ci è stato negato.

Ogni direttore, all'inizio del suo mandato, è assediato dall'intero corpo dei redattori che chiede una gratificazione. Accontentare tutti è impossibile. Occorre perciò essere dei geni nell'uso della vaselina, medicamento purtroppo a me sconosciuto. Per questo da allora non ho più voluto dirigere niente, se non un piccolo e valoroso reparto di paracadutisti come quello di «Porta a porta», in cui sostanzialmente non esistono gradi né gerarchie e in cui la scadenza annuale dei contratti – alla lunga, fonte di un precariato perpetuo e dunque di gravi ingiustizie professionali – porta tutti a dare il meglio di sé, non chiedendo altro che di essere messi alla prova.

### Le dimissioni, finalmente

Come è naturale, quando si ha la responsabilità di undici edizioni giornaliere di telegiornale e di molte rubriche, si commettono parecchi errori di valutazione personale, professionale e politica. Ma era oggettivamente difficile anche a Saxa Rubra sopravvivere senza macchia a una fase di drammatica transizione come quella che l'Italia ha vissuto a cavallo tra il '92 e il '93. I miei colleghi della sinistra speravano nella spallata rivoluzionaria, e non a caso i loro editori di riferimento nel Pci erano preoccupatissimi dei possibili contraccolpi sul Tg3. Alcuni tra i miei colleghi cattolici puntavano su equilibri diversi, dopo il cambio di segreteria democristiana in conseguenza della sconfitta di Forlani (e di Craxi) nella battaglia per il Quirinale, vinta da Occhetto. Si illudevano che si trattasse di uno dei ribaltoni annuali o biennali nella storia della Dc. E non si resero conto che in quel momento non veniva messa in discussione soltanto la mia direzione, ma la stessa tradizione che voleva un cattolico alla guida del Tg1.

Credo in ogni caso che chiunque riveda a un decennio di distanza i telegiornali di quegli anni non possa non riconoscere al Tg1 un equilibrio di gran lunga maggiore rispetto al Tg2 e al Tg3. Chi mi rimproverò un supposto «inseguimento del Tg5» – tenuto invece a debita distanza – capì in ritardo che la sopravvivenza della Rai era ed è legata alla sua leadership del mercato. Nessuno mi ringraziò per aver portato i telegiornali a livelli di ascolto mai raggiunti prima. Ma questo faceva parte del gioco.

Quando, tra la primavera e l'autunno del '92, montò la rivolta interna e dovetti incassare la sfiducia di oltre metà della redazione, la cosa fece molto scalpore. In realtà, anche in quel caso fui solo un apripista. Seguirono immediatamente i voti contro Vittorio Feltri all'«Europeo» e Paolo Liguori al «Giorno». Seguirono le sfiducie a direttori di telegiornali e di grandi giornali. In altri importanti quotidiani, il referendum fu impedito dalla proprietà a tutela dei direttori. Ma nei giornali, al contrario di quanto accadeva alla Rai, soprattutto in quegli anni, la «proprietà» si fa sentire. I redattori lo sanno e si regolano di conseguenza. Se un direttore non funziona, è la proprietà a doverlo sostituire, non l'assemblea dei redattori. In nessun giornale (e, oggi, in nessun telegiornale) sarebbe immaginabile un direttore generale che convoca – come accadde a me – direttore e vicedirettore del Tg1 per assistere a un processo staliniano intentatogli dal comitato di redazione. Comunque la si pensi, se cadono le regole di base che assegnano i diversi livelli di responsabilità, un'intera azienda editoriale è a rischio di sopravvivenza.

Fu così che decisi di dimettermi con qualche mese d'anticipo sull'annunciata «rivoluzione dei professori», che avrebbe decapitato tutti i vertici dell'amministrazione e delle testate. Lo decisi improvvisamente un martedì pomeriggio all'inizio di febbraio. Lessi sulle agenzie che l'indomani in consiglio d'amministrazione, pur non essendo all'ordine del giorno nulla che riguardasse il Tg1, ci sarebbe stato il consueto balletto di dichiarazioni ipocrite, logoranti e destabilizzanti. Battei su una macchina per scrivere (al computer, il file sarebbe stato accessibile a chiunque e la notizia sarebbe diventata subito di dominio pubblico) la mia lettera di dimissioni e il mattino dopo, 4 febbraio, la feci recapitare a Pasquarelli, dandogli la prima gioia dopo due anni e mezzo. Unica, grande consolazione: ricevetti un numero di attestati di solidarietà, anche dai direttori dei principali giornali nazionali, superiore ai complimenti che avevo avuto per la mia nomina.

# X

# Dal «terrorismo» di Demattè ai «direttori-collant» della Moratti

*«Non puoi mostrare la tua faccia»*

Pasquarelli lesse in consiglio d'amministrazione la mia lettera di dimissioni pronunciando nobili parole di apprezzamento per il caro estinto. «È la prima volta nella storia della Rai» disse «che un direttore si dimette senza trattare su nulla.» Infatti, mi fu ridotto lo stipendio. Ma non era quello il problema principale. In seguito, con una missiva, il direttore generale impegnava l'azienda a farmi condurre su Raiuno – in prima serata – una trasmissione d'informazione, che però non mi fu mai affidata. Quanto a me, con un'imbarazzante dose di ingenuità, chiesi che mi fosse assegnata una stanza nella speranza di poter tornare a fare l'inviato del Tg1. Ma anche questo si rivelò praticamente impossibile. «Riposati» mi ordinò il nuovo direttore Albino Longhi, ricevendomi senza un sorriso nel suo ufficio di vicedirettore generale di Viale Mazzini, dove era stato richiamato per tamponare l'emergenza provocata dalle mie dimissioni.

Con Longhi si sarebbe stabilito un buon rapporto al suo terzo incarico di direttore del Tg1, tra il 2000 e il

2002, ma nel '93 mi trattò in modo alquanto discutibile. E i colleghi che erano stati dalla mia parte furono duramente discriminati. Fabrizio Del Noce fu tra coloro che pagarono il prezzo più alto. Fedele agli amici e memore degli sgarbi subiti, Del Noce si sentì così offeso dall'atteggiamento di Longhi (fu rimosso dal ruolo di capo dei servizi speciali che io gli avevo assegnato) che, quando nel 2000 questi fu richiamato per la terza volta alla guida del Tg1, abbandonò nel giro di quarantott'ore l'incarico di corrispondente da New York preferendo condurre «Linea verde» anziché collaborare con il suo vecchio direttore.

Nella primavera e nell'estate del '93 mi fu consentito di realizzare due interviste esclusive con Bettino Craxi e Francesco Saverio Borrelli, che m'ero procurato da solo. In aprile, con un voto a sorpresa, il Parlamento aveva negato l'autorizzazione a procedere contro il leader socialista. Occhetto, per protesta, aveva ritirato dal governo, al quale partecipava per la prima volta, la delegazione del Pds. Carlo Azeglio Ciampi aveva appena formato il suo gabinetto, in sostituzione di quello di Giuliano Amato: da direttore del Tg1, con il braccio destro di Craxi avevo vissuto la drammatica svalutazione del 1992. («Faremo un riallineamento...» mi disse, nascondendomi l'entità della tragedia, affinché il telegiornale non gettasse di colpo il Paese nel panico.) Dopo quel voto parlamentare, Craxi era l'uomo del giorno. Gli scrissi un biglietto all'hotel Raphael e lui accettò per la prima volta di raccontare in televisione la sua versione sui soldi ricevuti da Silvano Larini nello studio di piazza Duomo, a Milano. Feci appena in tempo a lasciare l'albergo con la registrazione dell'intervi-

sta che davanti all'hotel si scatenò una violenta contestazione, organizzata da militanti del Pds che stavano manifestando nella vicina piazza Navona. Quando
Craxi uscì (insistette per farlo dalla porta principale),
fu coperto di sputi e monetine.

Per capire quale fosse lo stato d'animo della direzione
della Rai nei miei confronti, basta citare un episodio avvenuto quella stessa estate. In Italia la tensione era alle
stelle. In maggio c'era stato un attentato di mafia a Firenze, a due passi dagli Uffizi: l'intera famiglia del custode
dell'Accademia dei Georgofili (quattro persone) era stata massacrata e la *Natività* di Gherardo delle Notti ridotta a un velo di chiffon. A fine luglio una bomba di mafia
esplosa nei giardini di via Palestro a Milano fece altre
vittime; a Roma furono semidistrutte da un'esplosione
la chiesa di San Giorgio al Velabro e un'ala della residenza romana del Vicario a San Giovanni. Ero andato sul
posto per dare un'occhiata senza telecamere e volevo fare visita al cardinale Ruini, non sapendo che si trovava in
Francia. All'improvviso, arrivarono prima Scalfaro e poi
Giovanni Paolo II. Vista la natura non ufficiale della mia
presenza e grazie ai miei buoni rapporti con il capo della
Polizia, Vincenzo Parisi, potei accompagnarlo nella sua
visita con il presidente della Repubblica e il pontefice ai
luoghi danneggiati. Ero l'unico giornalista ad aver assistito a quel drammatico incontro e tornai di corsa in redazione per riferirne. Quando chiesi l'autorizzazione,
mi fu risposto che il direttore acconsentiva, purché non
apparissi in video. Dunque, ero giudicato impresentabile. Ma obbedii.

*Nasce la «Rai dei professori»*

Le mie dimissioni furono rassegnate sei mesi prima di un cataclisma senza precedenti nella pur tormentata storia della Rai. La Prima Repubblica era al collasso e il 25 giugno 1993 venne approvata dal Parlamento una nuova legge di riforma della Rai, a diciotto anni dalla precedente. L'aspetto nettamente vantaggioso era costituito dal fatto che i sedici consiglieri d'amministrazione erano stati ridotti a cinque (la precedente struttura assembleare rendeva infatti il consiglio ingovernabile). Quando dopo la riforma del '75, in occasione di alcune interviste, Gianni Agnelli e Carlo De Benedetti mi avevano chiesto come andasse la Rai, la mia risposta era stata la seguente: come andrebbero Fiat e Olivetti se fossero guidate da sedici consiglieri d'amministrazione di sei partiti diversi che si riuniscono una volta alla settimana? Il punto debole della nuova riforma, tuttora in vigore, è l'assegnazione del potere di nomina ai presidenti delle Camere. Si tratta indubbiamente di autorità di altissima garanzia, ma poiché non vivono sulle nuvole, devono tener conto delle maggioranze parlamentari e rischiano così ogni volta che il ruolo risulti appannato. Essi, peraltro, non hanno alcun potere di controllo e di revoca, per cui per ben quattro volte nell'ultimo decennio è capitato che abbiano dovuto affrontare il loro compito con angoscia e tra inevitabili polemiche.

La riforma del 1993 fu caldeggiata dal Pds che era in quel momento, nel «Parlamento degli inquisiti», il partito più potente, con la Dc e il Psi ormai allo sbando. Presidenti delle Camere erano Giovanni Spadolini a palazzo Madama e Giorgio Napolitano a Montecitorio: esistevano quindi tutte le condizioni per nominare un consiglio in cui, per la prima volta, i cattolici fossero in netta minoranza. Furono eletti tre professori universitari (Claudio Demattè, Feliciano Benvenuti e Tullio Gregory), un noto giornalista di sinistra (Paolo Murialdi) e un'editrice (Elvira Sellerio). Tutte persone di prim'ordine, formalmente svincolate dai partiti ma animate da una furia moralizzatrice e rivoluzionaria che, se da un lato avviò un salutare risanamento finanziario dell'azienda, dall'altro rischiò di ucciderla. La Rai è fatta di bilanci, ma anche di uomini: se i primi fioriscono e i secondi agonizzano, non è un grande affare. E la «Rai dei professori», così fu chiamata, non viene oggettivamente rimpianta da nessuno.

Sono in molti, anzi, a ricordarla come un incubo: dagli impiegati e operai che, con il drastico e repentino taglio degli straordinari, vissero autentici drammi familiari ai tanti giornalisti, come Tito Stagno e Mario Pastore, che si trovarono prepensionati senza nemmeno una parola di ringraziamento. (Si tratta, purtroppo, di un fatto ricorrente nella storia della Rai. In Mediaset Mike Bongiorno, anche se oggi non è più utile ai bilanci come un tempo, viene sempre trattato come un principe. È Mike Bongiorno, ha fatto la storia della televisione italiana, l'azienda di Berlusconi gli deve molto. Da noi, invece, puoi anche essere Guglielmo Marconi ma, quando vai via, nessuno spenderà una parola per ringraziarti. Non è perché siamo più cinici degli altri. La verità è che in Mediaset, in vent'anni, il padrone è rimasto sempre lo stesso, mentre da noi, negli ultimi trenta, sono cambiati quindici direttori generali e tutti vengono invariabilmente sostituiti prima di poter allungare lo sguardo oltre l'orizzonte. Per questo in quarant'anni di televisione non ho mai visto nessuno, per popolare che fosse, andarsene con l'animo lieto. Ma non è mai troppo tardi per invertire la rotta.)

Dei cinque nuovi consiglieri l'unico esponente cattolico era Feliciano Benvenuti, veneziano, avvocato di fama e professore a Ca' Foscari. Qualcuno disse che aveva accettato di entrare in consiglio perché l'età e il prestigio ne avrebbero fatto il presidente. Fu invece eletto in quel ruolo Claudio Demattè, economista della Bocconi attentissimo a far dimenticare le proprie antiche simpatie socialiste, e il povero Benvenuti si autoemarginò decidendo di scendere raramente a Roma e di non contare nulla nelle scelte che il nuovo consiglio avrebbe compiuto.

Nessuno dei cinque eletti sapeva niente di televisione, anzi alcuni di loro affermarono con orgoglio di non guardarla o addirittura di non possedere un televisore. Il problema è che di televisione non sapeva nulla nemmeno il nuovo direttore generale, Gianni Locatelli. Amico di Prodi, cattolico progressista, Locatelli era stato chiamato a quell'incarico dal presidente dell'Iri che lo aveva convinto a lasciare la direzione del «Sole-24 Ore», il quotidiano economico di Confindustria. Demattè, Locatelli e gli altri immaginarono di rilanciare la Rai come se fosse la Galbani o la Rinascente. Nominarono direttore del personale Pierluigi Celli, che scoprì subito a proprie spese la differenza tra la Rai e qualunque altra azienda, se non altro perché i contratti di lavoro sono più numerosi di quelli della Fiat o dell'Olivetti, e che i problemi posti da Raffaella Carrà sono tecnicamente molto diversi da quelli che presenta l'acquisto di un pacchetto di film, un contratto per i diritti sportivi o la gestione di milleduecento giornalisti distribuiti in decine di redazioni.

## Deportazione a Saxa Rubra

Nel frattempo eravamo stati deportati da via Teulada a Saxa Rubra. Quando ero direttore del Tg1, ero stato l'unico dirigente a oppormi a quello spostamento: giudicavo semplicemente folle trasferire l'«informazione» a dieci chilometri dal centro, in una cittadella collegata a Roma da una sola strada soggetta a frequenti ingorghi di traffico. Sarebbe stato meglio concentrare tutta l'«informazione» nei palazzi di via Teulada e trasferire a Saxa Rubra le redazioni meno legate all'attualità. Ma la decisione era presa e tutti gli operatori del settore dell'informazione, che all'inizio avevano sottovalutato i disagi del trasferimento, erano disperati. (L'ultimo giorno in via Teulada mi chiusi per qualche minuto in raccoglimento nel mitico studio 12 del quinto piano, da dove il Tg1 aveva raccontato tante pagine di storia italiana.)

Tra il settembre e l'ottobre del '93, a Saxa Rubra si insediarono i nuovi direttori dei telegiornali. Al Tg1 venne Demetrio Volcic, straordinario corrispondente dalla Germania e dall'Unione Sovietica, il quale però, come capita a molti di noi, da direttore valeva meno che da solista. Volcic era subentrato a Longhi, che si era dimesso prima di essere rimosso approfittando di una scortese e ingenerosa intervista di Demattè. Quest'ultimo, animato da pur nobili propositi, si comportava come una Merlin andata a ripulire un lupanare. La Rai non aveva una contabilità paragonabile a quella delle altre aziende: molte spese erano discutibili, alcune probabilmente ingiustificate. Ma se sul piano dei conti, come abbiamo detto, l'opera dei professori fu encomiabile, l'atteggiamento terroristico da essi adottato fu, per molti versi, inammissibile. Noi che vivevamo da decenni in Rai avevamo la sensazione che tutto quanto di buono era stato fatto e aveva portato la radiotelevisione italiana ai vertici mondiali venisse improvvisamente azzerato.

Volcic trovò un Tg1 ingrigito e perdente: i sorpassi del Tg5, fino a qualche mese prima impensabili, si ripetevano periodicamente e sarebbero continuati anche con la sua gestione. La notte delle bombe di mafia nel luglio del 1993 aveva dimostrato la drammatica impreparazione della Rai rispetto a Fininvest. Volcic, il primo direttore non cattolico nella storia del Tg1, si rendeva conto di camminare su un terreno minato in un paese devastato da Tangentopoli e in un'azienda allo stremo, e si mosse con estrema prudenza. Eravamo amici e, appena insediato, abbracciandomi mi disse che il trattamento riservatomi dopo le mie dimissioni era stato vergognoso. Ma capì il giorno dopo che restituirmi un minimo di dignità operativa lo avrebbe esposto, e non ne fece nulla.

Direttore del Tg2 fu nominato il giornalista della «Repubblica» Paolo Garimberti, che si precipitava in video con la stessa avidità con cui un naufrago guarda una bella donna dopo sei mesi di forzata astinenza. Memorabili i suoi fluviali collegamenti con Eugenio Scalfari. Garimberti era un bravo giornalista, non comunista ma apertamente schierato a sinistra, secondo il costume dell'epoca, che lasciava la guida del giornale alle sagaci quanto politicamente orientate cure di Roberto Morrione. Era uno spettacolo sconcertante vedere la truppa craxiana rinnegare quasi del tutto l'antica appartenenza.

## Cinque morti Rai in due mesi

Il Tg3 era stato affidato ad Andrea Giubilo, gran lavoratore, capocronista cattolico della redazione di Sandro Curzi, il quale fu estromesso dal nuovo corso come Trockij lo fu da Stalin. Sicuro di cavalcare l'onda comunista ormai vincente, Curzi fu destituito dopo un'eroica resistenza e accusò alcuni influenti colleghi di partito e dell'Usigrai – il potentissimo sindacato dei giornalisti Rai controllato tradizionalmente dalla sinistra – di cedimenti verso l'amico-nemico cattolico progressista. Di fatto, Giubilo divenne ostaggio dell'apparato di Telekabul, mentre Michele Santoro – che pure a Curzi doveva molto – non mise il lutto.

Alla guida di Raiuno fu chiamato Nadio Delai, sociologo e direttore del Censis di Giuseppe De Rita, che capì subito che la televisione, vista dall'interno, è cosa radicalmente diversa da come se la immagina lo spettatore. Raidue andò a Giovanni Minoli, certamente un esperto, che la tenne saldamente in pugno. Nella Raitre di Angelo Guglielmi, che conservò il posto grazie a Elvira Sellerio, si faceva intanto strada Gad Lerner, grazie al programma «Milano, Italia» che per primo dette voce alla rivolta leghista.

Guglielmi si è sempre distinto per alcune spregiudicate sperimentazioni, necessarie a salvaguardare l'ascolto della rete. (Un pomeriggio del '91 mi caddе lo sguardo su un monitor che trasmetteva la «bassa frequenza», cioè i programmi in corso di registrazione in altri studi. Vidi un paio di magnifiche gambe in primo piano. Un quarto d'ora dopo guardai di nuovo. Ancora le stesse gambe, riprese da un'altra angolazione. Dopo una lunga attesa, fu finalmente inquadrata la titolare di tanta grazia: era Alba Parietti che faceva il provino dello spettacolo «La piscina», programma di modesta fortuna che ebbe tuttavia il merito di traghettarla da Telemontecarlo alle reti Rai.)

I giornali radio furono unificati e affidati a Livio Zanetti, mentre il critico televisivo del «Corriere della Sera» Aldo Grasso diventò direttore dei programmi radiofonici: perse parecchi punti di ascolto, e dovette capire a sue spese che scrivere di certe trasmissioni è più facile che farle.

Tra la fine di gennaio e la fine di marzo, la Rai ebbe i primi cinque caduti in guerra della sua storia (il sesto, l'operatore del Tg2 Maurizio Palmisano, in missione con Carmen Lasorella, sarebbe stato ucciso l'anno successivo in Somalia da un proiettile vagante). Il giornalista Marco Luchetta, l'operatore Alessandro Ota e il tecnico Dario D'Angelo – tutti della sede di Trieste – saltarono in aria a Mostar. Due mesi dopo, vennero assassinati a Mogadiscio la giornalista del Tg3 Ilaria Alpi e l'operatore Miran Hrovatin. Ci furono molte polemiche perché le ristrettezze economiche della Rai non avrebbero consentito alla Alpi di pagarsi una scorta. La giornalista, in ogni caso, non fu uccisa per un atto di barbarie gratuito: i suoi servizi sul traffico d'armi, nonché sullo «scandalo della Cooperazione» che aveva coinvolto il nostro ministero degli Esteri, avevano dato fastidio a importanti boss locali.

Ci accorgemmo tutti all'improvviso che anche la

guerra era cambiata. Finora, dal Vietnam al Golfo, si era quasi sempre saputo dov'era il fronte e da dove arrivavano i colpi. Né in Bosnia né in Somalia né, alcuni anni dopo, in Afghanistan, dove sarebbe morta la giornalista del «Corriere» Maria Grazia Cutuli, queste regole sarebbero state rispettate.

*«Caro Vespa, perché non emigra?»*

I miei rapporti con Demattè e Locatelli erano pessimi. Quando, in un drammatico confronto, ricordai al presidente il mio diritto contrattuale al lavoro, lui mi rispose che avrei dovuto dimettermi non dalla direzione del Tg1, ma dall'azienda. «Mi licenzi» gli dissi. Volarono grida e minacce, e inutilmente Locatelli tentò una mediazione. Il direttore generale cercò allora di allontanarmi da Roma: mi propose il coordinamento degli uffici di corrispondenza di New York, senza autorità sui corrispondenti e senza esserlo a mia volta. Sarei stato, insomma, una specie di «magazziniere». Poi mi chiese di andare a Bruxelles a curare i rapporti, notoriamente inesistenti, tra la Comunità europea e la Rai. Infine, quando gli dissi che avrei portato la Rai in tribunale (era ormai l'inizio del 1994), si risolse ad affidarmi una rubrichetta elettorale pomeridiana («Oltre le parole»), che fu l'unica alla quale accettarono di partecipare dodici leader politici su dodici.

Mio ospite fisso era Giovanni Sartori, padre della politologia italiana, che si era rifugiato negli Stati Uniti ai tempi della contestazione e aveva mantenuto a fatica la sua collaborazione con il «Corriere della Sera», essendo giudicato allora troppo conservatore per i gusti del giornale, intento anch'esso a fiutare il vento del «nuovo». La rubrica elettorale di prima serata («Al voto, al voto!») fu condotta con esiti assai controversi da Lilli Gruber, brava professionista in video e in politica estera, ma del tutto digiuna di politica interna.

L'Italia stava cambiando pelle per la seconda volta in due anni. Scalfaro aveva sciolto il «Parlamento degli inquisiti» per legittimare il «nuovo che avanza». Tutti si aspettavano che il «nuovo» fosse guidato da Achille Occhetto che, approfittando della rotta del governo di centrosinistra, aveva stravinto con le liste «progressiste» alle elezioni amministrative della primavera e dell'autunno del 1993 e già pregustava di fare cappotto alle politiche del marzo successivo con la «gioiosa macchina da guerra» del Pds. La Dc – ora guidata dalla sinistra interna che faceva capo a Mino Martinazzoli – s'apprestava a cambiare il nome, tornando al Partito popolare di sturziana memoria. Era stata abbandonata dall'astro nascente Mario Segni in concomitanza con l'incriminazione di Giulio Andreotti per concorso esterno in associazione mafiosa. Martinazzoli s'illudeva – correndo da solo – di guadagnare un numero di seggi indispensabile per condizionare dal centro la sinistra di Occhetto. Per questo rifiutò (come fece Mario Segni) le offerte di Silvio Berlusconi di costituire insieme una grande «alleanza anticomunista», resa indispensabile dal nuovo sistema maggioritario. «Cavaliere, la politica non si fa con il pallottoliere» fu la risposta sdegnata di Martinazzoli. Sottovalutava il desiderio di cambiamento degli italiani, ma certamente avrebbe forzato le tradizioni del suo partito se si fosse alleato con la Lega Nord di Umberto Bossi e con il Msi di Gianfranco Fini.

Fini era stato fino a quel momento un segretario di partito piuttosto anonimo. Aveva tirato fuori gli artigli per riprendersi il Msi strappatogli da Pino Rauti, ma mediaticamente non era nessuno. Diventò un vero e proprio personaggio televisivo durante la campagna elettorale dell'autunno 1993 per l'elezione del sindaco di Roma. Andò al ballottaggio con Francesco Rutelli, strapazzando il candidato popolare Carmelo Caruso (il che fece capire ai democristiani quanto fosse cambiato il vento). Perse la sfida finale, ma nei duelli televisivi con l'avversario – resi possibili dalle semplificazioni del sistema maggioritario – dimostrò una sorprendente personalità, che avrebbe consolidato negli anni successivi. Berlusconi aveva fatto scandalo quando, all'inaugurazione di un ipermercato a Casalecchio sul Reno, aveva affermato che tra Rutelli e Fini avrebbe votato il secondo. («Il Cavaliere Nero» lo soprannominò «L'Espresso», che lo ha attaccato ogni settimana per anni.) Due mesi dopo, nel gennaio del 1994, annunciando la propria discesa in campo, faceva del segretario missino il suo alleato per il Centrosud e di Umberto Bossi il suo alleato per il Nord.

Il genio imprenditoriale di Silvio Berlusconi, dominatore assoluto delle televisioni commerciali, gli aveva consentito di battere sul campo i maggiori editori italiani, l'amicizia con Craxi e con i democristiani moderati gli aveva permesso di salvare le sue reti dal tentativo di rivincita dei comunisti e della sinistra cattolica. Ora si trovava alla guida di un impero forte e pericolante al tempo stesso: il suo gruppo aveva vinto la sfida con la Rai sulla pubblicità e le contendeva il primato degli ascolti, ma era fortemente indebitato con le banche. Se Occhetto fosse andato al potere, avrebbe potuto distruggerlo facilmente. (Ci avrebbe provato D'Alema con il referendum anti-Fininvest del '95, salvo poi pentirsene: figuriamoci che cosa sarebbe successo se la sinistra avesse vinto un anno prima.)

Il Cavaliere non avrebbe voluto esporsi in prima persona, ma quando Martinazzoli si limitò a offrirgli un seggio senatoriale in Lombardia, decise di giocare la grande carta. Eugenio Scalfari – che con De Benedetti era stato il suo grande avversario nella «guerra di Segrate» per il controllo della Mondadori e che aveva approfittato dei buoni uffici di Andreotti e Ciarrapico per farsi restituire dal Cavaliere «L'Espresso» e «la Repubblica», una parte del bottino – lo schernì («Il ragazzo Coccodè») immaginando che Forza Italia avrebbe mandato in Parlamento un manipolo di pretoriani assoldati per difendere gli spazi televisivi di Mike Bongiorno e di Maurizio Costanzo. Ma i sondaggi dissero ben presto che Berlusconi e la sua strana alleanza tra nordisti e sudisti che non si parlavano – allargata ai democristiani Casini e Mastella, scappati dalla casa madre prima di esservi politicamente giustiziati – avrebbe battuto la «gioiosa macchina da guerra» di Occhetto e ridotto quel che restava della Dc a un gruppo numericamente ininfluente.

### Santoro, la mafia e il Cavaliere

La campagna elettorale fu combattuta in un clima di grandi tensioni che, ancora una volta, videro la Rai al centro delle polemiche. Maria Grazia Bruzzone riferisce nel suo libro le lamentele dei redattori del Tg1 per la marcata posizione di sinistra della trasmissione «Al voto, al voto!», che fece gridare al «Tg1 rosso». Michele Santoro, nel suo «Il rosso e il nero» su Raitre, organizzò il lancio del libro *Berlusconi. Inchiesta sul signor Tv* di Giovanni Ruggeri e Marco Guarino, ristampato dagli Editori Riuniti, in cui si parlava delle supposte collusioni mafiose del Cavaliere e della «misteriosa» origine dei suoi capitali all'inizio dell'avventura televisiva. (Sette anni più tardi, lo stesso Santoro riprenderà, come vedremo, l'argomento presentando un libro di Elio Veltri e Marco Travaglio, *L'odore dei soldi*, in piena campagna elettorale 2001.) Giuliano Ferrara gli rispose dalle reti Fininvest accusandolo di essere «un diffamatore professionale» e, con la pubblica distruzione di un bollettino per il pagamento del canone televisivo, lanciò una guerra santa contro la Rai. Lo stesso Martinazzoli, avvertendo che lo scontro frontale tra la destra e la sinistra avrebbe schiacciato il centro democristiano, paragonò «Il rosso e il nero» a una «fumeria d'oppio». Sempre su Raitre, l'ex direttore di «Lotta Continua» Enrico Deaglio, terzo conduttore di «Milano, Italia» dopo Gad Lerner e Gianni Riotta, non mostrava di nutrire per il Cavaliere una grande simpatia.

Quanto al direttore della radio, Aldo Grasso, fu un tale campione di equidistanza politica che il 21 marzo 1994, a sei giorni dal voto, scrisse di Gustavo Selva, che si presentava nelle liste elettorali di Alleanza nazionale: «In settimana, un candidato si accalorava contro la lottizzazione della Rai. Sul suo viso leggevi quella cattiveria che solo certi vecchi riescono ancora a esprimere quando si accaniscono. Usava le parole come carcasse sonore prive di significato, era in corsa, non descriveva una corsa, e affidava ogni messaggio alla sua faccia. Quel vecchio era Gustavo Selva: per anni ha rappresentato, con le sue parole, l'idea più efferata del consenso a un regime, la fedeltà alla "lottizzazione", la brutalità dei finti moderati. Adesso si veste da ribelle, e non prova nessuna vergogna».

Eppure Berlusconi vinse. Fu molto aiutato dagli spot televisivi trasmessi a raffica dalle sue televisioni, ma proponeva un prodotto di successo. Disse giustamente Walter Veltroni, il «postcomunista» più esperto di televisione, che l'influenza sociale della serie «Dallas» era stata assai più utile al Cavaliere di tutto il resto. Con i suoi messaggi televisivi, Berlusconi convinse la maggioranza degli italiani che un imprenditore di successo, fattosi da solo, aveva il potere di farli sognare. E la gente, che nei due anni precedenti aveva visto molti uomini politici con le manette di Tangentopoli ai polsi e l'intera classe dirigente della Prima Repubblica sbranarsi in un colossale processo di autodistruzione, gli credette.

Per la prima volta dopo ventidue anni, com'era ampiamente prevedibile, non mi fu chiesto di condurre la serata elettorale. Volcic, tuttavia, mi fece seguire le reazioni del Polo. Quando Berlusconi vinse, rilasciò a me della Rai la sua prima intervista, e ciò fu riportato con risalto dai giornali perché tutti pensavano che avrebbe scelto Mentana. L'indomani, a mezzogiorno, mi chiamò Locatelli. «Vedo che in seconda serata» mi disse «ci sarebbe un programma di Renato Zero. Mi pare surreale dopo quello che è successo stanotte. Perché non provi a mettere in piedi qualcosa con i leader politici?» Volcic, che era pur sempre il direttore del Tg1, provò a protestare per la scelta che di fatto lo esautorava, ma fu zittito dal direttore generale. Nel giro di qualche ora preparai un programma in cui Occhetto disse che Berlusconi doveva ricevere l'incarico di formare il nuovo governo; Martinazzoli, in collegamento da Brescia, dette il suo addio alla politica; Fini e Bossi dissero la loro e il Cavaliere parlò, per la prima volta, da presidente del Consiglio *in pectore*.

Mi ricevette nella sua vecchia casa di via dell'Anima in felpa blu, la sua tenuta da lavoro. Si sedette su un divano bianco sotto le luci che aveva già fatto predisporre perché l'inquadratura risultasse perfetta, prese in mano un fascio di carte e, placidamente, disse che stava già lavorando al programma di governo. Nel giro di dodici ore, la persona che non poteva riferire – unico testimone – su un drammatico incontro tra il papa e il presidente della Repubblica perché considerata impresentabile veniva invitata a realizzare a spron battuto un programma con i principali leader politici protagonisti di una tornata elettorale che aveva cambiato la storia dell'Italia moderna. La Rai era anche questo.

## Lady Moratti al potere

Al posto di Spadolini e Napolitano, protagonisti da decenni delle cronache politiche nazionali, vennero eletti presidenti del Senato e della Camera due figure assolutamente nuove: Carlo Scognamiglio (Forza Italia) e Irene Pivetti (Lega Nord). Il giorno dell'elezione del presidente del Senato avevo un appuntamento con Berlusconi per un'intervista, ma, quando arrivai, il presidente rinunciò. «Tra poco» mi disse quasi in lacrime

«Spadolini verrà eletto con il nostro voto contrario e io non riuscirò a formare il nuovo governo. È finita.» E infilò l'uscio per andare a palazzo Madama, lasciandomi in casa sua con le luci accese e le telecamere pronte. Restai di sale. Di lì a poco venne da me Gianni Letta e mi spiegò che il Cavaliere, anche su suo consiglio, avrebbe voluto votare Spadolini, ma i suoi alleati si erano opposti in nome del rinnovamento, e ora temeva che il Senato sarebbe stato ingovernabile. Scognamiglio fu eletto con un solo voto di maggioranza, in luglio il consiglio d'amministrazione della Rai si dimetteva.

La Sellerio se n'era andata per suo conto da tempo, Benvenuti scendeva sempre più raramente da Venezia, Demattè e gli altri furono messi alla porta con un complicato meccanismo studiato da Pinuccio Tatarella, vicepresidente del Consiglio e ministro delle Poste: la Rai aveva bisogno che lo Stato garantisse alcune centinaia di miliardi (il «decreto salvaRai», un'umiliante cassaforte alla quale comunque la Moratti non attinse, dopo aver risanato il bilancio) e Tatarella intuì che, se avesse bocciato il piano triennale di investimenti della Rai, il consiglio avrebbe dovuto andarsene. E infatti Demattè si dimise.

Pivetti e Scognamiglio nominarono altre cinque persone, quasi tutte eminenti nei loro campi ma anch'esse digiune di televisione, come lo sarebbe stato il primo direttore generale del nuovo corso: Gianni Billia, già presidente dell'Inps. Letizia Brichetto, nominata presidente, moglie del petroliere Gianmarco Moratti, veniva da un'importante famiglia di assicuratori genovesi ed era un broker di livello internazionale. Con lei furono designati il medievalista cattolico Franco Cardini, il presidente della Ibm Ennio Presutti, il costruttore Alfio

Marchini, brillante rampollo di una famiglia legatissi-
ma al Pci, e l'imprenditore Mauro Miccio, vicino al partito di Fini.

«Alla Rai non muoverò nemmeno una pianta.» Questa
frase, comunemente accreditata a Silvio Berlusconi, in
realtà è mia. L'indomani della mia prima intervista al
nuovo presidente del Consiglio, alcuni colleghi mi chiesero quali intenzioni avesse sull'azienda radiotelevisiva.
«Secondo me non sposterà nemmeno una pianta» risposi. Mi sbagliavo. Il Cavaliere è un botanico troppo esigen-
te per lasciare al loro posto i fiori della sinistra. E anche
se, per ipotesi, l'avesse voluto, Fini e Bossi gli tenevano il
fiato sul collo già da prima delle elezioni, quando in effetti la Rai non era stata un esempio di pluralismo. Berlusconi si assicurò la fedeltà del Tg1 e del Tg2, dove andarono, peraltro, due professionisti di assoluto valore:
Carlo Rossella, che veniva da «Panorama», e Clemente J.
Mimun, che tornava in Rai dopo un'ottima esperienza al
Tg5. Entrambi avrebbero ricevuto riconoscimenti anche
dal centrosinistra per la correttezza dimostrata. Al Tg3
andò Daniela Brancati, che era sempre stata una donna
di sinistra.

*Direttori generali come collant...*

Meno vicine alla maggioranza le scelte che furono fatte per le direzioni di rete. A Raiuno andò una vecchia
gloria, Brando Giordani, figlio del fondatore dei «focola-
rini» e figura storica dell'impegno sociale dei cattolici.
Giordani era un moderato, ma nel suo Dna non aveva
certo Forza Italia. A Raidue fu nominato il cattolico di sinistra Franco Iseppi, produttore dei programmi di Enzo

Biagi, il quale però fu costretto a rinunciare perché Giovanni Minoli voleva l'esclusiva della fascia informativa serale e lui non accettò una direzione dimezzata. Fu rimpiazzato pertanto con Gabriele La Porta, poi felice gestore dei palinsesti notturni della Rai, che a suo tempo fu indicato vicino alla Lega e, poi, a Rifondazione comunista (ma lui smentì sempre). A Raitre fu ripescato Luigi Locatelli, dopo i rifiuti di Sergio Zavoli e, si disse, dello scrittore Alberto Bevilacqua. Santoro non patì alcun disagio: stabilì anzi un rapporto strettissimo con la Moratti, che lo avrebbe visto volentieri alla guida della rete e ne subì comunque profondamente il fascino.

La presidente si comportò come se l'azienda fosse di sua proprietà, nel senso che la diresse con pugno di ferro ignorando decenni di incrostazioni cerchiobottiste. Donna ricchissima (viaggiava sul suo aereo privato e sulla sua Mercedes con autista), portò a Viale Mazzini la sua segretaria personale. Grande sostenitrice (anche finanziariamente) di Vincenzo Muccioli, trascorreva con la famiglia tutti i fine settimana nella comunità di San Patrignano, con un'opera di volontariato che ha pochi precedenti. Ma, si disse, il «clan di San Patrignano» influenzò anche molte sue scelte aziendali. Appena arrivata in Rai, nominò sua assistente Giuliana Del Bufalo. Poi cambiò idea e chiamò Agostino Saccà, un giornalista calabrese di simpatie socialiste che veniva dalla gavetta: era stato redattore del Tg3 e aveva operato molto bene nel settore delle promozioni televisive. Saccà fu l'ascoltatissimo consigliere della presidente e non dovette essere estraneo all'amicizia tra la Signora e Santoro.

La Moratti sostituì tre direttori generali in venti mesi.

«Li cambia come i collant» dissero in azienda. Locatelli, che s'illudeva di restare, fu liquidato in ventiquattr'ore, come il capo del personale Pierluigi Celli, raggiunto da una telefonata di benservito mentre si trovava al bar. Celli, uomo di De Benedetti, se ne tornò quindi a casa, e l'Ingegnere lo prese a Omnitel.

Billia riceveva le comunicazioni via fax. Lo incontrai una sola volta e, in quell'occasione, con il sorriso sulle labbra mi lanciò la maledizione sulle pensioni dei giornalisti: «Non avrete più una lira nel vostro fondo e finirete tutti sotto l'Inps». Chissà perché, a noi sembrava che dicesse che saremmo finiti sotto un treno.

Il terzo direttore, Raffaele Minicucci, amministratore delegato di Telespazio, autentico gentiluomo di vecchio stampo, non s'arrabbiava mai, era sempre elegantissimo, non rinunciava alla pennichella e gli piacevano le donne. Incontrai anche lui in una sola occasione. Fummo interrotti due volte da telefonate romantiche: «Ah, le femmine» sospirava riagganciando la cornetta. Poteva andare d'accordo la Moratti con uno che si prendeva la pausa pranzo e la pausa sonno? Così Minicucci se ne tornò all'Iri, sostituito da un cattolico di sinistra, Aldo Materia, un dirigente interno che sarebbe sopravvissuto alcuni mesi alle dimissioni della Signora.

## Il trionfo di «Rossella 2000»

Carlo Rossella fece un Tg1 completamente diverso da quello grigio di Volcic e di Longhi. Secondo alcuni, lo colorò troppo, guadagnandosi il nomignolo di «Rossella 2000» per l'attenzione riservata al gossip. Fu la Mary Quant del giornalismo televisivo: mise la minigonna all'informazione. All'inizio fece scandalo, proprio come la stilista inglese quando scoprì il ginocchio – e non solo – delle ragazze, ma poi la gente si abituò, perché il giornale di Rossella era sciolto ma non superficiale. La pagina politica fu drasticamente ridotta, ma mi chiese brevi interventi in video per raccontare i retroscena dei momenti più caldi. (Locatelli mi aveva ormai sdoganato e, in luglio, Massimo D'Alema mi accordò la sua prima intervista da segretario del Pds, pochi minuti dopo l'elezione.) Durante la drammatica crisi del governo Berlusconi, un quarto d'ora prima che andasse in onda il telegiornale delle 20, una sera il Cavaliere mi disse che avrebbe accettato soltanto un governo Berlusconi bis e quella dopo che s'era convinto di mandare a palazzo Chigi «un nostro uomo», Lamberto Dini, che avrebbe dovuto fare un governo fotocopia del precedente. Poi Scalfaro ci mise lo zampino e sappiamo tutti come andò a finire. Peraltro, Dini mi disse di aver saputo proprio dal mio commento in televisione che sarebbe stato lui il nuovo presidente del Consiglio.

Nel nuovo Tg1 diventò più ampia e brillante la pagina di politica estera, migliorò quella economica, ma la vera svolta fu costituita dallo spazio dedicato alla cronaca rosa e allo spettacolo. A suo tempo m'ero limitato a chiudere il telegiornale con uno, massimo due pezzi su tali argomenti, mentre Longhi e Volcic erano stati ancor più austeri. Il nuovo direttore, invece, fece «esplodere» questa pagina grazie all'aiuto di Vincenzo Mollica. La sostanza fu che il Tg5 di Mentana tornò a essere staccato di dieci-dodici punti.

Rossella fu anche il primo giornalista esterno alla

Rai a dirigere il Tg1. La redazione, non conoscendolo, all'inizio fu colta dal panico e tenne ben strette in pugno le lance dietro i cespugli, come i nativi americani allo sbarco dei primi conquistatori. Ma il nuovo direttore aveva portato con sé un galeone carico di bigiotteria luccicante, così a poco a poco conquistò tutti, lasciando intendere a ciascuno che la collana ricevuta in dono fosse la più preziosa.

A Mimun toccò un lavoro più gravoso. Sulle prime, la redazione l'accolse con diffidenza: aveva subìto traumi e docce fredde persino superiori a quelli toccati ai colleghi del Tg1, e comunque più antichi. Ma Mimun ha l'orologio regolato sugli anni, non sui minuti. Se Mosè era rimasto quarant'anni accampato nel Sinai, lui fece capire ai più riottosi che era pronto a passarne al Tg2 almeno altrettanti. Dunque, meglio mettersi d'accordo. Invece delle collane luccicanti di Rossella, portò in dote alla redazione un provvidenziale cambiamento d'orario: dalle 19.45 alle 20.30. Cessò così il devastante confronto con il Tg1 e il Tg5, e conquistò nel suo pubblico quella parte di classe dirigente che rincasa tardi, anche se sulla prima rete cominciò a fargli concorrenza «Il fatto» di Enzo Biagi, varato – ironia del destino – mentre su Viale Mazzini sventolava la bandiera del Polo. Mimun batté regolarmente il Tg5 nell'edizione concorrente delle 13, valorizzò notevolmente la cronaca, insomma raddrizzò una baracca che, non a caso, avrebbe guidato per sette anni e mezzo.

Se Rossella fu attentissimo ai dosaggi politici e trattò il Pds del neoeletto D'Alema con la cura riservata a Forza Italia, il Tg3 di Daniela Brancati, che aveva una pagina politica di gran lunga più ampia, dava al proprio editore di riferimento lo spazio maggiore e, secondo Paolo Guzzanti, allora commentatore non impegnato in politica, era un giornale «kabulista romantico in vena d'amarcord». D'altra parte, l'arrivo del nuovo direttore fu un tale choc per la redazione che, per sopravvivere, la Brancati (poi ingiustamente strapazzata dai giornali per essere stata sorpresa al mare durante un bagno in compagnia di Romano Prodi) dovette dare robuste garanzie di fedeltà alla causa.

## Di Pietro si dimette in diretta Tv

La lotta politica e le vicende giudiziarie rendevano intanto molto difficile il cammino del primo governo Berlusconi. Per una singolare coincidenza, il 21 novembre 1994, mentre presiedeva a Napoli un convegno internazionale sulla criminalità promosso dall'Onu, il presidente del Consiglio ricevette dai procuratori di Milano un invito a comparire per concorso in corruzione. Quindici giorni dopo, il 6 dicembre, il promotore di quella incriminazione, Antonio Di Pietro, si sfilava per sempre, in diretta televisiva, la toga di magistrato a conclusione della requisitoria contro Sergio Cusani e gli altri imputati eccellenti del processo Enimont. Nel primo pomeriggio il nostro cronista giudiziario Maurizio Losa ci aveva anticipato la notizia e Rossella mi aveva incaricato di fare una lunga diretta che, di fatto, raccontò tutta la storia di Mani pulite e del più popolare magistrato italiano. Quel pomeriggio, da palazzo Chigi giunsero segnali di comprensibile insofferenza per lo spazio concesso a Di Pietro, ma noi proseguimmo fino al momento cruciale della svestizione.

L'avviso di garanzia a Berlusconi diede il via a un lungo e controverso processo dal quale il Cavaliere sarebbe stato assolto sei anni dopo, ma allora la sua immagine ne fu gravemente danneggiata: lo scontro sulle pensioni aveva spinto il sindacato a indire lo sciopero generale (replicato otto anni dopo, e sempre con Berlusconi al governo, contro l'abolizione dell'articolo 18 dello Statuto dei lavoratori). Portato a palazzo Chigi da un forte consenso popolare, il presidente del Consiglio scontava da un lato l'avversità dell'establishment, che si era già preparato a convivere con la sinistra, dall'altro la divisione all'interno della coalizione con Bossi, che non si stancava di attaccarlo dopo il trionfo di Forza Italia alle elezioni europee, con Fini, che non aveva nulla in comune con l'alleato leghista, e con il ministro del Lavoro Mastella, che chiedeva invano fondi al severissimo ministro del Tesoro Dini.

Nel gennaio del 1995 Berlusconi incappò in un grosso scivolone mediatico: registrò ad Arcore una cassetta in cui si appellava al Paese e chiedeva elezioni anticipate contro i tentativi di ribaltone, e la inviò ai telegiornali Rai e Mediaset. Scoppiò – giustamente – il finimondo. Berlusconi capì di aver commesso un errore, tant'è che da quel momento – per parlare a più testate – avrebbe invitato separatamente singoli giornalisti per interviste in batteria. La vicenda della cassetta ebbe l'effetto di un cerino sui mugugni delle redazioni Rai che, dotate di un fiuto finissimo, già sentivano levarsi un vento nuovo. Nacque così la campagna «Abbonato alza la voce», in cui alcuni dei volti televisivi più noti (da Piero Badaloni a Carmen Lasorella, da Giulio Borrelli a Maria Luisa Busi, da Michele Cucuzza a Federica Sciarelli) invitavano gli italiani a non pagare il canone d'abbonamento all'azienda in cui lavoravano. Un mio invito perché portassero la protesta fino all'abbandono del video cadde nel vuoto.

Rossella – che, nel libro della Bruzzone, Ennio Remondino definisce affettuosamente «monumento al paraculo a cavallo» – corse elegantemente ai ripari. Le elezioni amministrative della primavera '95 (nove regioni al centrosinistra, sei al centrodestra) gli avevano tolto provvidenzialmente di mezzo Piero Badaloni, andato a presiedere la regione Lazio. E, poiché dare il video a uno di noi è come infilarci nel letto la Sharon Stone dei tempi migliori con l'obbligo di restarci tre anni, disinnescò la mina Borrelli insediandolo sul trono vacante del telegiornale delle 20. Borrelli rinnovò all'istante guardaroba e pettinatura («Boccolo Bill») e rinunciò a ogni forma di contestazione.

*Nasce, per caso, «Porta a porta»*

Si andò avanti così fino alla campagna elettorale del 1996, che fu coperta in modo del tutto inatteso da un nuovo programma televisivo, «Porta a porta». Tra il '94 e il '95 avevo condotto in prima serata una trasmissione d'informazione di medio livello, «Chiaro e tondo», alla quale avevano partecipato alcuni tra i maggiori leader politici e uomini di governo. Fu durante una di queste serate che Lamberto Dini difese in diretta, fino alla lacrime (vere), la sua sfortunata legge sulle pensioni. Mi resi conto allora, tuttavia, che su Raiuno una trasmissione settimanale d'informazione in prima serata non regge. Per Santoro è diverso, perché cerca il colpo a sensazione, lo scandalo politico, lo scontro sociale a ogni costo. E infatti, quando non lo trova, l'ascolto cala. Raiuno ha compiti differenti: è la rete generalista alla quale è legato il buon esito del bilancio aziendale, è pluralista e prudente per vocazione e per ruolo, può ospitare l'informazione in prima serata soltanto se si tratta di un fatto clamoroso. Chiesi così di poter fare una trasmissione politica in seconda serata, una fascia oraria in cui la prima rete della Rai era fortemente deficitaria e subiva da anni il massacro a opera del «Maurizio Costanzo Show».

Il direttore artistico della Rai, Pippo Baudo, che – al suo rientro dalla Fininvest – aveva rilanciato il varietà, e il direttore di Raiuno Brando Giordani, anche lui in fondo uomo di spettacolo nonostante l'origine giornalistica, erano molto scettici. «La politica qui non tira» dicevano. Una sera di settembre mi trovavo a Palermo per l'apertura del processo Andreotti. Avevo detto al telegiornale che l'ex presidente del Consiglio era accusato di essere un mafioso e la procura di Caselli se ne era assai risentita: un conto è chiedere la condanna per associazione mafiosa (per aver fatto parte, cioè, di una cosca di mafiosi) dell'uomo simbolo della Prima Repubblica, un altro è dirlo in televisione, con il rischio che poi la gente non ci creda più di tanto. Rientrato in albergo, vidi per caso su Raiuno uno spot promozionale: «Seconda serata è Carmen Lasorella». Accidenti, mi avevano lasciato all'asciutto. Cinque serate su cinque alla bella Carmen. Complimenti!

Il nostro è un mestiere in cui hanno un ruolo determinante le opinioni personali: sta al giudizio insindacabile dei dirigenti stabilire quale programma può funzionare e chi deve condurlo. In quelle condizioni, a me non restava che cercare un altro posto. Chiesi un appuntamento alla signora Moratti (il primo e l'ultimo) e le dissi che mi sarebbe dispiaciuto andar via, ma non mi pareva che l'azienda fosse molto interessata alle mie proposte. Lei fu gentilissima e decise di dividere la settimana in questo modo: tre serate a Carmen, due a me. Pippo Baudo e Brando Giordani si caricarono la croce sulle spalle: mi volevano bene, ma prevedevano che la politica su Raiuno ci avrebbe portato al disastro. Ci mettemmo intorno a un tavolo con Claudio Donat-Cattin, capostruttura delegato, e con carta e matita. Il problema da risolvere era: si può rendere meno pesante la politica in modo da indurre la gente a guardarla? «Differenziamo le due puntate» proposi. «Dedichiamo il lunedì a un personaggio e il mercoledì a un faccia a faccia. Cerchiamo di raccontare questa fase di transizione del nostro paese. In fondo, la gente conosce pochissimo i nuovi dirigenti del governo e dei partiti. Cerchiamo di renderli più umani, di farli parlare con il linguaggio delle persone comuni. Vedrete che funzionerà.» Non ricordo intorno a me un entusiasmo travolgente.

Il primo problema da affrontare era come evitare il modello precostituito dei vecchi dibattiti. «Facciamo entrare gli ospiti da una porta. Anzi, mettiamone due, anche se ne useremo una sola» disse svogliatamente Giordani, che cercava di arginare il previsto tracollo. «Allora il programma potrebbe chiamarsi "Porta a porta"» proposi. «Cercheremo di vendere una politica comprensibile a tutti, bussando a ogni porta come gli ambulanti.» Il mio suggerimento fu accolto.

Antonella Martinelli, componente storica dello staff,

propose per la sigla musicale la colonna sonora di *Via col vento*, che aveva appena riascoltato in un bar di viale Mazzini. «È una magnifica idea» dissi. «Nella politica italiana, come nella storia di Rossella, domani è sempre un altro giorno.» Quella musica è così bella che rinunciammo subito all'idea di tenerla soltanto il lunedì e di mandare in onda, per i previsti «duelli» del mercoledì, qualcosa tipo *Per un pugno di dollari*. Negli anni, l'identificazione della musica con la nostra trasmissione è stata tale che molti ragazzi, quando viene ritrasmesso per la centesima volta il film con Rossella O'Hara, dicono: «Mamma, hai visto? C'è la musica di "Porta a porta"».

Antonella è un «autore», figura a me ignota in quanto da noi non ci sono copioni da scrivere. In realtà, la forza di «Porta a porta» sta proprio nel fatto che tutti fanno tutto. Gli altri «autori» furono Tamara Gregoretti, capo dello staff, poi sostituita da Maurizio Ricci, ed Enrico Basile. Produttrice era Gianna Bellavia, rilevata in seguito da Giovanna Montanari, cui seguirono negli anni successivi Roberto Arditti e Marco Zavattini. Regista è sempre rimasto Marco Aleotti, che ci tradisce solo per le grandi trasmissioni con il papa. Il programma aveva altre due caratteristiche: una bella donna di spettacolo che facesse ai politici le domande della gente qualunque e una sorpresa finale, un ospite del tutto inatteso per il personaggio invitato, ma in qualche modo legato alla sua vita o ai suoi interessi. Infine, fu scelto un maggiordomo silenzioso che aprisse la porta: Paolo Baroni, in arte Gustavo, è ancora lì.

## E D'Alema andò dal sarto

Prima dell'avvio, Baudo e Giordani mi dissero: «Se vai sotto il dodici per cento, ci metti in difficoltà». In realtà, sarebbero stati già soddisfatti se non fossi andato sotto il dieci. Partimmo il 22 gennaio 1996 con Romano Prodi. Il primo ospite femminile fu Milly Carlucci. Toccammo il sedici per cento. «Ti sei salvato» mi disse crudamente Donat-Cattin, che seguiva allora con maggiore partecipazione (e c'è da capirlo) «Cliché», la trasmissione di Carmen Lasorella. Il secondo personaggio invitato fu Gianfranco Fini. Ospite femminile Valeria Marini, in quel periodo la più amata dagli italiani. La cosa destò un tale scalpore che «la Repubblica» dette la notizia in una «ribattuta» delle ultime edizioni. Terza puntata: il primo, memorabile confronto tra Berlusconi e D'Alema. «Porta a porta» era decollata.

D'Alema subì, nel giro di pochi giorni, la più spettacolare trasformazione mediatica che si ricordi. Come molti dirigenti comunisti, aveva l'abitudine di coprirsi piuttosto che di vestirsi. Nessun legame di parentela fra abito, camicia e cravatta. Il leader del Pds è dotato di un'ironia che spesso sconfina nella derisione dell'interlocutore, e vi attingeva a piene mani. Una volta, in trasmissione, fece una battuta su di me che non mi piacque. Quando lo invitai di nuovo, in apertura della campagna elettorale, dissi al suo consigliere Fabrizio Rondolino: «Se ci riprova, stavolta gli rispondo a tono». Non ce ne fu bisogno. D'Alema era diventato un'altra persona. Piacevole, garbata e, soprattutto, finalmente vestita come si conviene: Velardi l'aveva trascinato a Napoli per fargli cucire addosso camicie e abiti. Questa trasformazione non fu frutto di vanità, ma di calcolo politico. Per vincere, l'Ulivo aveva bisogno dei voti moderati, e il «comunista» D'Alema doveva mostrare a tutti che – se mai in passato avesse mangiato bambini – oggi era diventato irreversibilmente vegetariano.

Per una stravagante interpretazione della legge sulla «par condicio», nell'ultima settimana di campagna elettorale la Rai non poteva trasmettere confronti, né ospitare i singoli leader, per non danneggiare anche l'ultimo candidato dell'ultima lista. Fu così che, una decina di giorni prima del voto, invitai per il centrosinistra D'Alema e Dini, per il centrodestra Berlusconi e Fini, e per la Lega, che correva da sola, Umberto Bossi. Il Senatùr voleva stare da solo al centro dello schieramento. Gli dissi che al centro dovevo stare io e che la sua poltrona, pur nettamente staccata da quelle di D'Alema e Dini – presidente del Consiglio in carica –, doveva stare dalla loro parte, visto che era stato in accordo con il segretario dei Ds che aveva fatto il ribaltone. Accettò, ma per tutta la serata cercò di trascinare la poltrona verso il centro mentre io gliela rispostavo sulla sinistra. Il «Roma-Polo, Roma-Ulivo», gridato anche quella sera da Bossi, gli portò bene, perché alle elezioni sfondò il muro del dieci per cento.

Lucia Annunziata, che conduceva sulla terza rete il programma di approfondimento politico «Linea tre», organizzò in quegli stessi giorni un confronto tra parecchi esponenti dei due schieramenti e l'Ulivo segnò un punto a proprio favore. Giovanna Melandri, che non passerà alla storia come la signora Thatcher, prese in castagna i suoi interlocutori del Polo rilevando nel loro programma una contraddizione sullo stato sociale. Sostanzialmente alla pari finì il confronto tra Berlusconi e Prodi coordinato su Canale 5 da Enrico Mentana, così come in parità si era risolto due anni prima il match, disputatosi in quella stessa sede, tra il Cavaliere e Occhetto. Pochi giorni prima delle elezioni del 1996, Letizia Moratti si dimise dalla Rai. Fu un gesto elegante: aveva risanato i bilanci dell'azienda e se ne andava senza che nessuno, se avesse vinto l'Ulivo, potesse chiederle di farlo. Il 21 aprile vinse la coalizione di Prodi. All'immediata vigilia del voto, con un colpo di teatro, Carlo Rossella se ne andò a dirigere il quotidiano torinese «La Stampa». D'Alema disse, poi, che nessuno lo avrebbe mandato via. Nel dubbio, lui precedette gli eventi. «Ho preso l'ultimo elicottero da Saigon» mi disse, memore delle sue eroiche corrispondenze dall'estero.

XI

# Da Siciliano a Zaccaria:
il valzer della sinistra

*Ulivo, che passione*

Mamma mia, quanti ulivisti. Quando, a fine gennaio del 1996, Prodi era venuto a battezzare «Porta a porta», non era nemmeno sicuro di poter correre alle elezioni. In quei giorni, anzi, Berlusconi e D'Alema stavano trescando per fare il governo Maccanico delle «larghe intese» e delle riforme costituzionali. Tre mesi dopo, Prodi era presidente del Consiglio. La notte della vittoria elettorale, il 21 aprile, sotto il palco dell'Ulivo vittorioso sembrava fosse stata convocata l'assemblea dei giornalisti Rai, che festeggiarono dedicando ai vincitori dieci ore e un quarto di trasmissioni nei primi dieci giorni del nuovo governo Prodi. (I conti li ha fatti Maria Grazia Bruzzone nel suo libro più volte citato.)

D'altra parte, l'Italia è questa. Andreotti ricorda sempre il caso di un prefetto fascista che – sottoposto a epurazione dopo il 25 aprile – dimostrò che il gagliardetto di avanguardista era falso: lui non aveva partecipato alla marcia su Roma, ma si era procurato l'attestato per far carriera. E fu perdonato.

Al Tg1 era intanto tornato Nuccio Fava. Quando Rossella aveva preso «l'ultimo elicottero da Saigon», la Moratti aveva richiamato in servizio come direttore Nuccio, che non aveva mai smesso di sperare in un rientro stabile. Non era stato sempre cattolico, il direttore del Tg1? Perché, dunque, non considerare i due predecessori come la classica rondine che non fa primavera? Fava sottovalutava la voglia di «nuovo» che anima ogni consiglio d'amministrazione. E prese quindi molto male il benservito che gli dettero Enzo Siciliano e compagni: rifiutò la direzione dell'informazione regionale, e fece bene. A un direttore del «Corriere della Sera» non si offre, con tutto il rispetto, quella del «Mondo». «La differenza con il passato» si sfogò con il giornalista di «Epoca» Giancarlo Perna «è che oggi le influenze vengono esercitate da poche persone anziché dai partiti.»

Siciliano era un eminente letterato della corte di Alberto Moravia. Un «intellettuale organico» al Pci e ora al Pds, assai amico di Walter Veltroni che, nelle questioni della Rai, ha sempre contato assai di più del fratello-coltello D'Alema. Intellettuali anche gli altri quattro componenti del consiglio designati da Luciano Violante, nuovo presidente della Camera, e da Nicola Mancino, nuovo presidente del Senato. Mancino era stato un regalo del Polo al centrosinistra: fino al mattino dell'elezione, Prodi aveva offerto al centrodestra la presidenza del Senato. Ma Alleanza nazionale s'era ribellata all'idea di votare Violante, giudicato l'incarnazione del comunismo complottardo e rancoroso. Il posto era stato restituito quindi al centrosinistra, che vi aveva designato l'ex capogruppo democristiano al Senato. Violante però, appena eletto, aveva pronunciato un nobilissimo discorso di riconciliazione nazionale strappando le lacrime al «ragazzo di Salò» Mirko Tremaglia. Così, in poche ore, il Polo aveva perso la seconda carica dello Stato – e, *si parva licet*, metà dei diritti di nomina dei consiglieri Rai – per non aver voluto votare l'uomo che un paio d'ore dopo era stato costretto ad applaudire.

I due presidenti indicarono Michele Scudiero, docente cattolico di diritto costituzionale e amico di Mancino; Liliana Cavani, la regista ribelle – e talvolta geniale – del *San Francesco*; Federica Olivares, manager milanese nota per aver costituito l'associazione delle donne in carriera, e Fiorenza Mursia, figlia del fondatore della nota casa editrice. Si disse che i presidenti delle Camere cercassero la madre sbagliando numero di telefono, ma la ragazza smentì indignata. Il centrodestra non fu interpellato e non si riconobbe in nessuno dei designati, anche se la Mursia – e talvolta la Olivares – entrarono spesso in conflitto con gli altri tre consiglieri.

### «*Michele chi?*» *se ne va*

Una vecchia regola della storia prevede che i monarchi, raggiunto il potere dopo una lotta cruenta, facciano immediatamente assassinare gli uomini d'azione che li hanno aiutati a conquistarlo. Trasferendo questa regola alla Rai, e riflettendovi con un minimo di serenità, si deve riconoscere che, alla sinistra arrivata al potere, Michele Santoro non serviva più. Per la prima volta gli ex comunisti andavano legittimamente al governo grazie a un indiscutibile consenso popolare: Vincenzo Visco controllava le finanze dello Stato, Pierluigi Bersani poteva tessere dal ministero dell'Industria le alleanze con il mondo dell'impresa indispensabili per radicare la sinistra al potere, Berlinguer s'era assunto il compito di rivoluzionare la scuola, Claudio Burlando avrebbe gestito il nodo cruciale dei trasporti. L'uomo che più d'ogni altro aveva contribuito a cancellare la classe politica dirigente non comunista della Prima Repubblica e che aveva inquisito il primo presidente del Consiglio della Seconda, svergognandolo dinanzi a tutto il mondo rappresentato alle assise Onu di Napoli, Antonio Di Pietro, era diventato ministro dei Lavori pubblici su offerta di Romano Prodi, che pure aveva strizzato come un panno bagnato durante un memorabile interrogatorio per sapere a chi finivano i soldi dell'Iri. (E Prodi s'era offeso a tal punto da correre dal presidente Scalfaro per elevare una formale protesta.)

A chi serviva più Santoro? A rompere le uova nel paniere di D'Alema che, da politico finissimo, già pensava di imbrigliare il Cavaliere nella Bicamerale? A insidiare il sonno ai nuovi governanti, che statisticamente non avrebbero potuto risolvere per decreto legge tutti i problemi d'Italia? Berlusconi aveva perso, la procura milanese lo stava inquisendo come mai era capitato a un singolo imprenditore nell'intero mondo occidentale. E la signora Stefania Ariosto stava dando una buona mano, con una memoria provvidenziale e tante belle foto di gruppo. Altro che Santoro!

Non bisogna dunque meravigliarsi se a un certo punto l'emerito letterato Enzo Siciliano se ne uscì con la memorabile domanda: «Michele chi?». Il nuovo consiglio aveva nominato direttore di Raidue Carlo Freccero, che aveva rotto da tempo con Mediaset dopo essere stato a suo tempo scoperto da Berlusconi, e, di Raitre, Giovanni Minoli, in perenne contrasto con Iseppi. Fino a quel momento Minoli, con «Format», e Santoro, con «Tempo rea-

le», avevano costituito strutture autonome, indipenden-
ti e blindate all'interno delle rispettive reti (per capirci,
«Porta a porta» non lo è mai stata): un grazioso regalo
della signora Moratti che, tuttavia, metteva in difficoltà i
nuovi direttori. Le strutture vennero dunque abolite, e i
programmi ricondotti sotto la responsabilità delle direzioni di rete, ma Santoro visse tutto questo come un affronto e fu la sua fortuna.

Sbatté la porta e se ne andò. Dove? Dal Cavaliere dagli oscuri inizi imprenditoriali e dalle sospette amicizie
mafiose di cui Michele s'era occupato nel 1994 e sarebbe
tornato a occuparsi nel 2002. *Business is business*, dicono
gli americani. *Pecunia non olet*, dicevano i latini. E poi, di
là – per un Berlusconi che dice di non interessarsi delle
sue televisioni da quando è entrato in politica –, c'è sempre quella pasta d'uomo di san Fedele Confalonieri,
che, pur pensandola come il Cavaliere, fa mostra d'a-
mare i comunisti quanto la musica, cioè moltissimo.

Andando in pellegrinaggio a Cologno Monzese prima delle elezioni, Massimo D'Alema aveva detto che
«Mediaset è una risorsa per il paese». S'erano incavo-
lati di brutto Veltroni e l'intero partito della Rai, che
avrebbe mandato volentieri i B-52 a sganciare una
bomba atomica sul ciuffo di Mike Bongiorno e le tette
di Lorella Cuccarini, salvando semmai soltanto i baffi
di Maurizio Costanzo, che sono di sinistra e comunque
diventati ormai patrimonio dell'umanità, come la *Gio-
conda* di Leonardo da Vinci. Ma D'Alema non se n'era
curato più di tanto. Quando aveva pronunciato quella
frase, stava già pensando di soffocare il Cavaliere al
culmine dell'orgasmo, come nella scena finale dell'*Impero dei sensi*.

E l'ottimo Fidel ricambiava l'attenzione aziendale considerando i comunisti e, in genere, la gente di sinistra come assolutamente strategica per scongiurare nuovi referendum «stracciabilanci». Dunque, benvenuto a Santoro e al suo clan (Michele Santoro è come Adriano Celentano: se lo vuoi, devi prenderti tutta l'azienda, piccola, indivisibile ed efficientissima, Sandro Ruotolo in testa). «Quanto ti è costato, Silvio?» gli avrebbe chiesto un amico perfido e indelicato mentre il Cavaliere schiumava rabbia per le «santorate» della campagna elettorale 2001. «Non lo so» rispose l'altro, dicendo una santa bugia e accumulando altra schiuma al pensiero della cifra.

## Ridimensionare «Porta a porta»

Intendiamoci, Santoro fece benissimo ad andarsene in Mediaset. Al suo posto, avrei fatto la stessa cosa. Siciliano si comportò male con lui, anche se forse più nella forma che nella sostanza. In ogni caso avrebbe dovuto dimostrargli una maggiore gratitudine politica. Se non seguii l'esempio di Michele, fu per due ragioni: per me, che ci sto dal 1962, la Rai ha un valore diverso da quello che può avere per lui. Ha sette anni meno di me e una storia completamente differente (mentre noi sudavamo al concorso del '68, lui faceva la rivoluzione nelle file di Servire il popolo). E poi ebbi la sensazione che a Mediaset, in quel periodo, non avrei trovato il tappeto di rose che invece trovò lui.

Tuttavia, l'ipotesi di lasciare la Rai si affacciò concretamente nell'autunno del '96. Al posto di Aldo Materia era stato nel frattempo nominato direttore generale

Franco Iseppi, fortemente protetto da Enzo Biagi (di cui aveva curato per molti anni le rubriche) ma anche tecnico capace. In azienda ormai da decenni, occupava il ruolo strategico di responsabile dei palinsesti. Insomma, guidava la macchina della Rai e lo faceva conoscendone perfettamente il motore. Abbiamo visto come la difficile coabitazione con Giovanni Minoli lo avesse indotto ad abbandonare la direzione di Raidue, che si annunciava dimezzata. Ora, la sua formazione di cattolico di sinistra e l'amicizia dell'emiliano Biagi con l'emiliano Prodi (i due festeggiano insieme, d'estate, il compleanno) aprivano a Iseppi la strada verso l'incarico di vertice.

Al posto di Brando Giordani fu nominato direttore di Raiuno Giovanni Tantillo, che era stato uno dei più stretti collaboratori di Angelo Guglielmi alla direzione di Raitre e che, come lui, aveva nel Pds l'editore di riferimento (la *Garzantina della televisione* lo definisce «colto, preparato, attento a tutte le sollecitazioni del mezzo televisivo» e ricorda che Guglielmi lo chiamava «il concretizzatore»). Arrivato a Raiuno, Tantillo scoprì tuttavia a sue spese quel che gli elicotteristi della Marina scoprono quando, per qualche ragione, sono costretti a una missione in montagna: l'ambiente è così diverso da imporre regole di guida sconosciute. Per chi veniva da Raitre, Raiuno era infatti un altro pianeta, sicché il nuovo direttore si trovò terribilmente a disagio, e i programmisti pure. Fin dal primo momento, comunque, perseguì – su mandato di Iseppi – un obiettivo ben preciso: ridimensionare «Porta a porta».

Il programma, come abbiamo visto, era nato quasi per caso, ma aveva avuto ascolti largamente superiori alle attese. Invitati a non scendere sotto il dodici per cento di share, avevamo chiuso con una media del diciotto e, sorprendentemente, eravamo diventati un piccolo elemento di dialogo tra il paese e la nuova classe politica. «Porta a porta» andava in onda due volte alla settimana. Dal punto di vista tecnico si trattava di un'anomalia per la seconda serata, che tradizionalmente punta a conquistarsi la preferenza del pubblico con la serialità: per esempio, dal 1982 il «Maurizio Costanzo Show» va in onda cinque giorni alla settimana, e sulla stessa Rai – più turbolenta e quindi meno propensa a investimenti di lunga durata – «Milano, Italia» di Lerner, Riotta e Deaglio era andato in onda dal '92 su Raitre dal lunedì al venerdì. Nel '95, proprio Tantillo era stato l'artefice del programma di Lucia Annunziata «Linea tre», che veniva trasmesso per tre giorni alla settimana. Eppure, il neodirettore di Raiuno mi chiese di ridurre «Porta a porta» da due a una trasmissione settimanale. Rifiutai e chiesi di incontrare Iseppi, ma il direttore generale non mi rispondeva nemmeno al telefono.

*«È vero che ti hanno offerto "Panorama"?»*

Il balletto delle incomprensioni durò fino a quando un giorno «la Repubblica» uscì con un titolo in grassetto: *Bruno Vespa direttore di «Panorama»?* La notizia era fondata. Dopo molti anni, Andrea Monti lasciava la direzione del settimanale, che aveva mantenuto nonostante la «guerra di Segrate» avesse trasferito il controllo della Mondadori da De Benedetti e Caracciolo a Berlusconi. Ernesto Mauri, direttore generale dei periodici di Segrate, e Nini Briglia, editore incaricato del settimanale, mi avevano chiesto di sostituirlo.

La proposta era molto lusinghiera, perché «Panorama» è il più importante settimanale italiano. Tuttavia, tra il mondo della stampa e quello della televisione c'era sempre stata una netta separazione, e se veniva considerata un'eccezione che un esponente del primo andasse a dirigere un telegiornale (negli ultimi anni, gli unici casi erano stati quelli di Paolo Garimberti e Carlo Rossella), non era mai avvenuto il contrario. I giornalisti della carta stampata, tra l'altro, sono convinti che quelli televisivi non sappiano scrivere. Io, con i miei primi libri, avevo superato gli esami di alfabetizzazione, ma in ogni caso il mio passaggio a Segrate avrebbe provocato un po' di rumore. Inoltre, mi colpì il favore con cui gli editori avevano accolto l'ipotesi di fare un giornale assolutamente equidistante dalle due parti politiche, proprio come era avvenuto già nel primo ciclo di «Porta a porta». Ipotizzai perfino la cooptazione nello staff direttivo di un giornalista di sinistra che non ne ha mai saputo nulla e che se venisse a scoprirlo oggi, per il ruolo «talebano» che ricopre, cadrebbe dalla sedia.

Avevo, tuttavia, tre remore ad accettare: 1) il trasferimento a Milano non era al vertice delle mie aspirazioni, pur amando molto quella città; 2) lasciare la Rai mi sarebbe dispiaciuto enormemente; 3) non volevo abbandonare completamente il mondo della televisione perché, tutto sommato, era quello in cui mi muovevo meglio. Andare in Mondadori significava, televisivamente, passare a Mediaset. Confalonieri, molto cortesemente, mi diceva che avrei rappresentato l'ideale di sinergia per un grande gruppo, perché scrivevo libri, facevo televisione e mi sarei occupato di un grande settimanale. Ma non vedevo molti spazi per me in palinsesto e le ipotizzate «prime serate» su Canale 5 mi avrebbero scaraventato addosso (giustamente) l'ostilità di Mentana e di Costanzo. Dunque, perché rovinarmi la vita? Ringraziai di cuore i dirigenti della Mondadori e dissi che, in ogni caso, avrei lasciato la Rai soltanto se la mia permanenza lì si fosse rivelata impossibile.

Fu allora che uscì la notizia sulla «Repubblica». Tantillo mi chiamò immediatamente: «È vero che ti hanno offerto "Panorama"?». «Sì.» «Non penserai di andare...» «Giovanni, perché dovrei restare in un'azienda che vuole dimezzare un programma che è andato bene e il cui direttore generale non mi parla nemmeno al telefono?» Cinque minuti dopo, Iseppi mi chiamò per un colloquio.

Perché questa improvvisa sollecitudine? La risposta che mi diedi fu questa: gli uomini di televisione hanno l'incubo di essere attaccati sui giornali. Questi attacchi arrivano sempre per almeno due ragioni: la prima è che, essendo la televisione una pubblica piazza esposta a ogni vento, chiunque non apprezzi una trasmissione può andare a gridarlo in giro sapendo che le sue critiche verranno generosamente raccolte e rilanciate da quotidiani e settimanali che, in questo modo – ed è la seconda ragione –, puniscono gli uomini della Tv per la loro popolarità sempre eccessiva e talvolta immeritata. «È più facile affermarsi con la faccia che con la firma» dice giustamente Enzo Biagi, anche se gli uomini della carta stampata che arrivano in televisione scoprono che dietro quella faccia c'è spesso una formidabile quantità di lavoro, individuale e di gruppo.

*«Se firmi prima di mezzogiorno...»*

Nell'improvviso invito rivoltomi da Iseppi lessi il timore che l'ingiustizia, architettata nei miei confronti dai nuovi dirigenti Rai, potesse esporli entro breve tempo a un esame sistematico e spietato da parte del settimanale che sarei andato a dirigere. Chi mi conosce sa che le vendette non sono il mio forte ma, insomma, non si sa mai. La disponibilità di Iseppi fu amplissima, inversamente proporzionale alla chiusura che c'era stata fino al giorno prima. Il direttore generale sapeva che per qualunque giornalista la direzione di «Panorama» era una tentazione notevole e mi disse: «Vorrei che tu restassi alla Rai e non ti occupassi d'altro. Ma se decidessi di andare a "Panorama", sappi che potrai al tempo stesso continuare a condurre "Porta a porta"». Avevo fatto bingo.

Quando glielo riferii, Nini Briglia (che peraltro sarebbe poi stato un eccellente direttore di «Panorama») considerò risolto il problema della quadratura del cerchio. Alle mie obiezioni che, quanto a ubiquità (e non solo), non ero padre Pio, lui magnificò le meraviglie tecnologiche dell'azienda. In ogni luogo toccato dai miei passi, ci sarebbe stato un computer collegato con la redazione centrale di «Panorama»: sarebbe bastato un clic e avrei visto in tempo reale la costruzione del giornale. Mi presi qualche ora per riflettere.

Avevo riconquistato le due serate settimanali di «Porta a porta». L'idea di abbinarle alla direzione di un grande periodico era suggestiva, ma la mia vita sarebbe trascorsa tra gli aeroporti e i vagoni letto, e le due redazioni – quella televisiva e, soprattutto, quella di Segrate – avrebbero

sofferto di un direttore dimezzato. Per l'indomani, a mezzogiorno, era stata programmata da tempo la conferenza
stampa annuale per l'annuncio del nuovo ciclo del programma. Mi alzai prestissimo e scrissi una bozza di contratto che prevedeva non meno di sessanta seconde serate e non meno di quattro prime serate all'anno. Chiedevo
poi che il direttore del Tg1 – del quale in ogni caso restavo
dipendente – si impegnasse a ospitare almeno un mio
contributo settimanale al telegiornale delle 20 e garantisse un lancio adeguato della mia trasmissione. Dopo oltre
trent'anni di Rai non avrei dovuto averne bisogno, ma le
discriminazioni subite nella seconda direzione di Longhi
e in quella di Volcic mi avevano sconvolto e reso molto
diffidente. Alle otto del mattino lessi la bozza del contratto al mio avvocato, che l'approvò in pieno. Alle otto e
mezzo la lessi a Iseppi, che fece altrettanto. «Se ti impegni
a firmare la lettera prima di mezzogiorno» gli dissi «ri-
nuncio a "Panorama".»

Un'ora più tardi declinavo (a malincuore) l'offerta
della direzione del settimanale. «Che ne dici se mettia-
mo Giuliano Ferrara al tuo posto?» mi chiese Mauri.
«Mi pare una scelta formidabile» risposi. La conferenza stampa ritardò di mezz'ora perché la lettera di Iseppi non era pronta, ma prima delle 13 annunciavo ai colleghi che sarei rimasto alla Rai.

### Quattro direttori del Tg1 in sei mesi

Il direttore del Tg1 che si era impegnato a farmi
lavorare era Marcello Sorgi, già vicedirettore della
«Stampa». Sorgi si era speso amichevolmente perché
non lasciassi la Rai e ora affrontava con il suo carattere

tipicamente siciliano, placido e implacabile, una redazione che aveva cambiato quattro direttori in sei mesi.
In luglio, il nuovo consiglio d'amministrazione aveva
dato il benservito a Nuccio Fava, chiamato solo tre mesi prima a dirigere per la seconda volta il Tg1. Al suo
posto era arrivato Rodolfo Brancoli, che soltanto noi
vecchi del telegiornale conoscevamo bene per aver lavorato con lui tra la fine degli anni Sessanta e l'inizio
dei Settanta.

Brancoli, allora, era di area democristiana moderata,
molto amico di Emilio Colombo, e il suo iter professionale sembrava fatto apposta per portarlo in tempi ragio-
nevoli alla direzione del Tg1. Ma la vita dei giornalisti è
spesso assai bizzarra: Rodolfo era andato negli Stati
Uniti, dove si era costruito una solida immagine di commentatore di politica estera prima per «la Repubblica» e
poi per il «Corriere della Sera», avvicinandosi alle posizioni della sinistra, di una sinistra però *liberal* e nient'affatto settaria. (Chiusa l'esperienza giornalistica, sarebbe
diventato portavoce dei Democratici di Romano Prodi e
di Arturo Parisi.) Rientrato in Italia, aveva intrapreso la
tranquilla vita di studio e di scrittura dell'editorialista,
mantenendo le abitudini americane. «La mia giornata è
*nine to five*» mi disse «lavoro dalle nove alle cinque.» Finché lo chiamarono per proporgli di dirigere la testata in
cui aveva lavorato da giovane.

Brancoli, tuttavia, non aveva né il carattere di Rossella né quello di Sorgi. Non annegava le critiche nello
champagne, come il primo, e nemmeno nel ripieno dei
cannoli siciliani, come il secondo. La vaselina gli era
sconosciuta, e nessuno meglio di me può capirlo. Ri-
mandava indietro i testi, correggeva spietatamente gli

errori, massaggiava con la carta vetrata quei redattori che, come capita ovunque, pensavano di essersi creata una nicchia di beata inefficienza. Fece per due mesi telegiornali equilibratissimi (alla fine furono Berlusconi e Fini a pregarlo di restare), e non aveva pregiudizi nei confronti di nessuno.

«Sarai un *senior editor*» mi disse «come si fa in America con quelli della tua esperienza.» Ma non ebbe il tempo di procedere. Cadde infatti sulla nomina dei vicedirettori. Brancoli ne chiese quattro e aveva tutte le ragioni per farlo: il Tg1 è una macchina che funziona venti ore su ventiquattro. Ma Siciliano e i suoi consiglieri, che di televisione sapevano meno di nulla, ne imposero due a ciascuna testata, come se tutte avessero le stesse esigenze. Brancoli allora confermò Magliaro, che veniva dal Msi di Almirante, e propose Andrea Giubilo, cattolico di sinistra e già direttore del Tg3. L'assemblea dei redattori non li considerava frutto della tradizione interna e negò la fiducia al direttore che se ne andò, soprattutto perché non si sentiva protetto dall'editore. Il consiglio pensò di sostituirlo con Giulio Anselmi, che aveva diretto il «Corriere della Sera» durante la lunga infermità di Ugo Stille. Ma al mondo cattolico la scelta apparve troppo laica, e Scudiero e Cavani misero il veto.

### Cannoli per Marcello, leoni per Lucia

Marcello Sorgi si rivelò la scelta giusta per rimediare. Aveva dimostrato di essersi adattato benissimo al clima della Rai nei pochi mesi di direzione del giornale radio, che tentò di non lasciare. Quando fu costretto a traslocare al Tg1, segnalò per la sua sostituzione il giovane vice-direttore del «Messaggero» Paolo Ruffini, siciliano, bravo e un po' curiale come lui. Rimosse Magliaro, ma lo fece con una dolcezza che l'altro quasi gli disse grazie, e riprese Alberto Maccari, efficientissima «macchina» storica del Tg1. Promosse anche Daniela Tagliafico, vicina al Pds, che in un giornale farebbe sempre magnifici pezzi di colore sulla politica (cominciò con me), ma che la maledizione delle promozioni e delle zebrature Rai costrinse a occuparsi d'altro.

Sorgi rilanciò un Tg stremato e toccò picchi di ascolto che sarebbero rimasti ineguagliati. Fece scelte brillanti e imprevedibili, che non si erano più viste dai tempi di Rossella: arrivò ad aprire il giornale con il festival di Sanremo e autorizzò l'irruzione di Roberto Benigni in studio con tanto di abbraccio in diretta al conduttore Borrelli. Cavalcò alla grande la tragica morte di Lady Diana e mi richiamò prudentemente in servizio per i memorabili funerali di Madre Teresa di Calcutta. La rimozione di Magliaro gli procurò attacchi periodici da parte di Francesco Storace, presidente della commissione parlamentare di vigilanza, e anche dal governo Prodi vennero ogni tanto segnali di insofferenza.

Nel frattempo Clemente Mimun procedeva bene per la sua strada al Tg2: il giornale guardava con simpatia al Polo, ma era equilibrato con gli altri partiti, e guadagnava ascolto grazie anche alla scelta di un orario più felice. La redazione, che alla fine del '94 aveva dato gravi segni di intolleranza e s'era espressa con voti di sfiducia, ora lavorava in un clima di serenità. Mimun aveva lasciato che alcuni elementi più turbolenti se ne andassero al Tg3, dove peraltro la brava Lucia Annunziata stava passando i suoi guai. Che fosse una «direttora» di sinistra doc, non c'erano dubbi: era stata al «manifesto» e alla «Repubblica», Prodi le era grato per la famosa trasmissione del '94 che aveva dimostrato la confusione del Polo sullo stato sociale, e D'Alema la accarezzava con la sua amicizia, forse l'unica giornalista a godere di questo privilegio. («I giornali? È un segno di civiltà lasciarli in edicola» le aveva detto con il consueto garbo il segretario del Pds in una memorabile intervista per «Prima comunicazione».)

Arrivata nella stanza dei bottoni di Saxa Rubra, Lucia si sentì però come un cristiano tra i leoni del Colosseo. Bianca Berlinguer e Federica Sciarelli, due tostissime professioniste del video, l'addentarono al polpaccio e non la mollarono più. Il fantasma di Sandro Curzi le turbava il sonno almeno quanto quello di Banco aveva fatto con Macbeth. Mutato quel che c'è da mutare, valeva per lei – consenziente – la regola che era stata applicata a Santoro. I telegiornali di Curzi erano serviti a colpire l'avversario e contribuirono alla sua demolizione. Ma adesso la sinistra era finalmente al potere, D'Alema stava salendo rapidamente ai vertici delle istituzioni come presidente della Bicamerale per le riforme. I toni andavano quindi smorzati, gli eterni problemi italiani dovevano essere guardati in una luce diversa e meno pessimistica. La redazione però non ci stava, nonostante Lucia avesse ottenuto tutti i mezzi necessari per rilanciare il giornale alla grande. E ora rimpiangeva i tempi in cui faceva la corrispondente di guerra dal Nicaragua a Baghdad.

Nonostante si fosse guadagnata la stima e anche l'amicizia di Alleanza nazionale quando ne seguiva le vicende come giornalista del «Corriere della Sera», l'Annunziata ebbe uno scontro frontale con il Polo nel novembre del '96, allorché Berlusconi e i suoi alleati radunarono a Roma un numero enorme di persone per manifestare contro il governo. Il Cavaliere s'era rifugiato a palazzo Brancaccio per proteggersi da una folla sterminata, quando l'occhio gli cadde sul televisore. Il Tg3 trasmetteva in diretta la manifestazione e in quel momento le camere inquadravano un gruppo di naziskin che cantavano inni nazisti. Lo spettatore aveva pieno titolo di immaginare che quei gentiluomini facessero parte a tutti gli effetti del corteo polista. «Guardate, guardate!» gridò Berlusconi con la voce strozzata. Gli altri accorsero e rimasero esterrefatti. Il telecronista parlava in quel momento di due-trecentomila persone raccolte dal Polo, mentre gli uomini del Cavaliere ne stimavano un milione e i giornali, l'indomani, avrebbero riconosciuto la presenza di ottocentomila manifestanti. «Menzogna, menzogna!» gridò ancora Berlusconi, mentre il suo portavoce Paolino Bonaiuti e Pier Ferdinando Casini cercavano di calmarlo. Salvatore Sottile, portavoce di Fini e amico dell'Annunziata, la chiamò invocando una troupe. E quando i malcapitati arrivarono, la protesta del Cavaliere fu irrefrenabile.

## E gli ascolti crollarono

Alla fine del 1997 i nodi della Rai giunsero tutti insieme al pettine. Le tre reti ebbero un autentico tracollo d'ascolto, perdendo nel *prime time*, rispetto all'anno precedente, una quantità enorme di punti: 6, Raiuno; 9, Raidue; 14, Raitre. Anche Mediaset ebbe pessimi risultati a Italia 1 e Retequattro, ma a Canale 5 perse 4 punti in meno di Raiuno. Giovanni Tantillo, il direttore di questa rete, era tanto garbato nei modi e piacevole nella conversazione quanto disastroso nelle scelte: Enrico Montesano fu sostituito su due piedi dopo il fallimento dello show del sabato sera e fu pura, raffinata follia non mandare in onda il Tg1 del 7 novembre per trasmettere in diretta l'inaugurazione della Scala con *Macbeth*, magnifica e difficile opera verdiana, assolutamente inadatta al pubblico nazionalpopolare della prima serata di Raiuno.

Costretto ormai da un contratto a riconoscere due serate settimanali a «Porta a porta», Tantillo tentò di soffocarla per via indiretta chiamando dal Tg1 il bel David Sassoli per condurre una prima serata d'informazione settimanale. Il programma si chiamava «Novantotto» e aveva la giusta ambizione di durare almeno fino alla primavera successiva. Purtroppo, gli esiti d'ascolto furono tali che dopo un mese e mezzo dovette chiudere bottega. Tantillo non si dette per vinto e convinse Gad Lerner a spostarsi su Raiuno. Lerner è un eccellente giornalista, anche se poco adatto a un pubblico nazionalpopolare, e il suo «Pinocchio» di prima serata ebbe ascolti, se non eccezionali, certamente migliori di «Novantotto». L'immagine dell'azienda fu poi compromessa dalla disavventura giudiziaria di tre bravi professionisti (Pippo Baudo, Mara Venier e Rosanna Lambertucci), rinviati a giudizio per aver incassato compensi extra per le telepromozioni.

Anche Canale 5, come abbiamo detto, aveva i suoi problemi. Giorgio Gori era stato sostituito alla direzione di rete prima da Giampaolo Sodano, poi da Maurizio Costanzo. Ma il traino del «Tira e molla» preserale di Paolo Bonolis, passato da Rai a Mediaset, aveva rilanciato il Tg5, portandolo in autunno a sorpassare il Tg1 di Sorgi, cosa del tutto impensabile soltanto un anno prima.

I direttori dei telegiornali Rai espressero il loro malessere in più d'una intervista e i vertici aziendali – schiacciati tra i cattivi risultati d'ascolto e il crescente nervosismo del mondo politico – furono costretti alle dimissioni.

## Silurato Fabiani, arriva Zaccaria

Il patto non scritto tra i due editori di riferimento della Rai – Pds e Ppi – prevedeva che Franco Marini, fresco sostituto di Gerardo Bianco alla guida dei Popolari, designasse il presidente della Rai e che Massimo D'Alema indicasse direttore generale e direttore del Tg1. Marini aveva in mente Fabiano Fabiani, uno degli uomini forti della Rai nella Prima Repubblica, che aveva confermato buone doti di manager alla guida di Finmeccanica. Sarebbe stata una scelta eccellente, ma la sinistra ne temeva la forza e il carattere. Fu così che Luciano Violante lo «segò», approfittando di un procedimento penale a carico del candidato. Tutti sapevano che Fabiani era innocente, e infatti di lì a poco sarebbe stato prosciolto, ma si sa che da noi la giustizia è l'ultimo, provvidenziale appiglio quando non c'è altro modo per fermare qualcuno. Al posto di Fabiani, Marini indicò allora Roberto Zaccaria. (A Marini mi lega una vecchia amicizia: siamo entrambi abruzzesi, nati a pochi chilometri di distanza l'uno dall'altro. E, di tanto in tanto, celebriamo insieme i progressi enologici della nostra terra. «Attento, Franco,» gli dissi «Zaccaria è un uomo intelligente, ma molto settario, come ha dimostrato nei lunghi anni in cui è stato consigliere d'amministrazione per la sinistra dc. Sei sicuro che sia la scelta giusta in un momento così delicato?» «Sta tranquillo» rispose serafico Marini, addentando un mezzo toscano, «Zaccaria starà al di sopra delle parti. Ne rispondo io.» Non sto a dire quale revisione critica abbia avuto negli anni successivi.)

Il Polo aveva duramente protestato perché non si sentiva rappresentato dal consiglio d'amministrazione presieduto da Enzo Siciliano. Questa volta Berlusconi – e per lui Gianni Letta – ricevette dai presidenti delle Camere quella che in un celebre film sul gioco d'azzardo si chiama «stangata». Sui due uomini indicati dai Verdi e dai Democratici di sinistra, tutto come previsto. I primi designarono Vittorio Emiliani, già direttore del «Messaggero» e amico di Mauro Paissan. I secondi Stefano Balassone, braccio destro di Angelo Guglielmi a Raitre.

La sera delle nomine Gianni Letta aveva fatto fino a tardi la spola tra lo studio del presidente del Senato Mancino e quello del presidente della Camera Violante. Era stato incaricato dal Polo di trattare la questione, ma Violante gli disse che Fini aveva già designato il suo uomo per il consiglio: Giampiero Gamaleri, docente di comunicazioni di massa all'università di Roma e appassionato studioso del sociologo canadese Marshall Herbert McLuhan. Ex dirigente Rai di area democristiana, si era ormai avvicinato ad Alleanza nazionale. «Per voi di Forza Italia c'è Alberto Contri» aggiunse Violante. Letta sbiancò. «Chi?» «Contri, il manager milanese della pubblicità.» «E chi l'avrebbe designato?» chiese l'emissario di Berlusconi. «Guido Folloni, a nome di Buttiglione» rispose serafico il presidente della Camera. «E Forza Italia che c'entra? No, così non va. A che ora possiamo rivederci domani mattina?» «Alle sette e mezzo» rispose Violante. Abituato da anni a passare le notti in bianco, Letta non batté ciglio. Chiamò Mancino per metterlo al corrente della situazione e chiese anche a lui un appuntamento per l'indomani mattina.

«Sarò ad Avellino» disse il presidente del Senato. «Vediamoci nel primissimo pomeriggio.»

Letta informò immediatamente Berlusconi ed ebbe la conferma che la candidatura di Contri era una trappola: egli guidava infatti un'associazione che aveva rapporti molto freddi con Mediaset. Poi, alle dieci di sera, staccò i telefoni e raggiunse la moglie Maddalena a Santa Cecilia, in tempo per ascoltare la seconda parte del concerto di Uto Ughi, amico di famiglia, dedicato a Brahms. Quando uscì dall'auditorium di palazzo Pio, venne informato dall'autista che il presidente della Camera lo aveva cercato dappertutto. Era mezzanotte quando richiamò Violante, dal quale seppe che le nomine del consiglio d'amministrazione erano ormai state fatte. Contri si avvicinerà progressivamente a Forza Italia, ma al momento la sua nomina fu considerata dal Cavaliere un autentico schiaffo.

Direttore generale fu nominato Pierluigi Celli, uomo di De Benedetti e già direttore del personale con i «professori». Personalmente simpatico e intellettualmente assai vivace, scriveva libri interessanti, ma chi si metteva sulla sua strada finiva sotto un rullo compressore. Egli stesso confessò che la sua designazione nacque da una telefonata di D'Alema a Marini. I soliti ipocriti si scandalizzarono, lasciando intendere ancora una volta che le nomine Rai fossero frutto dello Spirito Santo come quelle dei pontefici. Di fatto, Celli fu a tutti gli effetti uomo di D'Alema, mentre Zaccaria non si rivelò affatto uomo di Marini.

# XII

# Dal direttore «comunista» al ciclone Gad

*Cosacchi a San Pietro, Fava in moschea*

Il mondo politico non proteggeva più né Marcello Sorgi né Lucia Annunziata. Il potentissimo sindacato dei giornalisti radiotelevisivi, l'Usigrai, reclamava direttori interni. E così Pierluigi Celli, sostenuto dal consiglio d'amministrazione, procedette. Direttore del Tg1 fu nominato Giulio Borrelli, del Tg3 e dei telegiornali regionali Nuccio Fava, mentre alla direzione del Tg2 fu confermato Clemente Mimun.

Borrelli fu il primo direttore del Tg1 di diretta emanazione Pci-Pds-Ds. Nessuno, dieci anni prima, gli avrebbe pronosticato la conquista della poltrona più prestigiosa delle redazioni Rai: se mai i cosacchi fossero giunti a San Pietro, il primo cavallo ad abbeverarsi alla fontana sarebbe stato certamente quello di Roberto Morrione. E invece Roberto era stato azzoppato dalla purezza ideologica, dalla sua mania di dare la colpa, in ogni incidente stradale, a chi proveniva da destra, dal suo essere veltroniano (come quasi tutti i comunisti e postcomunisti in Rai) mentre dal '94, al Bottegone, a contare era Massimo D'Alema.

Borrelli era invece politicamente più scaltro e flessibile. Amico di Veltroni, ma anche di Claudio Velardi, cioè di D'Alema, aveva dato prova di saldezza ideologica sottoponendomi (io direttore del Tg1, lui membro eminente del comitato di redazione) – con la complicità straordinaria di Gianni Pasquarelli – a un memorabile processo staliniano. Al confronto, Andrej Vyšinskij, lo spietato procuratore sovietico che fu uno degli artefici delle «purghe» degli anni Trenta, assume le sembianze di un confessore francescano. Ma Giulio sapeva anche essere piacevole e salottiero: a festeggiare la vittoria dell'Ulivo nella villa di Sandra Verusio sull'Appia trovavi lui, mica Morrione.

Maria Grazia Bruzzone ha raccolto testimonianze sul fatto che Borrelli puntava alla direzione del Tg1 sin dal momento in cui, insieme ad altri, tramò perché io lasciassi l'incarico, manovra che avrebbe ripetuto, più felpatamente, con Brancoli e perfino con Sorgi. Non ho elementi per confermarlo. In ogni caso, nel giugno del '98 esistevano tutte le condizioni tecniche e politiche perché avesse termine la *conventio ad excludendum* e il «comunista» Borrelli raggiungesse il suo obiettivo. Ben presto, però, i suoi redattori – soprattutto quelli che l'avevano più acclamato e sostenuto – rispolverarono il vecchio adagio italiano secondo cui «si stava meglio quando si stava peggio». E, al settimo piano di Viale Mazzini, Celli continuava a mordere il suo mezzo toscano lasciando filtrare dal tabacco inquietanti grugniti.

Trascrivo dal libro della Bruzzone: «"Il tuo Tg è grigio e privo di appeal, devi fare qualcosa", rimproverava già a dicembre [1998] Pierluigi Celli in una telefonata a Borrelli, finita sui giornali con grande scalpore. Il direttore generale deplorava il primo notiziario troppo farcito di cronaca, troppo filogovernativo, molto dalemiano e molto ingessato. Ma Borrelli non se ne curava e per tutta risposta accentuava il dalemismo spinto con un'intervista al capo del governo che alle 20 era durata oltre cinque minuti, nell'edizione delle 23 addirittura quattordici minuti, e un servizio sul premier in visita alla sezione Pds della Garbatella che pareva estratto dal Tg "vetrina" degli anni Cinquanta».

Molto peggio se la passava al Tg3 Nuccio Fava. Una modesta conoscenza di uomini e cose interni all'azienda e un'inversamente proporzionale dose di supponenza hanno spesso portato gli amministratori della Rai a commettere errori incomprensibili. Mandare Fava a dirigere il Tg3 equivaleva ad affidare a don Baget Bozzo la sovrintendenza di una moschea. Nuccio conosceva benissimo la macchina di un telegiornale ed era sufficientemente «democratico» da lasciare la porta aperta perché ogni redattore andasse a manifestargli le proprie esigenze, tanto inderogabili quanto – spesso – impossibili da soddisfare. Ma il Tg3 era il Tg3: se si è figli di Sandro Curzi, pur soggiornando negli orfanotrofi più diversi non si cambia il proprio Dna. E Fava, benché di sinistra, era pur sempre un democristiano vecchio stile. Dunque, era fatale che prima o poi esplodesse l'incompatibilità tra direttore e redazione. Fava litigò di brutto anche con l'amico e sodale Zaccaria e, a un certo punto, il consiglio d'amministrazione – fingendo che fosse seriamente ammalato – lo sostituì con Nino Rizzo Nervo, un altro bravo democristiano di sinistra, le cui radici culturali però affondavano meno nella Dc della Prima Repubblica.

*E a Borrelli dissi: «Vu cumprà?»*

Da semplice redattore del Tg1 qual ero ormai ridiventato, mi presentai a Borrelli come un «vu cumprà». Dopo trent'anni di televisione, la sola «referenza» di cui disponevo in quel momento era il salvacondotto firmato da Sorgi che mi garantiva un minimo di continuità nella collaborazione al mio telegiornale, nonché una certa sinergia di quest'ultimo con «Porta a porta». Borrelli fu gentilissimo, ma, quando gli mostrai la lettera di Sorgi, mi disse che non sapeva che farsene. Veniva ripristinato così l'emendamento del Longhi 2: «Mai la tua faccia sui nostri schermi». Capitava talvolta che «Porta a porta» avesse «merce pregiata», qualche importante esclusiva che avrebbe fatto comodo anche al Tg1. Ma mentre nel Tg2 di Mimun non mancavano segni di crescente interesse per qualche anticipazione, Borrelli era del tutto indifferente. Naturalmente, in casi eccezionali, dovette anche lui arrendersi allo stato di necessità: come quando, per esempio, Giulio Andreotti fu assolto dall'accusa di essere un mafioso. L'ex presidente del Consiglio, persona di rara correttezza, mi aveva promesso un'intervista esclusiva ben prima della sentenza e, nonostante le asfissianti richieste di rilasciare un'intervista al Tg1, non aveva ceduto. Allora Borrelli mi fece chiamare dal direttore generale e io – che fin dalla tenera età sono affetto dal virus di un inguaribile spirito aziendale – accettai volentieri di intervistare Andreotti anche per la testata di cui a tutti gli effetti ero un dipendente: non gradito, ma pur sempre un dipendente.

Pierluigi Celli usava nei miei confronti la tattica del bastone e della carota, dove la seconda era costituita dalla provvisoria assenza del primo. Nonostante ciò, ho nutrito per lui un'inspiegabile simpatia, nata nei tempi in cui, tra il '93 e il '94, era capo del personale e Demattè voleva licenziarmi. Celli – scoprendo l'acqua calda, di cui però la Rai era in quel momento sprovvista – concordava con me nel sostenere che tutti i dipendenti avessero il diritto di lavorare. A parte il mio caso personale, ebbi con lui qualche colloquio come rappresentante di altri «prigionieri politici». Gianni Manzolini, per esempio, uno dei miei migliori compagni di corso, sarebbe stato un grande giornalista se non l'avesse rovinato la passione politica per i socialdemocratici, dei quali divenne perfino sottosegretario agli Esteri. (A mio giudizio, qualunque giornalista entri in politica si rovina. Oltre a declinare le offerte che periodicamente, nel corso degli anni, mi sono state fatte – in epoca di bipolarismo, dai due principali schieramenti politici – ho sempre tentato di dissuadere gli amici, dal vecchio Paolo Cavallina ad Alberto Michelini, da Mauro Dutto a Gianni Manzolini, a mettersi in questa impresa. Fiasco totale su tutta la linea.) Una volta privo di mandato politico, Manzolini s'aggirava nei corridoi senza far nulla. Come Marco Ravaglioli, redattore del Tg1 e genero di Andreotti, anche lui in difficoltà per le stesse ragioni (sarebbe poi diventato uno scrupoloso inviato di politica estera).

## Per Lerner, quattro serate di «Pinocchio»

Tornato a Viale Mazzini con il grado di direttore generale, Celli – come prima mossa – puntò su Gad Lerner per l'informazione e cercò anche lui di ridimensionare «Porta a porta». Dopo aver fatto «Pinocchio» in prima serata su Raiuno per qualche mese, Lerner venne trasferito su Raidue con una striscia di quattro puntate settimanali (ma allora, curiosamente, nessuno parlò di «occupazione del video», come avrebbero fatto alcuni esponenti della sinistra qualche tempo dopo quando la stessa collocazione fu assegnata a «Porta a porta» sulla Raiuno). Celli mi propose di anticipare il programma in una prima serata «a singhiozzo» (ci saremmo alternati con un calendario fittissimo di partite di calcio), abbandonando del tutto l'ormai tradizionale collocazione in seconda serata. Obiettai che, da un punto di vista tecnico, si trattava di una strategia insensata: come aveva dimostrato lo stesso «Pinocchio», su Raiuno la prima serata di informazione non può avere ascolti straordinari, a meno che non sia legata a un grosso fatto di cronaca. A maggior ragione sarebbe stato inopportuno puntarvi esclusivamente visto che bisognava sospendere la programmazione per parecchie settimane in autunno e in primavera, a causa delle partite di Coppa. Pur accettando la sperimentazione, chiesi al direttore generale di mantenere almeno il lunedì di seconda serata per conservare un minimo di contatto con il nostro pubblico tradizionale e con la programmazione politica, che aveva dato buoni risultati e cominciava a impensierire seriamente Maurizio Costanzo. Dissi inoltre a Celli: «Lerner è un ottimo professionista, ma non nasconde di usare la televisione per poter crescere nella carta stampata. Ha senso che la Rai azzeri una trasmissione come "Porta a porta" che comincia a dar noia alla concorrenza Mediaset per puntare tutto su un giornalista che magari domani ci molla? Concedi a lui quattro serate, ma a me lascia almeno il lunedì».

Cominciò un lungo braccio di ferro – la scelta del direttore generale era ovviamente politica, non tecnica –, ma alla fine Celli si convinse a lasciarci la seconda serata di lunedì e la prima serata del mercoledì «a singhiozzo». L'improvvisa caduta del governo Prodi, l'arrivo di D'Alema a palazzo Chigi, la traumatica separazione di Cossutta da Bertinotti, la partecipazione dell'Italia alla guerra del Kosovo ci aiutarono a lanciare la prima serata. Il lunedì, in seconda serata, andava in onda anche Lerner e noi vincemmo la sfida, guadagnandoci ancora una volta la sopravvivenza sul campo.

### «C'è il papa al telefono...»

A Celli il nostro successo non piaceva e lo dimostrò dopo una delle prime puntate del mercoledì, il 13 ottobre 1998. Avevamo deciso di celebrare il ventesimo anniversario dell'incoronazione pontificale di Giovanni Paolo II. Avevo ottenuto eccezionalmente dal segretario del pontefice, don Stanislao Dziwisz, che Riccardo Muti potesse eseguire un brano di musica sacra nella Cappella Sistina, che non era mai stata aperta a un'esecuzione musicale senza la presenza del papa. Chiesi naturalmente se il pontefice, per la circostanza, intendeva rilasciarci qualche dichiarazione e mi fu risposto che Giovanni Paolo II rifuggiva da qualunque forma di autocelebrazione.

La trasmissione del 13 ottobre ebbe alcune testimonianze eccezionali. Al di là dello straordinario valore pastorale della sua missione, Karol Wojtyła ha avuto un ruolo decisivo anche nell'accelerare la caduta del comunismo. Quella sera gliene diedero atto in diretta

Michail Gorbaciov e Markus Wolf, mitico capo della
Stasi, la potentissima polizia segreta della Germania
Est, che del papa polacco era stato uno degli avversari più agguerriti. Le immagini della Cappella Sistina
– mentre Riccardo Muti, l'orchestra della Scala e il coro
di Santa Cecilia eseguivano il *Salve Regina* di Nicolò
Porpora – erano di altissima suggestione.

La trasmissione stava procedendo da circa un'ora e
mezzo quando vidi nello studio una grande agitazio-
ne. Muovendo le labbra come in un coro muto, i miei
colleghi ripetevano eccitatissimi: «Il papa, il papa», fa-
cendomi capire che avrei dovuto collegarmi con il Vaticano. Non mi era chiaro il senso della richiesta, dato
che non era in programma nulla del genere. Intuii finalmente che c'era qualcuno al telefono. «Sono don
Stanislaooo» disse il segretario del pontefice con il suo
inconfondibile accento slavo. Mi si gelò il sangue per
l'emozione. «Passo Santo Padre...» «Signor Vespa...»
«Buonasera, Santità.» Fu l'unica frase che mi uscì dalla bocca. Avevo commentato in diretta avvenimenti
drammatici, in un clima di altissima tensione, ma non
mi era mai capitato di rimanere paralizzato dall'emozione come in quel momento. Le lacrime cominciarono
a scendermi sulle guance e, pur avvertendo un enorme
imbarazzo, non feci niente per trattenerle. D'altra parte, sono ormai rassegnato a commuovermi ogni volta
che vedo il papa. Non posso farci niente e non me ne
vergogno.

Ripenso alla prima volta che l'incontrai a casa di monsignor Lewandoski, all'intervista nella sua abitazione in
Polonia, alla straordinaria quantità di gente politicamente discriminata che pendeva dalle sue labbra duran-

te la messa di sant'Anna a Cracovia, a quando assistetti impietrito, accanto all'impietrito Alexander Dubček, al suo storico arrivo sulla pista dell'aeroporto di Bratislava pochi mesi dopo la caduta del Muro, a quell'uomo raccolto nella sua cappella in disperata preghiera per la pace, a quando gli regalai un paio di guanti da sci perché sapevo che andava di nascosto sul Gran Sasso dopo che le indiscrezioni avevano «bruciato» Campo Felice. «Conosciamo le sue montagne meglio di lei» mi disse un giorno don Stanislao. Sapevo che il papa e il suo segretario c'erano andati – sempre in segreto – anche quel 13 ottobre, ma non riuscii a fargli nessuna domanda in diretta. Non volevo approfittare di quella straordinaria circostanza per aggiungere una sillaba alle sue parole di ringraziamento.

Quando la brevissima conversazione finì, dovetti in qualche modo giustificare la mia trasparente emozione. «Anche i giornalisti hanno un'anima» dissi a Letizia Moratti, che partecipava alla trasmissione insieme – fra gli altri – al cardinale Giacomo Biffi, Nilde Iotti, Vittorio Gassman, Susanna Tamaro, e a Joaquín Navarro-Valls, l'eccellente portavoce del papa che era rimasto meravigliato quanto me di quella telefonata.

## Retroscena di un Giubileo mancato

La sera stessa mi fu spiegato sommariamente come era stato stabilito il collegamento – improvviso e fortunato – con il pontefice, ma solo di recente ne ho conosciuto i particolari dalla nostra produttrice Giovanna Montanari: se la voce del papa andò in onda, il merito è suo. Durante la seconda parte della trasmissione, squillò il telefono in regia e lei rispose. Era il funzionario di servizio che aveva appena ricevuto una telefonata dal Vaticano: «Il papa» le disse «vi ringrazia tutti per quello che state facendo per lui». Giovanna chiamò immediatamente il centralino dei palazzi Apostolici, lo informò della telefonata ricevuta e il centralinista le passò l'appartamento pontificio. Monsignor Dziwisz spiegò alla nostra produttrice: «Il Santo Padre sta seguendo la trasmissione, ringrazia Bruno Vespa e tutti voi». Giovanna gli domandò: «Siamo in diretta, vuole che passi la linea allo studio?». Don Stanislao chiese al papa se voleva intervenire, poi riferì che Sua Santità era d'accordo. Da quel telefono, tuttavia, non era possibile la messa in onda, perciò la Montanari richiamò subito da un altro apparecchio. Il resto è noto.

Era la prima volta che un pontefice interveniva in diretta a una trasmissione televisiva. Il giorno dopo la notizia era sulle prime pagine di tutti i giornali e fece in tempo reale il giro del mondo. Le grandi reti americane trasmisero le nostre immagini nei loro notiziari del *prime time* e fui intervistato da molte emittenti, dalla Bbc alla televisione argentina. Borrelli limitò l'interesse del Tg1 all'edizione delle 13.30, senza mandare in onda nulla in quello delle 20. Ma l'episodio più singolare avvenne la mattina successiva nello studio di Celli.

Il direttore generale aveva l'abitudine di stupire i suoi dipendenti fissando appuntamenti in ore antelucane. Con me cascava male, perché alle sette sono già in piedi. Quel mattino mi aveva convocato alle otto, non ricordo per quale ragione. Masticava il sigaro come al solito, ma non mi disse una parola su quanto era accaduto la sera prima. A un certo punto s'affacciò

Zaccaria e, sorridendo, mi disse: «Sei in prima pagina ovunque». Nient'altro.

Capisco che per loro quello fu un colpo durissimo, ma ancora una volta mi ero sbagliato pensando che avrebbero perlomeno salvato le apparenze. In quattro anni, il consiglio d'amministrazione presieduto da Zaccaria non ha risparmiato parole di freddezza o di censura nei miei confronti, senza mai dirne una di plauso, nemmeno in quell'occasione. Se il papa avesse telefonato in diretta a Dan Rather o a qualsiasi altro grande anchorman americano, i suoi editori gli avrebbero fatto fare il giro degli Stati Uniti. Per quanto mi riguarda, quella telefonata bastava da sola a soddisfare d'un colpo tutte le ambizioni professionali della mia vita (e di quelle successive, se mai mi capitasse di rinascere). Sotto il profilo personale, mi ha procurato la stessa emozione di quando vidi il mio primo figlio venire al mondo sotto i miei occhi. Per chi allora dirigeva la mia azienda, purtroppo, si trattò solo di un incidente di percorso.

Non potevo immaginare, tuttavia, che quella telefonata avrebbe scatenato contro di me, sul fronte interno, una campagna d'odio che aveva come obiettivo di escludermi dall'evento principale che, alla fine del '99, avrebbe avuto come protagonista il papa: l'apertura del Grande Giubileo del 2000. Da anni la direzione di Raiuno mi aveva affidato la cura dei servizi sui grandi eventi pregiubilari. Monsignor Crescenzo Sepe, incaricato dal papa di sovrintendere all'avvenimento, si era affidato con molta amabilità alle nostre scelte e tutto era sempre andato per il meglio. Era scontato, quindi, che sarei stato io a fare la grande telecronaca di fine anno per l'apertura della Porta Santa in San Pietro.

Borrelli, d'accordo con Franco Iseppi, delegato dalla Rai a gestire la questione, lavorò d'anticipo per impedirlo. Sapendo che la sola altra persona tecnicamente in grado di condurre la telecronaca garantendo un certo livello di professionalità era il mio amico Paolo Frajese, lo richiamò da Parigi alcuni mesi prima e lo inserì nel circuito giubilare. Senonché Paolo aveva un carattere peggiore del mio. Se incontrava una persona presuntuosa ma di modesta levatura, non si limitava a rimproverarle gli errori commessi ma la insolentiva pubblicamente. Così, poiché durante una telecronaca ebbe un incidente piuttosto vistoso con un collega, Borrelli dovette rassegnarsi a fare a meno di lui, temendo per il futuro guai ancora più grossi.

Mentre la scadenza giubilare si stava avvicinando, a un certo punto a Celli venne in mente Angela Buttiglione. Ottima scelta, ma – secondo me – con almeno due controindicazioni: Angela era direttore delle tribune politiche e non si capiva perché dovesse essere richiamata al telegiornale, vista la mia disponibilità; non faceva telecronache da tempo immemorabile. Insomma, era oggettivamente difficile trovare una ragione che mi impedisse di seguire l'avvenimento conclusivo di una serie che mi era stata affidata da tempo. Fu allora fatta circolare sui giornali la notizia che io davo per scontato che mi venissero affidati i grandi avvenimenti giubilari in quanto beneficiario della telefonata del papa e che questo atteggiamento aveva indisposto i dirigenti della Rai. Naturalmente la notizia era falsa (tant'è che nessuno ha mai avuto il coraggio di contestarmela di persona). Non c'era infatti bisogno di alcuna telefonata per giustificare il fatto che venisse chiesta a me nel '99 la copertura di un avvenimento pontificio eccezionale – paragonabile alla morte di un papa e all'elezione del suo successore – che avevo già seguito nel '78 e per il quale, da anni, mi era stato chiesto di prepararmi. Quando Celli mi disse che voleva coinvolgere la Buttiglione, gli risposi comunque che sarei stato lietissimo di fare le telecronache insieme con lei. Ma Angela voleva essere sola e io fui estromesso.

## L'interruttore di D'Alema

L'atteggiamento di Borrelli nei miei confronti metteva in crisi anche alcuni rapporti tra Tg1 e Raiuno, sicché il direttore di rete, Agostino Saccà – anche su mandato di Celli, che aveva con me un rapporto ondivago –, si adoperò per ricucirli. Poiché Borrelli sosteneva che sarebbe bastato andare a pranzo insieme per chiarire tutto, accettai il suo invito, a patto però che fosse presente anche Saccà. A tavola non aprii bocca, ma fu sufficiente ciò che disse Borrelli a convincere il direttore di Raiuno che nulla poteva essere fatto per riparare la situazione. E in questi termini ne riferì al direttore generale.

Nella primavera del 2000 la tensione politica era altissima. Forza Italia aveva vinto le elezioni europee del '99 e il colpo di teatro della rinnovata alleanza tra Berlusconi e Bossi lasciava immaginare un'importante affermazione della Casa delle Libertà alle elezioni regionali dell'anno successivo. Nell'autunno del '99 Saccà aveva convinto Celli che per tentare di battere il colosso mediatico-pubblicitario del «Maurizio Costanzo Show», Raiuno avrebbe dovuto portare la mia trasmissione a quattro serate settimanali. E infatti alla fine di quel ciclo l'obiettivo fu raggiunto: per la prima volta da quando, nel 1987, era entrato in funzione il sistema di rilevamento Auditel (operato su circa cinquemila televisori di famiglie-campione) Raiuno vinse la seconda serata.

Nel rispetto più rigoroso della par condicio, fin dalla prima puntata «Porta a porta» aveva dato al centrodestra la stessa dignità che al centrosinistra. Tale scelta si era rivelata decisiva per il pubblico confronto delle posizioni e dei programmi sui temi politici e sociali più rilevanti. Ma, alla vigilia delle elezioni regionali, il centrosinistra dava forti segni di nervosismo perché i sondaggi erano controversi. Mentre Massimo D'Alema si era buttato a corpo morto nella campagna elettorale, Celli fu incaricato di orientare la programmazione televisiva in modo più favorevole alla maggioranza di governo. Ora, se «Porta a porta» è sopravvissuta così a lungo, lo deve sia ai risultati d'ascolto e al progressivo radicamento nel pubblico, sia al fatto che D'Alema, tra il 1996 e il 2000, non ha chiesto a Celli e ad altri di spegnere l'interruttore. So che qualcuno dei suoi gli rimprovera di non averlo fatto, mentre non mi risulta che lui si sia pentito della scelta: non si può uscire dalla tradizione comunista e governare con spirito riformista un grande paese come il nostro cancellando dalla programmazione televisiva una trasmissione di successo che ha l'unico torto di trattare l'opposizione come la maggioranza.

Ciò non toglie che, come si è detto, nella primavera del 2000 nel centrosinistra ci fosse un po' di nervosismo, anche se a palazzo Chigi D'Alema si mostrava convinto di poter conquistare dieci regioni su quindici.

In una riunione plenaria dei direttori, allargata ai responsabili delle trasmissioni politiche, Celli suggerì la sospensione di tutti i nostri programmi. Gli feci notare che sarebbe passato alla storia come il primo direttore generale che aboliva i dibattiti in campagna elettorale, e allora lui lasciò perdere. Poiché, tuttavia, il centrosinistra riteneva di avere il suo punto di forza nei candidati alla presidenza delle regioni, ci fu imposto di estendere gli inviti anche a loro. Scelta un po' surreale, in verità, visto che una trasmissione diffusa su tutto il territorio nazionale si trovava a dover dare spazio, per esempio, ai problemi particolari di Abruzzo e Umbria, ma non battemmo ciglio. Le elezioni, come è noto, si chiusero in modo trionfale per la Casa delle Libertà e D'Alema, con molta dignità, lasciò palazzo Chigi a Giuliano Amato.

### Un tuffo, e Beretta fu al posto di Saccà

Poco tempo dopo le elezioni regionali, Borrelli fu scalzato fin troppo brutalmente dalla guida del Tg1 e spedito a New York, il che mise in evidente difficoltà Fabrizio Del Noce, ottimo corrispondente della prima rete. Scrive la Bruzzone: «Da un pezzo il direttore generale concordava con Zaccaria, Emiliani e Balassone sulla necessità di rifondare il primo notiziario. Il Tg-Borrelli non andava più nemmeno bene in termini di ascolto, fra il direttore e il collega di Raiuno Saccà erano liti continue, perfino la redazione lo aveva mollato». Con una decisione clamorosa, al posto di Borrelli andò Gad Lerner, in un giro di nomine che rivoluzionò l'organigramma dell'intera azienda.

Senza alcun preavviso, Agostino Saccà fu rimosso dalla direzione di Raiuno. Si è spesso detto, nelle polemiche sulle nomine della primavera 2002, che con Saccà il centrosinistra aveva consegnato Raiuno al Polo. L'attuale direttore generale è certamente vicino a Berlusconi («Voto Forza Italia» ha detto al momento della sua nomina, con ineguagliabile franchezza), ma, a suo tempo, non fu nominato alla guida della prima rete per fare un regalo al Cavaliere. Saccà era in ottimi rapporti con Massimo D'Alema, soprattutto tramite Claudio Velardi e Marco Minniti, calabrese come lui. E all'allora presidente del Consiglio ha sempre prestato la massima attenzione, non dimenticandolo negli anni difficili. Si trascura poi il dettaglio che Raiuno è assolutamente decisiva per l'immagine e i bilanci dell'azienda. Da sola, la prima rete fattura 1300 miliardi di pubblicità, il sessanta per cento del totale della Rai. Perdere ascolti sulla prima rete, significa mettere in crisi l'intero servizio televisivo pubblico. Se un uomo di televisione come Tantillo – che era stato uno dei cervelli della nuova Raitre di Guglielmi – aveva clamorosamente fallito sulla rete ammiraglia, vuol dire che il più importante giocattolo della Rai è piuttosto complicato. Saccà era l'unico dirigente interno che avesse le conoscenze e la capacità tecnica di fare il miracolo. E lo fece alla grande.

Ma Celli ne temeva il potere e alla prima occasione, 16 giugno 2000, lo sostituì. L'operazione era strategicamente molto ben congegnata: il direttore generale sperava di assicurarsi la copertura del centrodestra mettendo al posto di Saccà Giancarlo Leone, un manager giovane e brillante che era stato il braccio destro di Iseppi e ora dirigeva Raicinema. Ma Leone e Gianni

Letta, che ha una grande stima di lui, capirono la mossa e l'affare sfumò. Celli scelse allora Maurizio Beretta, il direttore della prima divisione. Beretta, oggi direttore delle relazioni esterne della Fiat, era stato un brillante caporedattore economico al Tg1 e poi aveva fatto un ottimo lavoro come capo delle relazioni istituzionali della Rai. La sua capacità di tessere rapporti è semplicemente fantastica: pranza con l'arcangelo Gabriele e cena con il Diavolo, dà a entrambi del tu e ci fa ottimi affari. Celli, che pure, come tutti i dirigenti del suo rango, ha sullo stomaco una pelliccia d'orso, ne rimase affascinato e ne fece la sua coperta di Linus. Esattamente come il Cavaliere con Gianni Letta. Beretta sapeva benissimo che la direzione di Raiuno non era il suo mestiere e sperava semmai, giustamente, di andare a dirigere il Tg1. Quando Celli gli notificò il trasferimento, stava prendendo il sole sul bordo di una piscina. «Ho fatto un tuffo e ho detto: "Obbedisco"» mi raccontò.

## Il ciclone Gad sconvolge il Tg1

Al posto di Borrelli, a metà giugno Celli e Zaccaria misero Gad Lerner. Scelta coraggiosa e, al tempo stesso, sconvolgente. Lerner è un eccellente professionista e sa fare buona televisione. È stato vicedirettore della «Stampa», ma dubito che l'Avvocato, che pure lo ha in forte simpatia, o Cesare Romiti gli farebbero dirigere il «Corriere della Sera». E il Tg1 è il «Corriere» dei telegiornali: deve parlare a tutti, al grande imprenditore e al portinaio, alla casalinga di Voghera e alla *sciura* Fulvia annoiata di Tullio Pericoli. Il Tg1 deve essere grande nelle grandi occasioni, ma ordinato e perfino un po'

prevedibile nella quotidianità. Brillante, ma non ansio-
geno. Mai reticente, sempre rassicurante. Non a caso il
Tg1 di Emilio Rossi è stato un modello insuperato, non
a caso liquidò in pochi giorni quello di Andrea Barbato, che era il Gad Lerner della generazione precedente,
anche lui ottimo professionista della carta stampata e
buon conoscitore della televisione.

«Sono sempre stato una persona di sinistra, appassionato però ai buoni argomenti e alle idee altrui» disse
il nuovo direttore nell'editoriale di presentazione. Gad
fu abilissimo nel tessere le relazioni giuste. Orgoglioso
delle sue origini ebraiche, stabilì un rapporto di ferro
con il cardinale Ruini, presidente dei vescovi italiani, e
con Joaquín Navarro-Valls, che ne subiva il fascino intellettuale anche in campo religioso e fu sino alla fine
un suo sostenitore.

Mi invitò una mattina per la prima colazione all'hotel d'Inghilterra, nel cuore di Roma, dove aveva preso
alloggio, e mi dimostrò enorme disponibilità, cancellando d'un colpo le sgradevoli polemiche del passato e
azzerando l'ostracismo di Borrelli. In agosto coprì benissimo lo strepitoso raduno giubilare dei giovani in
pellegrinaggio da Giovanni Paolo II (telecronista fu Fabrizio Del Noce, che stabilì con Lerner un eccellente
rapporto) e, altrettanto bene, il Gay Pride. Mi chiese di
essere il telecronista di questo evento, ma dovetti rifiu-
tare: non me la sentivo, dopo una così lunga assenza,
di tornare in video per il telegiornale con un tema così
controverso.

La redazione del Tg1 era frastornata. Alcuni erano
entusiasti, altri prevedevano che la «gadmania» – come
la chiamava Giuliano Ferrara in un irresistibile tor-

mentone quotidiano sul «Foglio» – sarebbe finita molto presto. «Non arriva a Natale» dicevano i pessimisti. E lo stesso Marcello Sorgi previde in un'intervista un autunno difficile per il nuovo direttore, pur riconoscendo che aveva un rapporto blindato con Celli.

Un elemento all'apparenza di forza per i rapporti con il mondo cattolico, ma in realtà di debolezza interna, fu la nomina come suo vicedirettore vicario di Roberto Fontolan, uomo di Comunione e Liberazione che aveva già collaborato con lui in altre trasmissioni. Gran parte della redazione giudicò ingiusto il ridimensionamento di Alberto Maccari, vicedirettore «di macchina» fondamentale per la complessiva buona armonia, e non bastò la vicedirezione di Mauro Mazza, vicino ad An, a garantire a Lerner la piena copertura del Polo, che però non strillava più di tanto per il nuovo direttore in attesa di vedere lo stabile posizionamento del Tg1 alla ripresa autunnale. Ma la ripresa non ci fu. Lerner alternava pagine entusiasmanti ad altre molto discutibili. E proprio su una di queste cadde.

Il 27 settembre 2000 andarono in onda, prima sul Tg3 e poi sul Tg1, le immagini di bambini vittime di pedofili nelle squallide inquadrature diffuse via Internet da un'associazione a delinquere smascherata da un sacerdote siciliano, don Fortunato Di Noto. Lerner sostiene di aver invitato il responsabile del servizio, David Sassoli, a prestare la massima attenzione alle immagini più forti. Non si è mai capito come sia stato possibile far passare nel Tg1 delle 20 le stesse foto che avevano già destato scandalo un'ora prima nel Tg3 delle 19. Questa vicenda confermava ancora una volta che il Tg1 è un telegiornale diverso da tutti gli altri. Al-

trove gli errori determinano tutt'al più qualche protesta, lì provocano un ciclone.

A soffiare sul vento fu lo stesso Lerner, che si presentò in video pochi minuti dopo il servizio incrimina-
to con la faccia stravolta, scusandosi dell'errore con parole scandalizzate. L'intenzione era nobile, e soltanto
chi ha guidato quella macchina sa bene che un direttore non può materialmente guardare tutto. Ma, para-
dossalmente, furono proprio quelle scuse a far mettere
sotto accusa un giornale che, di fatto, lo stesso Lerner
scoprì ingovernabile. Gad si dimise insieme con il direttore del Tg3, Rizzo Nervo. Entrambi incassarono la
fiducia della maggioranza del consiglio, ma mentre
Rizzo Nervo tornò tranquillamente al suo posto, Lerner scoprì in una drammatica assemblea di redazione
di essere sostanzialmente isolato. Lo abbandonò anche
il mondo politico: Forza Italia si mosse con prudenza,
ma il capogruppo dei Ds alla Camera, Fabio Mussi, ne
invocò le dimissioni insieme con alcuni esponenti della
destra.

Lerner se ne andò il 1° ottobre 2000, vendicandosi
con un gesto inelegante: agitò in video, nell'editoriale
di commiato, un foglietto in cui Mario Landolfi, dirigente di An e presidente della commissione parlamentare di vigilanza sulla Rai, chiedeva che venisse rinno-
vato il contratto a termine di una giornalista precaria.
Finiva così tra le polemiche l'illusione di poter gestire il
più formidabile strumento italiano di informazione
con la stessa disinvoltura guascona con cui Giuliano
Ferrara dirige «Il foglio».

## L'autunno del «Grande Fratello»

Il Tg1 cambiava l'ottavo direttore in sette anni e tornava per la terza volta Albino Longhi. Nel '93 le sue vittime erano state, oltre a chi scrive, Fabrizio Del Noce e Maurizio Bertucci, deputato di Forza Italia alla seconda legislatura. Lo trovai più accomodante: nessun entusiasmo e nessun grande spazio, ma riuscimmo a stabilire un rapporto corretto intonando insieme *Scurdammoce 'o passato*. Chi non era affatto disposto a dimenticare i torti subiti fu invece Del Noce. «Longhi» mi avrebbe ricordato Fabrizio dopo essere stato nominato al vertice di Raiuno a fine aprile 2002 «rimosse me e Bertucci dagli incarichi di caporedattore annunciandolo in un'assemblea aperta ai giornalisti esterni. E questo fu inaccettabile.» Il direttore del Tg1 avrebbe probabilmente cercato una composizione, ma Del Noce fu irremovibile. Temendo che Borrelli, nominato capo della sede di New York, gli avrebbe tolto spazio anche negli Stati Uniti, piantò dalla sera alla mattina la sua bella casa sulla Trump Tower e accettò su due piedi di condurre «Linea verde», ritagliandosi uno spazio d'interviste a «Domenica in».

Fontolan lasciò il Tg1 con Lerner, anche Mario Giordano – assunto come inviato da Gad – se ne andò (qualche tempo dopo sarebbe diventato direttore di «Studio aperto»), e Longhi ricucì alla bell'e meglio alcuni strappi redazionali. Richiamò dalla pensione due vecchie glorie come Sandro Ceccagnoli e Romano Tamberlich, restituì ad Alberto Maccari la macchina dell'edizione delle 20 e tirò avanti.

La televisione viveva intanto, complessivamente, un

periodo di bassa stagione. Né Rai né Mediaset avevano prodotto nel 2000 programmi destinati a restare nella memoria (se si esclude il «Padre Pio» di Canale 5 con Sergio Castellitto, che avrebbe avuto il suo pendant l'anno successivo con il grande film di Raiuno interpretato da Michele Placido). In questo deserto esplose la bomba del «Grande Fratello», messo in onda su Canale 5 dopo molti dubbi dovuti non tanto ai rischi di tenuta del programma – che alla prima edizione certamente non esistevano – quanto alla formula, che di fatto consisteva nello spiare con le telecamere la vita sessuale dei protagonisti. Maurizio Costanzo, che all'inizio aveva osteggiato il programma, vi si buttò a corpo morto, mettendo sotto contratto tutti i giovani protagonisti e campando per mesi di rendita sulle loro avventure.

Nonostante «Porta a porta» avesse vinto nella stagione precedente la seconda serata, Celli decise di dimezzarne le puntate: da quattro a due. Salirono a tre dopo un lungo tira e molla. In ogni caso, con questa operazione la Rai perse parecchi ascolti e, quindi, molta pubblicità. Nell'autunno del 2000 si sparse la voce che la quarta serata sarebbe stata affidata a Gad Lerner, ma sia l'interessato sia Longhi mi dissero con molta lealtà che mai avrebbero fatto una trasmissione contro «Porta a porta».

# XIII

# La Rai contro il Cavaliere

*Una sera, sulla terrazza di Zaccaria...*

A Raidue era tornato trionfalmente Michele Santoro, dopo tre anni trascorsi a Mediaset. L'ultima puntata di «Moby Dick», su Italia 1, era andata in onda dal ponte di Belgrado (Fedele Confalonieri lo avrebbe ricordato nel maggio del 2002, nel pieno delle polemiche sulla libertà di espressione alla Rai). Fu una trasmissione apertamente schierata con Slobodan Milošević. Si disse che Celli, spaventato da quel che Santoro avrebbe potuto combinare in futuro, chiese all'ufficio legale se era possibile rescindere un contratto appena firmato. Fatto sta che Michele tornò, convinto da Agostino Saccà. Non fu solo il trasferimento di un bravo professionista, ma di un intero «ramo d'azienda»: direttore, vicedirettore, caporedattore (e così via, fino ai montatori), con quegli ambiti contratti giornalistici che ai redattori di «Porta a porta» sono sempre stati negati.

Pur avendo fatto quasi tutto il possibile per mettere a proprio agio gli avversari di Berlusconi (il palinsesto di Raidue si annunciava, come vedremo, un'autentica santabarbara), Celli a un certo punto dovette sentire puzza di bruciato: aveva intuito come Zaccaria, Balassone ed Emiliani volevano condurre la campagna elettorale per le politiche del 2001 e dovette realizzare che, se il Cavaliere avesse vinto le elezioni, la sua carriera di manager a tutto campo probabilmente non sarebbe stata brillantissima. Così, dopo mesi di allarmi e di smentite, diede le dimissioni nel febbraio del 2001, a tre mesi dalle elezioni e un mese prima che Freccero aprisse il fuoco.

La puzza di bruciato aveva cominciato a diffondersi già nel settembre del 2000. Il 13 aprile 2001 «Il foglio», in una lunga inchiesta sulla Rai, parlò di una «cena aziendale esclusiva e lontana dalla mondanità» che aveva avuto luogo all'inizio dell'autunno precedente e in cui il presidente Zaccaria avrebbe posto il problema della linea di comportamento pre-elettorale: «Servirebbe una Rai supporter di uno dei due schieramenti (con tanto di programmi di sostegno e anchormen "chiamati alle armi")». Un mese dopo, maggiori particolari si lessero sulla rivista «Prima comunicazione», diretta da Umberto Brunetti. La cena si sarebbe svolta in casa di Roberto Zaccaria e vi avrebbero partecipato il direttore generale Celli, i due consiglieri d'amministrazione della sinistra Balassone ed Emiliani e i tre «mammasantissima» dei Ds in fatto di comunicazione: Walter Veltroni, Vincenzo Vita e Beppe Giulietti.

Scriveva Pit Bull: «In buona sostanza, il ragionamento sarebbe stato il seguente: stiamo per entrare nella campagna elettorale più difficile e importante della nostra storia recente, è necessario impedire a ogni costo a quel mascalzone e mafioso del Cavaliere di prendere il potere e a questa bisogna la Rai deve far fronte. Come? Mandando a farsi benedire le menate tipo equilibrio e imparzialità del servizio pubblico e impiegando uomini e risorse, reti e giornalisti, a fiancheggiare la campagna dell'Ulivo contro l'arrivo dei barbari. Discussioni a non finire, concitazioni, strilli e alterchi durissimi. Conclusi con l'uscita di Celli che sarebbe andato via sbattendo la porta e dicendo: finché io sto lì dentro, non se ne parla nemmeno».

L'incontro fu confermato da Celli in conversazioni private ed ebbe, a quanto si disse, un testimone privilegiato nell'avvocato Giovanni Ferreri che, proprio quella sera, dava una cena sulla sua terrazza, adiacente a quella di Zaccaria. A «Prima comunicazione» non giunse alcuna smentita. L'unico dubbio fu se Celli avesse o no sbattuto la porta.

## Le cartine di Berlusconi

La campagna elettorale si annunciava caldissima e ne avemmo un assaggio lunedì 18 dicembre. Invitavamo Berlusconi e Rutelli in media ogni due mesi, alternandone le apparizioni. Fin dall'inizio mi ero permesso di suggerire ai due candidati di esporre nel modo più esauriente possibile il loro programma. Quella sera era la volta del Cavaliere. Ricordavo che l'anno precedente, prima delle elezioni europee, aveva avuto un buon ascolto una puntata di «Porta a porta» in cui Berlusconi aveva illustrato alla lavagna il suo progetto fiscale. Se un ospite si muove in studio la trasmissione ne guadagna, ma il Cavaliere – che ama le inquadrature con le luci perfette – non aveva più voluto saperne. Ci riprovai alla vigilia di quella trasmissione e Berlusconi accettò. «Vorrei portarle delle carte geografiche per illustrare il mio piano di opere pubbliche» mi disse. «D'accordo, ma le cartine gliele forniremo noi e lei in diretta ci scriverà quello che vuole.» «Con le mie mi trovo meglio» replicò il Cavaliere. «Già, ma se utilizziamo le sue, potrebbero contestarci di aver presentato materiale elettorale. E non l'abbiamo mai fatto.» (Da esperto di comunicazione, fin dal '94 il Cavaliere ha sempre cercato di far realizzare le interviste con i suoi cameramen di fiducia. Per quanto mi riguarda, non ho mai accettato. «L'intervista è della Rai, i cameramen sono della Rai» ho sempre risposto. Un giorno mi dissero che un direttore «comunista» aveva permesso che accadesse: mi cascarono le braccia.)

Berlusconi borbottò qualcosa e ci demmo appuntamento per il lunedì successivo. In studio erano pronte le cartine, ma mezz'ora prima dell'arrivo del candidato premier del centrodestra, giunse Roberto Gasparotti, che sovrintende agli aspetti tecnici delle sue apparizioni televisive, con altre cartine già pronte. «Non se ne parla proprio» gli dissi irritato. «Ma se vuole riportare sulle nostre cartine eventuali appunti, lo faccia.» Gasparotti non lo fece, sicuro che all'ultimo momento Berlusconi mi avrebbe convinto. In effetti lui ci provò, ma io fui irremovibile, e Gasparotti tracciò qui e là quegli impercettibili segni a matita per i quali Berlusconi fu preso in giro a lungo. Ma chi conosce la precisione maniacale con cui manda a memoria centinaia di dati e cifre, trova grottesca l'accusa mossagli di aver «copiato» una semplice traccia di fiumi o di strade. Essendomi nota la tendenza del Cavaliere a dilungarsi nei dettagli, decisi che si avvicinasse alle cartine solo verso mezzanotte, e cioè nell'ultima frazione di programma. Nonostante ciò, il patron di Datamedia Luigi Crespi mi disse, dopo le elezioni, che quella serata segnò il punto più alto di consenso a Berlusconi.

Da alcune aree del centrosinistra mi piovvero addosso critiche d'ogni genere. E non ne ho mai capito la ragione. Rutelli sa bene che a «Porta a porta» ha sempre avuto le stesse opportunità del suo avversario. Quando ci chiese di poter illustrare graficamente il suo progetto di detassazione delle famiglie con un reddito inferiore ai cinquanta milioni, non avemmo esitazioni. Dopo quel programma il suo indice di gradimento – era il 7 maggio, a pochi giorni dal voto – salì sensibilmente. E le accuse che ci furono rivolte per aver consacrato la firma del «contratto con gli italiani» stipulato da Berlusconi appaiono incredibili soprattutto alla luce di ciò che accadde su Raidue tra la metà di marzo e la metà di maggio del 2001.

*Berlusconi fatto arrosto da Luttazzi e Santoro*

La sera di mercoledì 14 marzo Marco Travaglio fu ospite del comico Daniele Luttazzi a «Satyricon», su Raidue: la trasmissione avrebbe dovuto occuparsi di satira, ma si trasformò, a poche settimane dalle elezioni, in un imprevedibile quanto formidabile strumento di lotta politica. Travaglio, giornalista della «Repubblica», aveva scritto insieme con Elio Veltri, già stretto collaboratore di Antonio Di Pietro, *L'odore dei soldi*, un libro dedicato agli inizi dell'attività imprenditoriale di Berlusconi e ai suoi primi rapporti con Marcello Dell'Utri. Incoraggiato da Luttazzi e dagli applausi del pubblico, per ventisei minuti Travaglio scagliò contro Berlusconi e Dell'Utri una serie di accuse meritevoli normalmente dell'ergastolo.

Il senso di queste accuse si ricava dalla risposta che, dopo la trasmissione, il presidente di Mediaset, Fedele Confalonieri, diede al «Corriere della Sera» che lo aveva interpellato per domandargli come mai Dell'Utri non avesse replicato a Travaglio: «E di cosa sarebbe dovuto andare a rispondere? Di essere un mafioso, di aver ucciso, d'accordo con Berlusconi, Falcone e Borsellino? Di aver fatto mettere, nel '93, le bombe di Firenze e di Milano? Di aver organizzato perfino un attentato in casa nostra, a Maurizio Costanzo?». Le accuse, formulate dalla consueta «compagnia» di pentiti, erano alla base di un'inchiesta avviata nell'autunno del '99 dalla Procura di Caltanissetta. Un mese prima della trasmissione di Luttazzi, la Procura aveva però chiesto l'archiviazione del procedimento (che sarebbe stata poi accordata dal giudice nel maggio del 2002), ma né Travaglio né il conduttore riferirono la circostanza.

Ovviamente, le reazioni della Casa delle Libertà furono durissime. Mediaset avviò una causa civile contro la Rai con richiesta di risarcimento di alcune decine di miliardi. Francesco Cossiga definì la trasmissione di Luttazzi «un crimine politico». Berlusconi pensò a un complotto per l'unanimità delle dichiarazioni dei più importanti dirigenti ds (a eccezione di D'Alema) favorevoli al comico. Il presidente Zaccaria difese Luttazzi e l'autonomia delle trasmissioni televisive in una lettera al presidente della Camera, Luciano Violante. Si venne poi a sapere che la puntata era stata registrata e che Carlo Freccero, direttore di Raidue, l'aveva visionata e approvata prima della messa in onda.

Due giorni dopo, venerdì 16 marzo, Michele Santoro invitò al «Raggio verde» Antonio Di Pietro, che ripropose i temi affrontati da Travaglio e Luttazzi. Nella prima parte della trasmissione fu mandata in onda un'intervista rilasciata da Paolo Borsellino ai due giornalisti francesi Fabrizio Calvi e Jean Pierre Moscardo il 21 maggio 1992, due giorni prima della strage di Capaci in cui fu assassinato Giovanni Falcone e due mesi prima di quella di via D'Amelio, nella quale fu ucciso lo stesso Borsellino. L'intervista, che doveva far parte di un'inchiesta sulla mafia europea, era stata registrata per conto di una società di produzione televisiva francese poi fallita, e non era mai andata in onda.

Nell'aprile del '94, poco tempo dopo la vittoria di Berlusconi, «L'Espresso» pubblicò il testo di quella che venne presentata come la versione integrale dell'intervista. Successivamente uno dei due giornalisti tagliò il servizio, contenendolo in dieci-undici minuti, circa la metà della lunghezza originaria. Una versione ridotta giunse a Roberto Morrione, direttore di Rainews24, che il 19 settembre 2000 la mandò in onda, appellandosi al segreto professionale per quanto riguardava la fonte. Marcello Dell'Utri querelò allora la Rai, sostenendo che l'intervista era stata pesantemente manipolata. Morrione, a sua volta, sporse querela contro un giornale che l'aveva accusato di manipolazione, affermando di aver trasmesso l'intervista esattamente come l'aveva ricevuta.

*Ma Borsellino parlava di Berlusconi?*

Molto prima di trasmettere il servizio a Rainews24, Morrione lo aveva offerto a Gad Lerner, allora direttore del Tg1, ricevendone un rifiuto. Lerner rivelò più tardi di aver saputo da un autorevole leader politico della sinistra, durante un incontro a quattr'occhi, dell'ipotesi di un'indagine su Berlusconi e Dell'Utri per le stragi mafiose. Era l'inizio del '98, giusto un anno e mezzo prima che la Procura di Caltanissetta avviasse l'inchiesta. Intervistato da Curzio Maltese un mese prima delle elezioni politiche del 2001, Lerner chiarì le ragioni per cui si era rifiutato di trasmettere quel servizio: «Si tratta di materiale già noto, sia pure per iscritto, ricevuto a scatola chiusa senza verifiche sul suo montaggio. Mi venne fatto pervenire nel bel mezzo di una controversia interna alla Procura di Caltanissetta, unita nella decisione di archiviare le accuse a Berlusconi e Dell'Utri, ma divisa sulle motivazioni. È ragionevole pensare che la cassetta provenga dal pubblico ministero Tescaroli, che sta lasciando Caltanissetta in polemica con il suo capo Tinebra proprio perché nelle motivazioni dell'archiviazione è stato escluso qualsiasi elemento di verosimiglianza delle accuse; però, ricordiamolo, entrambi sono d'accordo sulla non sostenibilità delle accuse medesime, che peraltro non figurano nelle parole di Borsellino. La verità è che in quella cassetta c'era solo l'elemento suggestivo di mostrare, del tutto fuori contesto, Paolo Borsellino che pronunciava il nome di Berlusconi. ... Mi spiace solo che un certo giornalismo di sinistra continui a illudersi che la battaglia politica e culturale contro Berlusconi si possa risolvere per via giudiziaria».

Come veniva chiamato in causa Berlusconi dal magistrato antimafia ucciso nell'estate del '92? La versione pubblicata nel '94 dall'«Espresso» è radicalmente diversa da quella trasmessa nel settembre del 2000 da Rainews24 e riproposta da Santoro nella puntata del «Raggio verde» del 16 marzo 2001.

Nella versione del settimanale il giornalista francese domandava: «Ma c'è un'inchiesta ancora aperta?». Risposta di Borsellino: «So che c'è un'inchiesta ancora aperta». «Su [*Vittorio*] Mangano e Berlusconi? A Palermo?» chiedeva ancora il giornalista. «Su Mangano credo proprio di sì» rispondeva Borsellino «o comunque ci sono delle indagini istruttorie che riguardano rapporti di polizia concernenti anche Mangano.»

Nell'intervista trasmessa da Morrione e da Santoro, «C'è un'inchiesta ancora aperta?» chiede l'intervistatore. Borsellino: «So che c'è un'inchiesta ancora aperta». «Su Mangano e Berlusconi? A Palermo?» Borsellino: «Sì».

Secondo la versione dell'«Espresso», quindi, Berlusconi non è coinvolto nell'inchiesta, lo è invece nella versione trasmessa da Rainews24 e riproposta da Santoro.

Vittorio Mangano era il fattore che venne assunto nell'aprile del 1974 ad Arcore da Berlusconi per interessamento di Dell'Utri, e che lasciò il servizio alla fine del '75 dopo il fallito tentativo di sequestro di un nobile, Luigi D'Angerio, mentre usciva dalla villa del Cavaliere al termine di una cena. Mangano sarebbe stato arrestato per associazione mafiosa nel '94 – diciannove anni dopo aver lasciato Arcore – e condannato in primo grado nel '97: morì di cancro nel 2000, prima del processo d'appello.

Nella seconda parte della puntata del «Raggio verde» del 16 marzo Di Pietro non giunse a sospettare, come inducevano a credere alcune pagine dell'*Odore dei soldi*, che la mafia avesse finanziato, agli esordi, l'attività imprenditoriale di Berlusconi, ma ribadì le accuse secondo cui il Cavaliere aveva creato e mantenuto società Finin-vest all'estero, servendosi di prestanome e contanti per fuggire a ogni controllo e, verosimilmente, al fisco.

Berlusconi, che stava guardando la trasmissione di Santoro con Gianni Letta e Paolo Bonaiuti, non resistette all'impulso di chiamare Santoro e, dopo un quarto d'ora d'attesa al telefono, spiegò rabbiosamente in diretta come erano state costituite le holding della sua famiglia nel 1978, dopo ben «25 anni di attività imprenditoriale alle spalle, che mi era valsa la nomina di Cavaliere del Lavoro».

### Sospiri a «Porta a porta», processi al «Raggio verde»

Il 5 aprile «Porta a porta» ospitava il confronto tra Gianfranco Fini e Piero Fassino, candidati vicepremier dei due schieramenti, «misurando i sospiri di entrambi perché nessuno dei due potesse dire di averne fatto uno meno dell'altro» (cito dal mio libro *La scossa*).

Il giorno successivo Santoro invitò nel suo programma Alessandra Mussolini in rappresentanza della Casa delle Libertà e cinque avversari di Berlusconi: tre «ufficiali» (Fausto Bertinotti, Giovanna Melandri e Clemente Mastella) e due «fuori ordinanza», Cristina Matranga di Forza Italia e Claudio Martelli del nuovo Psi, che ce l'avevano con il Cavaliere perché non li aveva messi in lista. Sui presunti rapporti tra il partito di Berlusconi e la mafia, furono intervistati Amedeo Matacena, escluso dalla candidatura nelle liste azzurre dopo una condanna di primo grado per associazione mafiosa, e Filippo Alberto Rapisarda, ex amico di Dell'Utri e poi suo accusatore per supposti rapporti con Cosa Nostra, il quale fece un'ampia requisitoria contro il parlamentare di Forza Italia, che intervenne vivacemente al telefono. «Il messaggio della trasmissione» scrissi in *La scossa* «era trasparente: da un lato viene esclusa dalle liste di Forza Italia Cristina Matranga, sostenitrice di Giancarlo Caselli, che "denuncia il suo isolamento dal partito al termine di una strenua lotta contro la mafia e racconta l'esperienza di frontiera vissuta nelle zone più degradate della Sicilia" (la sintesi è tratta da *E2001*, una ricerca sui media durante la campagna elettorale diretta da Alberto Abruzzese per l'università La Sapienza di Roma), dall'altro viene candidato quel Marcello Dell'Utri così ben dipinto da Rapisarda.»

L'Autorità per le garanzie nelle comunicazioni ritenne la puntata del «Raggio verde» squilibrata e ne impose una riparatrice. Ma riparatrice la trasmissione non fu. Dell'Utri, che vi partecipò nonostante Berlusconi avesse cercato di dissuaderlo, fu sottoposto a un autentico processo con messa in onda delle deposizioni dei pentiti mafiosi sui suoi presunti rapporti con la mafia siciliana. Nella ricerca poc'anzi citata, Alberto Abruzzese, già guru della vecchia «Unità» in campo mediatico, notò tre cose: «Sono ben quattro le puntate riservate dalla trasmissione [«*Il Raggio verde*»] a questo argomento»; «L'esponente di Forza Italia è chiamato a discolparsi delle neanche tanto velate insinuazioni che vengono mosse nei suoi confronti»; «la trasmissione di Santoro non si è mai occupata di programmi elettorali, limitandosi a scavare ossessivamente nel passato del candidato premier del Polo; il nome del leader del centrosinistra (a differenza di Berlusconi) non è stato quasi mai pronunciato nel corso delle trasmissioni».

Ai «loschi traffici» del Cavaliere, il «Raggio verde» dedicò anche la puntata del 27 aprile partendo dalla famosa e controversa inchiesta dell'«Economist» intitolata *Perché Berlusconi non è adatto a guidare l'Italia*. Nella puntata riservata a Rutelli l'11 maggio – a due giorni dalle elezioni – Santoro trasmise alcuni brani dell'intervista rilasciata da Roberto Benigni a Enzo Biagi e già andata in onda in prima serata su Raiuno: l'anziano giornalista aveva fatto mirabilmente da spalla al grande comico impegnato nel demolire il Cavaliere e i suoi alleati. Più tardi Zaccaria definì «fantasiosa» l'affermazione di Beppe Grillo di aver rifiutato la richiesta di una prestazione analoga a quella di Benigni fattagli dal presidente della Rai perché era «in gioco la democrazia».

### Tre milioni di voti persi. O uno?

Il clima ormai avvelenato della campagna elettorale impedì al centrosinistra di criticare queste trasmissioni. Fu invece giudicato una pagliacciata il «contratto con gli italiani» firmato da Berlusconi a «Porta a porta» il martedì precedente le elezioni. (Il lunedì – era stato fatto un sorteggio – avevamo ospitato Rutelli e, nelle ultime due apparizioni del Cavaliere, gli avevamo tagliato circa venti minuti per ottenere la stessa quantità di tempo avuta dal candidato di centrosinistra.)

Berlusconi non aveva escluso di andare da Santoro, ma all'ultimo momento rifiutò temendo una trappola. Lo mise in allarme il rifiuto di Zaccaria di anticipare in prima serata le due puntate di «Porta a porta» dedicate ai candidati premier. Non si capiva perché, per una volta, non fosse possibile il cambio d'orario, visto che il

«Raggio verde» andava regolarmente in onda alle 21. Ma il presidente della Rai fu irremovibile e il leader della Casa delle Libertà, allora, temette che da Santoro non avrebbe potuto parlare dei suoi programmi di governo, ma sarebbe stato sottoposto all'ennesimo processo mediatico.

Il 30 maggio 2001 l'Autorità per le garanzie nelle comunicazioni, con otto voti favorevoli e un astenuto, condannò la Rai a una sanzione pecuniaria, con la motivazione che «nel ciclo di trasmissioni "Il Raggio verde" relativo al periodo considerato [*la campagna elettorale*] il conduttore del programma abbia inteso influenzare le scelte di voto dei telespettatori, mostrando palesemente i propri orientamenti politici a favore della coalizione di centrosinistra e, in conseguenza delle modalità di conduzione e gestione della trasmissione, ponendo la coalizione di centrodestra in una situazione di oggettivo svantaggio». Una condanna analoga, con motivazioni pressoché identiche ma di segno politico opposto, fu inflitta a Mediaset per il Tg4 di Emilio Fede. Mediaset patteggiò, mentre la Rai ricorse al Tar e, un anno dopo, è ancora in attesa della sentenza.

Quanto è costata a Berlusconi in termini di voti la campagna di Raidue? Il 14 giugno 2001 «Panorama» pubblicò l'articolo *Tre milioni di voti rubati al Polo*. Vi si riferiva una ricerca di Datamedia secondo cui la campagna condotta dalla Rai avrebbe fatto perdere al centrodestra due milioni di voti tra la metà di marzo e la metà di aprile e un altro milione nel mese residuo prima delle elezioni del 13 maggio.

Mentre stavo scrivendo *La scossa*, interpellai alcuni analisti vicini al centrosinistra, e tutti riconobbero che la campagna della Rai aveva nuociuto alla Casa delle Libertà, anche se in misura inferiore a quella indicata da Datamedia e dal suo patron Luigi Crespi. Renato Mannheimer, uno dei consulenti dell'Ulivo per le elezioni del 2001, mi disse: «Le trasmissioni televisive di cui parliamo hanno montato l'idea che si dovesse fermare un candidato premier sospettato addirittura di essere un mafioso e perfino un assassino. Quelli che hanno deciso di votare l'ultima settimana e si erano tenuti distanti dalla politica hanno votato in grandissima parte contro Berlusconi, spaventati dall'idea di avere un mafioso al governo. Quanti? Non credo che Berlusconi abbia avuto alla fine un voto in meno, ma Rutelli potrebbe aver avuto un milione di voti in più». Aggiunsero i ricercatori Luca Ricolfi e Silvia Testa in un saggio pubblicato da «Micromega» nel giugno 2001: «Molti indizi suggeriscono che la cosiddetta demonizzazione [*di Berlusconi*] e il conseguente surriscaldamento della campagna elettorale abbiano spostato i rapporti di forza a favore della sinistra ... Senza questo surriscaldamento, molti elettori di centrosinistra delusi dall'Ulivo sarebbero rimasti a casa come alle europee, oppure si sarebbero concesso il lusso di votare Bertinotti o Di Pietro, rendendo ancora più marcata la sconfitta dell'Ulivo».

### I kamikaze Zaccaria e Freccero e una raffinata forma di mobbing

Pierluigi Celli, per dirla con Carlo Rossella, aveva preso l'ultimo elicottero da Saigon per non essere coinvolto nella strategia dei kamikaze. Roberto Zaccaria e

Carlo Freccero s'erano eroicamente imbottiti di tritolo per far saltare pezzi importanti della cittadella azzurra di Berlusconi, pur sapendo verosimilmente che la guerra era persa.

Alcuni mesi dopo le elezioni incontrai alla convention romana della Sipra Freccero, per il quale provo una straordinaria simpatia, forse in parte corrisposta, e una considerazione professionale pari a quella che si ha per le innegabili capacità del diavolo. Gli dissi che la campagna elettorale di Raidue aveva sfondato una frontiera giudicata incrollabile nella pur controversa storia della Rai, e che lui, l'adorabile Carletto, aveva firmato al Cavaliere una cambiale in bianco per fare del video quel che avesse voluto. Freccero non batté ciglio, ammise – anzi rivendicò – di aver fatto perdere a Berlusconi (o fatto guadagnare al suo avversario) il milione di voti di cui gli parlavo e fece impallidire il direttore generale, Claudio Cappon, che assisteva al nostro colloquio.

Cappon era stato vicedirettore generale della Rai per la finanza. Uomo di grande equilibrio e di riconosciuta correttezza, una volta subentrato a Celli fu schiacciato dal rullo compressore di Zaccaria e della maggioranza del consiglio, che lo «commissariavano» ogni settimana a colpi di ordini del giorno. Con la vittoria del centrodestra alle elezioni, le cose non migliorarono granché. Il presidente e i suoi due pretoriani anticiparono il famoso slogan del procuratore Borrelli all'inaugurazione dell'anno giudiziario 2002: «Resistere, resistere, resistere», anche se, quando Maurizio Beretta lasciò la Rai per andare in Fiat, furono costretti dalla necessità di migliorare gli ascolti a richiamare alla direzione di Raiuno Agostino Saccà. Al posto di Beretta, il consiglio affidò a Giancarlo Leone l'interim della direzione della prima divisione. Leone ebbe qualche tensione con Saccà, un eccellente rapporto con Cappon e gestì con grande abilità e buonsenso la fase di transizione, riuscendo a evitare che Zaccaria e i suoi proiettassero tutto il loro potere anche sui palinsesti futuri.

Con il suo geniale «sganciamento», Celli si era reinserito a tal punto nel giro giusto che, per qualche minuto, a uno dei presidenti delle Camere era venuto in mente di proporgli la presidenza della Rai, sia pure in un consiglio d'amministrazione – a maggioranza blindata – di centrodestra. L'ipotesi cadde, ma Celli comunque non ha seminato troppi rancori. Io stesso, che nella conta dei torti sono quasi privo di memoria, ho già dimenticato le orride lettere di richiamo che mi ha scritto, spesso su sollecitazione di Balassone e, soprattutto, di Emiliani. Mi rimproverò formalmente persino di essermi fatto dare il «cinque» da Berlusconi, e dovetti dimostrare con la sequenza al rallentatore che non era vero.

Emiliani impazziva, letteralmente, ogni volta che usciva un mio libro e si lasciava andare a dichiarazioni di sdegno per la promozione che ricevevano in televisione. Balassone e Zaccaria, dal canto loro, giocavano invece al coperto: il primo chiedeva interventi al direttore generale, il secondo metteva la questione all'ordine del giorno dei consigli di amministrazione.

Intendiamoci, parlare di un libro in televisione è tutt'altro che un atto dovuto, ma esisteva più di un motivo a rendere singolare questo eccesso di attenzione da parte degli amministratori della Rai. L'editore era sì

Mondadori, ma anche Rai-Eri. Degli ultimi miei libri avevano riferito con anticipazioni trentun quotidiani, i due principali settimanali politici e le due più importanti riviste femminili. Qualcosa di interessante probabilmente c'era. Non ero certo il solo a parlare di libri in televisione. Emilio Fede era stato ospite di diverse trasmissioni. Giulio Borrelli aveva parlato in lungo e in largo del suo, nonostante la Rai-Eri non fosse rientrata in questo caso degli investimenti pubblicitari. Per molti anni i telegiornali avevano inviato i loro redattori nei viaggi organizzati dalla Rizzoli in diverse città straniere per presentare i libri di Enzo Biagi. Nella sua feconda carriera, Biagi ha spesso tratto materiale per i suoi libri da inchieste condotte per conto della Rai e ne ha pubblicato le parti più interessanti sul «Corriere della Sera» prima della loro messa in onda, e nessuno ha mai battuto ciglio.

Le trasmissioni televisive ospitano ogni giorno cantanti e attori che promuovono il loro ultimo disco e il loro ultimo film. Se un libro è popolare, qual è la differenza, visto che – per quanto mi riguarda – parlavo poche decine di secondi del libro e molto di altri temi, e mai comunque, in quei momenti, i programmi dov'ero ospite hanno perso d'ascolto? Quando Jovanotti, per promuovere il suo ultimo disco (che non era coprodotto dalla Rai), è stato ospitato – giustamente – molte più volte di quanto lo fossi stato io, non ricordo le proteste di Emiliani, le lettere di Balassone e le inchieste interne ordinate da Zaccaria. Quando nel maggio del 2002 Ferruccio de Bortoli ha fatto il giro delle principali trasmissioni televisive per promuovere i grandi romanzi in vendita abbinata con il «Corriere della Sera», non ha dato un valore aggiunto di autorevolezza ai programmi, poiché parlava, ovviamente, anche d'altro? Se il direttore della «Repubblica» Ezio Mauro chiedesse lo stesso trattamento, gli sarebbe negato?

L'atteggiamento dei vertici aziendali nei miei confronti era una raffinata forma di mobbing così strutturata: Balassone o Emiliani sollevavano il problema in consiglio, il consiglio non se ne occupava in forma ufficiale, il direttore generale veniva tuttavia pregato di scrivermi due righe, la lettera – spesso cortese – mi veniva regolarmente recapitata dopo che avevo letto sulle agenzie di stampa la notizia che il consiglio d'amministrazione mi aveva censurato e che il direttore generale mi aveva inviato alcune righe di richiamo. Seguivano le dichiarazioni indignate di due deputati ds (Beppe Giulietti e Antonello Falomi), che protestano anche quando io respiro e, per mia fortuna, hanno modestissima udienza presso l'opinione pubblica. Nessun leader del centrosinistra si è infatti mai associato alle loro lamentazioni.

Mentre devo dare atto al consiglio d'amministrazione di Zaccaria e a Celli di non essersi mai intromessi pesantemente nel mio programma, ho saputo che sono state ordinate (ed eseguite) su «Porta a porta» inchieste interne talmente accurate da far invidia a quelle del Pool di Milano su Berlusconi. Seppure a denti stretti, si è dovuto prendere atto dell'assoluto equilibrio politico della trasmissione, al punto che i miei detrattori non hanno potuto fare altro che definirmi «falsamente equidistante». Ma questo è un giudizio, e ogni critica che non stravolga i fatti è legittima.

Tutto ciò non ha inciso sulla serenità del mio lavoro.

Altri miei colleghi sono stati meno fortunati. Paolo Frajese ha pagato con un infarto fatale il devastante rimpallo di assicurazioni e di smentite sul rinnovo del suo contratto di corrispondente da Parigi. Quando si è all'estero con la famiglia e con i figli che studiano, non si può essere convinti il lunedì di restare dove si è e sentir dire il martedì che il tuo posto serve a qualcun altro. Ho visto troppa ipocrisia al suo funerale e, quando ho ricordato Paolo per pochi secondi davanti alla bara, chi doveva capire ha capito.

### Dalle Twin Towers a Cogne

Questa storia «personale» di quarant'anni di televisione non può chiudersi senza riflettere su due vicende diversissime tra loro, e di diversissimo rilievo, che tuttavia – se gli indici d'ascolto hanno un qualche significato – hanno avuto un impatto analogo sull'opinione pubblica italiana: il crollo delle Twin Towers a New York e la tragedia di Cogne.

L'11 settembre la redazione di «Porta a porta» era ancora incompleta. La partenza delle nostre seconde serate, tornate a quattro per competere con la corazzata Costanzo (e anche stavolta con successo), era stata fissata per il 24 settembre. Poco dopo le 15 mi chiamò Maurizio Ricci, il coordinatore della redazione: «Un aereo è finito contro una delle Torri Gemelle». «Accidenti,» risposi «peccato che non andiamo in onda.» Pensavo naturalmente a una disgrazia. Pochi minuti dopo, nuova telefonata. «Accendi il televisore. Un secondo aereo si è schiantato contro l'altra torre. È un attentato.» Alle 21 eravamo in onda, con una prima serata che registrò ascolti straordinari. Ripetemmo lo stesso risultato l'indomani, sempre in prima serata. Poi cedemmo lo spazio a un'altra rete per una sera e replicammo il venerdì, registrando lo stesso altissimo ascolto.

A quasi un quarto di secolo dal delitto Moro, si confermava ancora una volta che nei momenti di grande emergenza la prima rete della Rai non ha rivali: ieri all'interno dell'azienda, oggi anche nei confronti delle televisioni commerciali. Per quanto riguarda «Porta a porta», questi risultati sarebbero stati impossibili senza l'autorevolezza aziendale e le capacità organizzative di Claudio Donat-Cattin e senza l'abnegazione di Antonella Martinelli, mia collaboratrice della prima ora, di Maurizio Ricci, Giovanna Montanari, Enrico Basile, Marco Zavattini, del regista Marco Aleotti e dei giovani professionisti che da anni lavorano con noi.

Nel tardo pomeriggio di domenica 7 ottobre gli americani attaccarono l'Afghanistan. La prima serata ci fu assegnata alle 19, due ore dopo eravamo in onda. Sono pochissime le occasioni in cui una grande rete «generalista» riesce a catturare oltre un terzo dei venticinque milioni di persone che tra le 21 e le 23 sono sedute davanti a un televisore. Accadde quattro volte per le Twin Towers. Accadde di nuovo, contrariamente a ogni previsione, la sera del 14 marzo 2002 quando Anna Maria Franzoni fu arrestata con l'accusa di aver ucciso suo figlio Samuele di tre anni. Questo oscuro delitto, compiuto nel giro di pochi minuti la mattina del 30 gennaio, è stato per mesi al centro dell'attenzione di giornali e televisione.

I numeri possono avere talvolta un aspetto macabro, ma sono utili a registrare lo stato d'animo e il grado di sensibilità sociale di un paese. Riferisco con molto imbarazzo che la sera in cui i terroristi uccisero Marco Biagi, precipitando l'Italia di nuovo in un incubo, la nostra trasmissione di prima serata fu vista da 3 milioni 600.000 persone contro gli 8 milioni 400.000 che avevano seguito la vicenda di Anna Maria Franzoni. Se ne deve trarre una conclusione dolorosa: una parte rilevante di italiani non sente il terrorismo come un problema che la riguardi. È coinvolta assai più dal piccolo aereo da turismo che sfonda il grattacielo del Pirellone perché pensa che domani potrebbe sfondare il palazzo dove abita. La stessa sindrome, naturalmente su scala ridotta, delle Torri Gemelle. È coinvolta dalla vicenda di Cogne – come lo fu da quella di Novi Ligure – perché sono tragedie maturate in un ambiente «normale», apparentemente più sereno di quello in cui vivono molte famiglie comuni. Dunque, le stesse tragedie potrebbero accadere anche in casa nostra.

## Quarant'anni senza padrone

Abbiamo costruito le trasmissioni su Cogne in un'atmosfera poco serena, turbata da interferenze esterne, animate talora da nobili sentimenti talaltra da una gigantesca ipocrisia. L'ipocrisia di molti commentatori. I loro giornali hanno dedicato migliaia di pagine alla vicenda di Cogne, il giorno dell'arresto di Anna Maria Franzoni i principali quotidiani l'hanno raccontata da un minimo di otto a un massimo di dieci pagine, come accade soltanto per le grandi tragedie nazionali. Con quale diritto, dunque, si è stabilito che noi non dovessimo occuparcene? Anche molte autorevoli persone in buona fede hanno arricciato il naso su questa scelta. Non è facile stabilire in modo inoppugnabile di che cosa debba o non debba occuparsi il servizio pubblico. La tesi prevalente è quella che «non si possono fare i processi in televisione». La mia opinione è questa: un processo comincia con il delitto e si conclude con una rosa di provvedimenti che va dal proscioglimento in istruttoria del presunto colpevole alla sentenza definitiva in Cassazione. «Non fare processi in televisione» significa non occuparsi dei principali fatti di cronaca italiana. E questo, se si vuole fare informazione, è impossibile. Dobbiamo, quindi, occuparci di qualunque argomento desti l'interesse della pubblica opinione. Tuttavia, a differenza dell'informazione privata, noi della televisione pubblica siamo tenuti a comportarci con il massimo equilibrio e la massima cautela, e a rappresentare sempre tutte le voci in campo. A meno che non si decida, una volta per tutte, che soltanto la televisione commerciale può occuparsi dei grandi fatti di cronaca.

Se ripercorro con la memoria i quarant'anni di Rai ai quali è dedicato questo libro, credo che il servizio pubblico abbia la coscienza a posto. Non so se e quando la Rai sarà privatizzata, ma auguro ai miei colleghi delle generazioni future di poter lavorare sempre con la libertà di cui ho goduto io. Come ho scritto nella premessa, ho avuto un editore di riferimento, mai un padrone. Non so quanti possano dire altrettanto.

# Indice dei nomi

«Rai, la grande guerra»
di Bruno Vespa
Collezione I libri di Bruno Vespa

Arnoldo Mondadori Editore S.p.A.

Questo volume è stato impresso
nel mese di maggio dell'anno 2002
presso Mondadori Printing S.p.A.
Stabilimento NSM - Cles (TN)

Stampato in Italia - Printed in Italy